Darts

„Ich bin von der Leidenschaft und Begeisterung für den Dartsport, die ich in Deutschland erlebe, schwer beeindruckt und freue mich jedes Mal auf die deutschen Veranstaltungen mit diesen großartigen Fans und der tollen Gastfreundschaft. Die deutschen Spieler verbessern sich stetig, was sich sehr positiv auf die gesamte Turnierserie der Professional Darts Corporation auswirkt."

Peter „Snakebite" Wright – Darts-Weltmeister 2020

Allgemeiner Hinweis:

Aufgrund der besseren Lesbarkeit sowie der aktuell gültigen Rechtschreibregelung haben wir uns entschlossen, durchgängig das generische Maskulinum zu verwenden, weil es einerseits tief in der deutschen Sprache verankert ist und sich andererseits nicht auf das spezielle Geschlecht von Personen bezieht, sondern vielmehr diese gleichberechtigt vereint und somit keinerlei diskriminierende Ambitionen verfolgt.

Das Buch beschäftigt sich mit dem Pfeilwurfspiel, das fachmännisch Darts heißt. *Darts* ist die richtige Schreibweise, wenn es um das Spiel schlechthin geht. Dagegen bezeichnet *Dart*, also ohne „s" am Ende des Wortes, in seiner singulären Form einen Pfeil. Wenn Darts als Kompositum (zusammengesetztes Wort) verwendet wird, zum Beispiel Darts + Spieler, dann wird daraus Dartspieler. Das heißt, wenn zwei „s" aufeinanderstoßen, entfällt eines. Es lassen sich im Englischen in diesem Zusammenhang darüber hinaus Komposita finden, bei denen das „s" von Darts grundsätzlich gestrichen worden ist, wie exemplarisch Dartboard. Solche Begriffe haben wir aus dem Englischen sodann entlehnt. Eine letzte Anmerkung zur Verwendung von Komposita: Ein zweites Wort mittels eines Bindestrichs anzudocken, beispielsweise sei Darts-Sport angeführt, verstößt gegen keine deutsche Rechtschreibregel, jedoch liebt der Engländer solche Bindestriche nicht. Komposita mit Bindestrich erfüllen allerdings auch den Sinn einer besonderen Hervorhebung. Immer dort, wo wir etwas akzentuieren wollen, vorzugsweise in Überschriften, haben wir uns des Bindestrichs bewusst bedient.

JÜRGEN SCHMITZ & BERND MOLKENTHIN

DARTS

★ ★ ALLES, WAS MAN WISSEN MUSS ★ ★

Das DARTS 1.de Buch

* * *
REGELN
SPIELER
EVENTS
* * *

in Zusammenarbeit mit

DART1.NET
Das DSAB Portal

MEYER & MEYER VERLAG

Darts – Alles, was man wissen muss

Bibliografische Information der Deutschen Bibliothek
Die Deutsche Bibliothek verzeichnet diese Publikation in der Deutschen Nationalbibliografie; detaillierte bibliografische Details sind im Internet über <http://dnb.ddb.de> abrufbar.

Auckland, Beirut, Dubai, Hägendorf, Hongkong, Indianapolis, Kairo, Kapstadt, Manila, Maidenhead, Neu-Delhi, Singapur, Sydney, Teheran, Wien
Member of the World Sport Publishers' Association (WSPA)
Druck: CPI – Clausen & Bosse, Leck
ISBN 978-3-8403-7728-0
E-Mail: verlag@m-m-sports.com
www.dersportverlag.de

INHALT

Prolog: Warum? Warum nur? 8

1 Faszination Darts 10

2 Die Geschichte des Dartsports 14

2.1 Die Anfänge 14
2.2 Quo vadis 19
2.3 Dartsorganisationen in Deutschland 26
2.4 Deutscher Dart-Verband (DDV) 28
2.5 Bernd Hebecker – Deutschlands erster Dartsprofi 37
2.6 Deutscher Sportautomatenbund (DSAB) – E-Darts 43

3 Die größten Spieler aller Zeiten 51

3.1 Phil Taylor – die Macht im Darts 52
3.2 Eric Bristow – der erste Popstar im Darts 57
3.3 John Lowe – the Old Stoneface of Darts 62
3.4 Dennis Priestley – die Nervensäge 65
3.5 Raymond van Barneveld – vom Boten zum Botschafter 69
3.6 Michael van Gerwen – stärker als alle anderen 75
3.7 Gary Anderson – the Flying Scotsman geizt nicht im Darts 81
3.8 John Part – the Canadian One 86
3.9 Adrian Lewis – Jackpot out of Order 89
3.10 Peter Wright – der Märchenprinz mit Haaren schön 95
3.11 Glen Durrant – vom Caretaker zum Weltmeister 101
3.12 James Wade – Weltbester ohne WM-Titel 107
3.13 Trina Gulliver – Golden Girl, MBE und First Lady im Darts 112

3.14 Fallon Sherrock – the Queen oder One-Hit-Wonder 117
3.15 Marene Westermann – Simply the Best in the E-Darts-World 121
3.16 Frauenpower 125
3.17 German Power 133

4 Darts-Turniere 135

4.1 Die Turniere der Professional Darts Corporation 135
4.2 Die Turniere des Deutschen Dart-Verbands (DDV) 149
4.3 Ligen und Wettbewerbe im E-Darts 150

5 Ausrüstung 164

5.1 Dartboards 164
5.2 Montage des London Dartboards 166
5.3 Warum sind die Zahlen auf einem London Board so angeordnet? 168
5.4 Die Steeldarts 170
5.5 Flightformen und Eigenschaften mit VAX-Kennzahl 172
5.6 Das E-Dartsgerät 179

6 Darts-Technik 181

6.1 Der Grip 182
6.2 Der Stand 184
6.3 Das Zielen 185
6.4 Der Wurf 186
6.5 Darts-Mental 190
6.6 Dartitis 191

7 Darts-Regeln 193

7.1 501 Double Out 193
7.2 Cricket 195
7.3 Tac Tics 197

8 Darts-Training ... 198

8.1 Warmwerfen ... 199

8.2 Score-Training ... 199

8.3 Doppel-Training ... 200

8.4 Trainingsspiel ... 202

9 Darts-Statistiken ... 203

9.1 Preisgeldentwicklung ... 203

9.2 Averageentwicklung ... 207

9.3 9-Darter ... 209

10 Darts-Boom ... 210

10.1 Der olympische Gedanke ... 213

10.2 Die Telegenität von Darts ... 219

Anhang ... 220

1 Darts-Wörterbuch ... 220

2 Outcharts ... 226

3 Danksagung ... 230

4 Literaturverzeichnis ... 231

5 Bildnachweis ... 232

PROLOG: WARUM? WARUM NUR?

Warum nun dieses Buch? Darts ist im Trend, schon manch einer hat dies zum Thema eines Buchs gemacht. Jetzt kommt noch *Darts – Alles, was man wissen muss*!

Das Besondere daran ist bereits das Autorenkollektiv, Jürgen Schmitz und Bernd Molkenthin. Der eine zeichnet für das führende deutschsprachige Steeldarts-Portal „Darts1.de“, der andere für das größte europäische E-Darts-Portal „Dart1.net“ verantwortlich. Die beiden haben oft die Seiten des anderen gesehen, persönlich haben sie sich bisher noch nie getroffen. Ersterer dachte: „Ich ruf mal an!“ Letzterer: „Ich ruf zurück!“ Gedacht, getan, Buch geschrieben. Und basta!

Jürgen Schmitz ist Handwerksmeister sowie Inhaber eines Familienbetriebs in vierter Generation und findet Darts richtig gut, spannend, sehens- und lesenswert. Er spielt selbst seit 1996, war 2. Vorsitzender und Pressesprecher des Aachener Dart e. V., mehrfacher Mannschaftsmeister und Pokalsieger, Stadtmeister im Doppel.

Jürgen Schmitz ist ein ausgesprochener Dartsliebhaber, berichtet nicht nur gerne über das Spielen mit den drei kleinen Pfeilen, sondern schaut auch hinter die Kulissen, um die Themen analytisch aufzubereiten. Zudem ist er gelernter Mediengestalter und ein ausgebuffter Selfmademan im Bereich IT – „Darts1.de“ war deshalb die logische Konsequenz.

Von IT hat Bernd Molkenthin so gut wie gar keine Ahnung, er weiß aber, wie es geschrieben wird. Im Anschluss an seine Karriere als Hochleistungssportler hat er mit Sport und Sportwissenschaften sowie Germanistik und Philosophie zwei Vollstudiengänge an der Johann Wolfgang Goethe-Universität in Frankfurt/Main mit Auszeichnung absolviert.

Bernd Molkenthin war als Dozent, im Hochleistungssport als Coach, Manager und Wissenschaftler beschäftigt, bevor er in die freie Wirtschaft gegangen ist und bei Löwen mit Darts Bekanntschaft gemacht hat. Heute arbeitet er als unabhängiger Journalist sowie Publizist und berät sowohl den DSAB als auch VFS, die er beide maßgeblich mit ins Leben gerufen und geformt hat.

Das Buch geht ausgesuchten Themen im Dartsport nach, beschäftigt sich mit seiner Geschichte, Gegenwart und Zukunft, mit der Faszination dieses Spiels, seiner Technik und Ausrüstung, bringt dir die Turnierszene – national wie international – näher, sowohl im Steel- als auch im E-Darts. Du machst Bekanntschaft mit den Legenden, auch den noch aktiven, wobei sich die einzelnen Kapitel nicht nur auf die Auflistung von Erfolgen reduzieren, sondern sich als Kurzgeschichten präsentieren.

Die Neuerscheinung auf dem Büchermarkt schaut überhaupt des Öfteren über die beiden Deckel eines reinen Dartsbuchs hinaus und in andere Sportarten hinein, um den Stellenwert von Darts in der großen Familie der Sportarten zu beleuchten und zu gewichten. Auch weil Darts anders ist und dem ursprünglichen Begriff von Sport im Sinne von Zerstreuung und Vergnügen sehr nahekommt und dies unvergleichlich auslebt.

Aus dem Lateinischen *deportare* über das Französische *desport* hin zum Englischen *disport* und zur Kurzform *sport* wurde der Begriff in die deutsche Sprache entlehnt: Sport! Das Elementare des Sports, nämlich sich zu vergnügen, gerät immer öfter in den Hintergrund, insbesondere dann, wenn zu viel Business ins Spiel kommt und zum Prime Target (Hauptziel) wird.

Wir wünschen dir so interessante, sportnahe Zerstreuung auf dem Sofa, im Sessel, auf der Autobahn und garantieren dir: Nachher bist du klüger!

★ 1 ★

FASZINATION DARTS

Darts ist einfach, es ist unterhaltsam, es ist spannend. Das Duell eins gegen eins ist immer wieder ein neues, der Ausgang nie vorhersehbar. Einen körperlichen Vorteil gibt es nicht. Es spielt keine Rolle, ob du dick oder dünn, alt oder jung, groß oder klein bist. Einzig und allein dein Talent und Wille, deine Begeisterung und Motivation, deine Leidenschaft und Abgeklärtheit in den wichtigen Momenten des Spiels und last but not least dein Training sind entscheidend. Darts – es ist so einfach und vereint doch so vieles in sich.

Stelle dir vor, es ist Neujahr, du bist in London, im altehrwürdigen *Alexandra Palace*, dem *Ally Pally*. Du stehst auf einer Bühne und hinter dir singen 3.000 verkleidete Fans deinen Namen. Unter ihnen siehst du Superhelden, Fabelwesen, Zeichentrickfiguren und Doppelgänger von Promis.

Sie alle eint eines: die Hingabe zu diesem Sport. Du stehst 2.370 Millimeter von deinem Ziel entfernt, ein gerade einmal zehn Millimeter breiter Streifen. Dort versuchst du, die Spitze deines Pfeils zu platzieren. Zwei Pfeile hast du schon vorbeigesetzt, der dritte soll nun der entscheidende sein. Du denkst zurück ...

... geboren in ärmlichen Verhältnissen konntest du dir kein eigenes Dartboard leisten. Deswegen hast du auf Bäume geworfen. Es hat dich geprägt. Du wolltest es unbedingt, du wolltest Dartspieler sein und hast nie aufgegeben. Diesen Kampfgeist hast du nie verloren. Als du ein Dartboard hattest, konntest du gar nicht mehr aufhören. Es hat dich bis zu den Profiturnieren gebracht. Doch für mehr schien es nicht zu reichen. Du hattest dich damit abgefunden. Die Karriere war zu Ende. Ein letztes Mal wolltest du ein Turnier spielen, eine letzte Weltmeisterschaft. Danach sollte alles vorbei sein. Überraschend erreichtest du das Finale. Dein Leben änderte sich komplett. Plötzlich warst du jemand. Du wurdest ernst genommen. Du hattest Erfolge. Auch wenn du dieses Finale verloren hattest, es war dein vermeintlich größter Triumph und ein guter Grund, um die Karriere fortzusetzen.

Und nun stehst du da. Sechs Jahre später. Der gleiche Ort, derselbe Gegner. Und du hast die Chance, dir den größten Titel im Dartsport zu sichern. Du hast die Möglichkeit, Weltmeister zu werden. Zwei Darts stecken leider schon genau neben dem Ziel. Sie könnten allerdings als Bande fungieren. Du möchtest den Pfeil an sie heranwerfen. Stellst dich dafür noch mal ein wenig mehr zur Seite, um einen besseren Winkel zu haben. Nicht mehr nachdenken, volle Konzentration und absolutes Vertrauen. Vertrauen, dass die unzähligen Stunden des Trainings, diese abertausenden Wiederholungen der immer gleichen Bewegung zum gewünschten Erfolg führen.

Dein Blick ist total fokussiert. Du lässt das Ziel nicht mehr aus den Augen. Kein Blinzeln. Du wirfst. Du triffst! 3.000 Fans hinter dir explodieren. Eine Welle der Begeisterung überrollt Dich. Alle gönnen es dir. Du bist überwältigt, kannst die Tränen nicht mehr zurückhalten.

Das ist kein Märchen. Diese Geschichte hat sich genau so zugetragen und geschrieben hat sie der Dartsport. Peter Wright hat dies erlebt. Er ist im Jahr 2020 erstmals Weltmeister geworden.

Darts ist zudem keine unerschwingliche Angelegenheit. Ein Board ist nicht so teuer. Pfeile auch nicht. Ein Platz zum Dartspielen findet man überall – zu Hause, in der Kneipe, bei Freunden. Es gibt Sportarten, bei denen man allein für die Ausrüstung tief in die Tasche greifen muss, und selbst dann findet man oftmals nicht das notwendige „Kleingeld". Mit Darts verhält es sich ganz anders. Man benötigt kein dickes Sparbuch, keiner muss einen Kredit aufnehmen oder sich verschulden.

Darts ist eine Präzisionssportart, wie beispielsweise auch Bogenschießen, Schießen, Minigolf, Bowling, Curling, Billard oder Golf. Diese Sportarten zeichnen sich dadurch aus, dass vorgegebene Ziele mit einem Gegenstand möglichst präzise getroffen werden müssen. Es kommt weit weniger als in anderen Sportarten auf Ausdauer, Kraft oder Schnelligkeit, sondern vorzugsweise auf die Feinmotorik, auf absolute Genauigkeit, an.

Um sein Spiel im Darts zu verbessern oder es gar zu einer hohen Perfektion zu steigern, ist hauptsächlich Präzision gefragt. Diese ist trainierbar. Übung macht den Meister. Im Vergleich mit anderen Sportarten stellen sich Fortschritte und Erfolge relativ schnell ein. Natürlich fliegen die Pfeile zunächst mehr oder weniger unkontrolliert aufs Board. Doch bereits nach kurzer Zeit treffen sie immer häufiger das Ziel. Verantwortlich dafür ist kein anderer als du selbst. Denn Darts ist kein Zufall, kein Glücksspiel. Training indes alles!

Dass Darts wenig mit Glück und Zufall zu tun hat, bewies ein gewisser Jim Garside mithilfe von William „Bigfoot" Anakin. Wo? Ob du es glaubst oder nicht: Vor Gericht! Am Schluss der Verhandlungen verkündete der Richter sein Urteil: Darts ist kein Glücksspiel! Es erfordert vielmehr motorisches Geschick. Darts kann jeder erlernen. Auch wenn es am Anfang schwierig ist, gewisse Felder zu treffen, und so gewinnt man zunächst den Eindruck, dass die Pfeile völlig willkürlich ins Board fliegen.

Es gibt sogar den Begriff des Random-Darters. So bezeichnet man einen Spieler, der noch ganz am Anfang seiner Dartsbemühungen steht, oder aber jemanden, der sehr unregelmäßig und nur aus einer Laune heraus lediglich ab und zu spielt. Manchmal hat ein Spieler, der viel trainiert, jedoch einen schlechten Tag erwischt und gewinnt deshalb schnell den Eindruck, dass blinde Würfe aufs Board mehr Punkte bringen als gezielte.

Dem ist natürlich nicht so. Random-Darter erreichen laut einer Analyse im Schnitt 12,82 Punkte pro Wurf, spielen also einen Average von 38,46. Da liegt man mit Training nach kurzer Zeit schon locker darüber. Und das ist es. Aufgrund der schnellen Erfolgserlebnisse kommt immer mehr Freude auf. Je öfter der Dart im anvisierten Ziel landet, desto mehr Spaß stellt sich ein.

Man muss sich nur Ziele vorgeben. Davon gibt es im Darts viele, und so kann sich jeder erst einmal nach seiner eigenen Decke strecken. Sei es der erste dreistellige Score, die erste 140, dann sogar die erste 180, das persönlich höchste Finish oder das kürzeste Leg. Wurde eine 180 geworfen, möchte man zwei in einem Match, dann drei und immer so weiter erzielen. Checkt man 170 Punkte, das höchste Finish im Dartsport, erkennt man, dass man es wirklich kann und will dieses Gefühl erneut erleben, wenn der dritte Dart die Boardmitte, das Bullseye, trifft. Und spielt man schließlich ein 15-Dart-Finish, möchte man dies nunmehr öfter hinbekommen, möglichst in vielen Legs, denn ein solches Finish entspricht einem Durchschnitt von knapp über 100 (exakt 100,2) Punkten. Eine goldene Marke und ein besonders guter Wert im Dartsport.

Die Geschichte von Peter Wright begeistert die Fans. Sie wird viele Menschen dazu bewegen, selbst mit Darts anzufangen. Doch sie ist nicht die einzige dieser Art. Immer wieder hat es Akteure gegeben, die dem Dartsport mehr Ansehen und öffentliche Aufmerksamkeit verliehen haben.

Sei es ein Eric Bristow, der mit seinen Duellen gegen John Lowe in den 1980er-Jahren für Furore sorgte. Sei es ein Phil Taylor, der in der jüngeren Vergangenheit wie kein anderer je zuvor Darts dominiert und ihm einen ganz besonderen Schub verliehen hat und dem wir vornehmlich den derzeitigen Hype um die drei kleinen Pfeile zu verdanken haben. Oder eben auch einem Raymond van Barneveld, dessen Weltmeistertitel einen Dartsboom in den Niederlanden ausgelöst hat, aus dem wiederum kein geringerer als Michael van Gerwen hervorgegangen ist. Es gab sie, und es wird sie immer wieder geben, jene besonderen Kapitel in der Historie des Darts, die diese so herrlich einfache Sportart immer wieder so vielfältig erblühen lässt und uns so begeistert.

★ 2 ★

DIE GESCHICHTE DES DARTSPORTS

2.1 DIE ANFÄNGE

Da sich keine gerade Linie vom heutigen Darts zu seinen Ursprüngen zurückverfolgen lässt, ergibt sich in diesem Sinne auch keine vollständige Geschichte. So bleibt nur eins übrig: Spurensuche!

Ob die ersten Speere, die vor rund 400.000 Jahren auf der Jagd geworfen worden sind oder die Erfindung von Pfeil und Bogen vor nahezu 30.000 Jahren v. Chr. wirklich als Wurzeln des Dartspielens herhalten können, mag jeder für sich selbst entscheiden. Abgebrochene Speer- beziehungsweise Pfeilspitzen, die um 500 v. Chr. auf Baumscheiben, die als Board dienten, geworfen worden sind, hören sich da schon besser an, doch einwandfrei wissenschaftliche Belege fehlen. So betrachte diesen Einstieg lieber unter dem Motto: „Es war einmal ...".

Ob sodann im Mittelalter und im weiteren Verlauf der menschlichen Geschichte abgebrochene Pfeilspitzen angespitzt und auf die Böden von Wein- oder Bierfässern geworfen wurden, ob das Hantieren mit Armbrüsten zwecks Zielübungen auf ebenjene Böden oder das Kneipenvergnügen „Puff and Dart", bei dem mittels Blasrohr Pfeile auf Zielscheiben, die bereits mit Zahlen markiert waren, gepustet worden sind, nun den Vaterschaftstest bestehen, um als unmittelbare Vorfahren des heutigen Darts zu gelten, ist ebenfalls eher eine Glaubenssache, die vom Prinzip „die Gedanken sind frei" forciert wird.

Die Franzosen setzten bei ihren Schlachten Wurfpfeile als Waffe ein. Fakt! Diese nannten sie „Darts". Tatsache! Aus dem kriegerischen Element erwuchs allerdings auch ein amüsanter Zeitvertreib, indem man kleine Pfeile auf Holzscheiben zirkelte. An diesem neuen Freizeitvergnügen fanden die Menschen in der Grande Nation immer mehr Amusement, und der Beliebtheitsgrad stieg kontinuierlich an.

Aufgepasst: Die Idee, Darts zu spielen, schwappte über den Ärmelkanal nach England – und nicht umgekehrt. Ergo: Der Einfall, mit kleinen Pfeilen Darts zu spielen, wurde demnach vom französischen Esprit und nicht von angelsächsischem Spirit beflügelt. Nichtsdestotrotz fanden sich in Großbritannien schnell ebenfalls Fans, und Darts erfreute sich hier gleichsam einer steigenden Popularität.

Generell wird bei dieser Spurensuche eine gewisse Dame, Anne Boleyn, herbeizitiert und uns vorgeführt. Sie war Gattin von Heinrich VIII. aus dem Haus Tudor, der von 1509 bis 1547 als König von England und ab 1541 auch als König von Irland regierte, und war genau genommen die zweite von insgesamt sechs Ehefrauen, die Heinrich VIII. in seinem Leben verschliss.

Anne Boleyn hatte ihrem Gemahl angeblich *dartes*, so die altenglische Schreibweise, geschenkt. So war Darts zumindest am englischen Königshof angekommen. Ob Heinrich VIII. an ihnen Gefallen fand, ist nicht überliefert, allerdings schon, dass sein Gefallen an Anne Boleyn nach rund drei Jahren schon wieder erloschen war, und er sie kurzerhand einen Kopf kürzer machen ließ.

Ihre Enthauptung war insofern nichts Besonderes, als Heinrich VIII. nicht weniger als 70.000 Menschen während seiner Regentschaft hinrichten ließ. By the way: Das Wort *dartes* konnte man erstmalig im Jahre 1381 im *Oxford English Dictionary* nachschlagen.

Angeblich bereitete Darts den englischen Pilgrim Fathers viel Kurzweil bei ihrem Segelturn auf der *Mayflower* anno 1620 quer über den Atlantik. Zeit hatten sie sicherlich en masse, aber Hand on Heart, Sherlock, würden Puritaner wirklich ihre kostbare Zeit mit Darts vergeuden, zumal ozeanischer Wellengang nicht unbedingt das richtige Fundament zu sein scheint, um Darts spielen zu können? Was immer die Pilgrims Fathers auf ihrer Überfahrt aus der Alten in die Neue Welt taten, Darts kam damals in Neuengland nicht an.

Nicht als un-, allerdings durchaus als mittelbaren Zeitzeugen in Sachen Darts kann man getrost den wohl größten Dramatiker aller Zeiten, William Shakespeare, befragen. Das 1564 in Stratford-upon-Avon geborne und dort auch 1616 verstorbene Genie galt als ausgewiesener Sportsman, der auch immer wieder sportliche Szenen in seine Werke einfließen ließ. Über Darts verlor er allerdings kein einziges Wort.

Die ersten Darts, die in größerer Anzahl von Menschen zum Spielen benutzt worden sind, wurden Mitte bis Ende des Viktorianischen Zeitalters (1837 bis 1901) aus Frankreich importiert. Der wachsende Bedarf wurde zunächst durch Rummelplätze hervorgerufen, die Dartstände zu ihren neuesten Attraktionen erklärten. Nicht überraschend ist es daher, dass diese Pfeile in England als „französische Darts" bekannt wurden und einen weiteren Beweis darstellen, dass Darts aus Frankreich importiert worden war, wo es unstrittig seine Wurzeln hatte.

Der Pfeil bestand damals überwiegend aus Holz, an einem Ende besaß er eine Metallspitze, im anderen steckten drei bis vier Truthahnfedern, die als Flights dienten. Über viele Jahre waren diese Darts sehr beliebt, sie waren die einzigen, die preislich erschwinglich waren. Geiz war schon damals geil.

Der Name Brian Gamlin darf allerdings in jeder Historie über Darts nicht unerwähnt bleiben. Brian Gamlin lebte in Bury und verdingte sich beruflich als Zimmermann. En passant legte er 1898 die heutige populäre Zahlenanordnung auf dem Dartboard fest. Aber nicht nur das, er ging zudem als erster englischer Dartspromoter in die Geschichte ein. Sein Portfolio: Er machte sich auf den Weg durch die englische Publandschaft und brachte so Darts an den Mann.

Ein anderer Name, der in diesem Zusammenhang nicht fehlen darf, ist bereits aufgetaucht: Jim Garside. Er besaß einen Pub im nordenglischen Leeds. Er musste vor den Kadi! Warum? In seiner Gaststätte durfte man Darts spielen und auf den Ausgang der Partien wetten. Kein Problem – so die Sichtweise Garsides.

Der Kläger offenbarte eine ganz andere: Das Wetten auf Darts ist absolut tabu. Weil? Weil Glücksspiel – it's illegal – und in der Grafschaft Yorkshire strengstens untersagt.

Jim Garside machte sozusagen eine Ortsbesichtigung im Gerichtssaal, dazu zitierte er seinen besten Dartspieler, William „Big Foot" Annakin, vor die Justitia und ließ ihn zu Demonstrationszwecken Darts spielen. Das überzeugte den Mann in Robe und mit Perücke. Für ihn stand fest, dass Darts kein Glücksspiel sei. Der Richterspruch verkündete: „This is not a game of chance."

Das war kein Einzelsieg des Jim Garside, sondern popularisierte Darts grundlegend und nachhaltig auf der Insel. Ein Großteil der Autoren, die sich mit Darts auseinandergesetzt haben, schießen hier aber maßlos über das Ziel hinaus, wenn sie damit Darts den Durchbruch als Sport attestieren. Die Briten sahen Darts als „*Game*" und nicht unbedingt als Sport im herkömmlichen Sinne an.

Noch in den 1970er-Jahren siedelte die Mehrzahl der britischen Journalisten Darts im Bereich Game an, wenn sie denn überhaupt bereit waren, über Darts zu berichten. Die deutschen Journalisten sowieso nicht, die in den beiden Begriffen Kneipe und Sport einen unvereinbaren Widerspruch a priori sahen.

Schlägt man den aktuellen *Oxford Learner's Dictionary* unter „*darts*" auf, dann findet man heute noch Folgendes geschrieben: „... a game in which darts are thrown at a round board marked with numbers for scoring. Darts is often played in British pubs."

Wenn du tiefer in die Historie des Darts eindringen möchtest, dann legen wir dir die Schilderungen von Dr. Patrick Chaplin (2012) *Darts in England 1900-1939: A Social History* nahe, in der du einige der oben angerissenen Aspekte in ausführlicherer Weise dargestellt wiederfinden wirst. Cui honorem, honorem – Ehre, wem Ehre gebührt: Dr. Chaplin ist mittlerweile auch als *Dr. Darts* bekannt.

Wir hatten oben bereits ausgeführt, dass mit der Weiterentwicklung der Pfeile eine höhere Wurfpräzision einhergegangen ist. Dass dieser Fortschritt noch längst nicht an seine Grenzen gestoßen ist, versteht sich von selbst. Hier ist noch einiges Potenzial vorhanden, und alle dürfen gespannt sein, wie sich die Weiterentwicklung entfalten wird.

Das Dartboard wird zumindest mittelfristig seine Grundstrukturen und Dimensionen beibehalten. Die Idee eines Quadro-Boards ist erst einmal auf Eis gelegt – und verbleibt dort hoffentlich tief eingefroren.

Dass sich Sportarten dennoch von heute auf morgen wesentlich verändern können, haben wir schon mehrfach erlebt, wie zum Beispiel der Fosburyflop im Hochsprung, das Skating im Skilanglauf, die V-Stellung im Skispringen, die Drei-Punkte-Regelung im Basketball, aber auch der Videobeweis im Fußball, computergesteuerte Weiten- und Zeitmessung, die Verkürzung der Sätze auf 11 Punkte im Tischtennis, das Rally-Point-System im Volleyball, Mutationsformen wie Beachball, E-Bikes im Radfahren als Betrugsvariante und last but not least: E-Darts!

Im Sport scheint zwar nicht alles, aber vieles drin zu sein. Und es wäre ein Rückschritt, ein fataler, wenn sich der Sport dem allgemeinen Fortschritt verweigern und ein antiquiertes Dasein fristen würde.

So sind wir alle gespannt, was uns die Dartszukunft noch beschert. Hierzu zählt im bereits angebrochenen Zeitalter der Digitalität die Vernetzung von Darts. Wie und mit welchen Formaten? Fragen über Fragen. Ein paar Antworten werden wir dir geben oder zumindest Anregungen, damit du dir selbst Gedanken machen kannst und zu deiner eigenen Meinung findest.

Wir wünschen dir viel Spaß mit diesem Buch und wollen dich motivieren, dich mehr und mehr für Darts zu interessieren. Als Spieler, als Zuschauer, als Leser, als Fachmann, als Fan, als Hobbyspieler, als Profi. Und unter uns: Nur eine Meinung, ohne weiteren Diskurs, ist zu wenig rund ums Dartboard. Und ebenfalls unter uns: Eine einzige Dissertation nimmt sich zudem überaus spärlich aus.

2.2 QUO VADIS

BDO, WDF, WDC, PDC, PDC Europe, WM here, there and everywhere – ferner DSAB, EDU, IDF, NDA und noch mehr Meister und Meisterschaften – verwirrend! Man sieht vor lauter Bäumen den Wald nicht mehr, vor lauter Verbänden versteht man die Dartswelt nicht mehr. Wir entwirren:

British Darts Organisation (BDO). Es ist nicht nur, „ein im Jahr 1973 gegründeter Darts-Verband", wie der erste, diesbezüglich deutschsprachige Artikel auf *Wikipedia* erklärt, sondern vielmehr gebührt der BDO die Ehre, die Mutter aller Dartsverbände zu sein.

„We're the home of British darts ...!", annonciert die BDO selbst auf Facebook. Warum? Weil die BDO alle auch heute noch gültigen Regeln fixiert hat, insbesondere essenzielle Merkmale wie Abstand beziehungsweise Oche oder Abwurflinie, Maße des Boards oder die Höhe seines Mittelpunkts.

Die treibende Kraft zur Gründung der BDO hat einen Namen: Olly Croft, der am 23. November 2019 im Alter von 90 Jahren verstorben ist. Gründungsdatum der BDO: 7. Januar 1973. Gründungsort: London! Olly Croft baute die BDO zusammen mit seiner Frau Lorna (gestorben 2003) sowie

Sam Hawkins, Jim Sweeney und Martin O'Sullivan nach eigenen Maßstäben vorbildlich auf.

So umfasst die BDO aktuell 64 County-Darts-Ligen in Großbritannien und bemüht sich, die gesamte Bandbreite von Dartspielern unter einen Hut zu bekommen, und richtet so entsprechend lokale, regionale, nationale und internationale Turniere aus, kümmert sich ebenfalls um den Dartsnachwuchs und die Forcierung des Frauen-Darts. Die Anzahl der Mitglieder liegt bei rund 25.000.

Die BDO befeuerte gleichsam die Gründung der **World Darts Federation (WDF)**, die sich 1976 institutionalisierte, allerdings derart, dass die WDF ein Anhängsel der BDO bildete und deren Interessen auf dem internationalen Dartsparkett als verlässlicher Erfüllungsgehilfe zukünftig wahrzunehmen hatte.

Zwei Jahre später wurde die 1. World Professional Darts Championship aus der Taufe gehoben, die nach dem Sponsor benannt kurz und bündig als „Embassy"-WM rasant an Popularität gewann. Bis 2019 wurde sie alljährlich im *Lakeside Country Club* in Frimley Green, veranstaltet, und dank des TV-Senders *BBC* (British Broadcasting Company) gelangten Bilder davon in Millionen von Haushalten. Der mediale Multiplikator erhöhte die Akzeptanz von Darts in der Öffentlichkeit enorm.

Als erster Weltmeister ist Leighton Rees in die Annalen eingegangen. Im Endspiel besiegte er John Lowe 11:7, gefiel mit einem Average von über 90 Punkten. Sein Titelgewinn wurde mit 3.000 Pfund Sterling belohnt. Zuvor hatte der als „Marathon Man" bezeichnete Leighton Rees in der zweiten Runde des Turniers gegen Alan Evans das erste 10-Dart-Finish vor laufenden TV-Kameras erzielt. 2020 wurde die WM erstmalig im *Indigo at the O2* ausgerichtet. Seit 2001 spielen die Damen ihren eigenen WM-Titel aus.

Die Weltmeisterschaft der BDO verfügt jedoch nicht über einen wirklichen USP, ein spezielles Alleinstellungsmerkmal, wodurch sich diese WM als Produkt deutlich vom Wettbewerb abhebt und einzigartig macht, bevorzugt in der Öffentlichkeit. Sie befindet sich dagegen vielmehr in einem harten Konkurrenzkampf mit der **PDC (Professional Darts Corporation)**, die selbst eine WM inszeniert.

Die parallele Existenz verschiedener Dachorganisationen, ausgestattet mit eigenen Weltmeisterschaften, gibt es faktisch in anderen Sportarten gleichermaßen, zu einer regelrechten Flut ist es dabei im Profiboxen gekommen: WBA, IBF, WBC, WBO! Um nur die wichtigsten zu erwähnen. Nicht die Konkurrenz belebt das Geschäft, sondern das Geschäft belebt die Konkurrenz.

Eine entscheidende Umkehrung der Verhältnisse, die immer dort floriert, wo der Geldrausch die Sinne beflügelt, beziehungsweise durchaus auch vernebelt. Da, wo Geld den Sport regiert, sucht nicht nur einer nach der Goldader. Was den jeweiligen Sportarten nicht immer unbedingt guttut.

Die meisten haben sicherlich schon einmal das geflügelte Wort „teile und herrsche" (lateinisch: divide et impera) vernommen. Was soll uns das vermitteln? Wer Macht gewinnt, soll diese stückweise auf andere verteilen, um nicht seine eigene zu verlieren. Dieses Vorgehen stützt ein gesamtes Machtgefüge. So weit, so gut, aber was hat das nun explizit mit dem Werfen dreier kleiner Pfeile zu tun?

Im Jahre 1992 rebellierten 16 Dartsprofis, die ihre sportlichen Erfolge besser belohnt sehen wollten, gegen den Vorstand der BDO. Die 16 warfen der BDO vor, dass sie sich nicht ausreichend und schon gar nicht optimal um die Vermarkungsmöglichkeiten von Darts kümmern würde, sodass zu wenig Geld, mit der ergänzenden Betonung auf viel zu wenig, bei den entscheidenden Protagonisten landen würde.

Fakt ist: Zunächst einmal hatte es die BDO verstanden, Darts immer stärker medial im Fernsehen zu positionieren. Nach regionalen TV-Berichterstattungen folgten größere, insbesondere via *ITV* (Independent Television), heute in der Rechtsform *plc* zählt *ITV* zu den 100 größten Unternehmen Großbritanniens, bis schließlich auch die *BBC* einstieg.

Diese Entwicklung ermöglichte es den Dartspielern, ihren Sport professionell zu betreiben. Wobei unter „professionell" grundsätzlich verstanden wurde, mit Darts Geld zu verdienen, um zumindest seinen Lebensunterhalt damit bestreiten zu können, jedoch nicht, sich entsprechend professionell zu präsentieren.

Heute kaum noch nachvollziehbar kippten die neu erkorenen TV-Stars einen Drink nach dem anderen und pafften, was das Zeug hielt – on Stage, of course – vor laufenden TV-Kameras. Wenn es auch durchaus authentisch war, denn anderes taten die Heroes auch in ihren Pubs nicht, entsprach es nicht dem Konsens von sportlichem Verhalten in der britischen Öffentlichkeit.

Die beliebte Comedy-Sendung *Not the Nine O'Clock News* reduzierte es auf den Punkt, der das Maß zum Überlaufen brachte. Die satirisch hervorragend aufbereitete und inszenierte Überhöhung in einem Sketch, in dem die beiden Dartspieler mittels der vernichteten Menge an Alkohol scorten. Als Sieger dieses Wettstreits ging derjenige hervor, der sich am längsten, wenn auch stark torkelnd, auf den Beinen halten konnte. Wahrlich sehenswert. Als Sketch!

Sponsoren, Fernsehen, Zuschauer, die öffentliche Meinung sahen es anders. Kurzum: Darts ging als großer Loser aus diesen spaßigen Bildern hervor, wenn auch nicht von heute auf morgen, jedoch zusehends. Es gab wesentlich weniger TV-Beiträge, weniger Sponsoren, schließlich war die *BBC* nur noch unter der Auflage bereit zu covern, wenn das Trinken von Alkohol während der im TV übertragenen Matches strikt untersagt blieb.

Weniger TV-Präsenz reduzierte die ausgelobten Preisgelder, verschlechterte die finanzielle Lage der Spieler drastisch. Nach Auffassung der 16 Topspieler verhielt sich die BDO viel zu lethargisch beim Imagegewinn, viel zu passiv bei der Akquise neuer Sponsoren, viel zu zurückhaltend im operativen Business, viel zu abwartend bei neuen TV-Verhandlungen.

Die Positionen von BDO und ihrer Topplayer verhärteten sich, sodass sich kein gemeinsamer Nenner mehr ergab. Die 16, zu denen in alphabetischer Reihenfolge Bob Anderson, Eric Bristow, Keith Deller, Peter Evison, Richie Gardner, Mike Gregor, Rod Harrington, Jamie Harvey, Cliff Lazarenko, John Lowe, Chris Johns, Dennis Priestley, Kevin Spiolek, Phil Taylor, Alan Warriner und Jocky Wilson zählten, gründeten deshalb 1992 das **WDC (World Darts Council)**. 1993 stellt sich rückblickend als das letzte Jahr dar, in dem die WDC-Mitglieder an der „Embassy"-WM teilgenommen haben.

Der damalige Zwist der beiden Seiten eskalierte durch Verbote und Verstöße. Die WDC-Spieler machten auf ihre neue Zugehörigkeit durch entsprechende Aufnäher auf ihren Shirts anlässlich der WM medial aufmerksam. Olly Croft forderte sie persönlich auf, dies zu unterlassen.

Die WDCs beschlossen postwendend, nicht mehr an BDO-Turnieren teilzunehmen, sondern eigene zu kreieren. Die BDO untersagte es ihnen prompt. Die WDCs entschieden daraufhin, ihren eigenen Weg zu gehen.

Wenn auch zwei von ihnen, namentlich Mike Gregor und Chris Johns, aus den Reihen wieder ausscherten und zur BDO zurückkehrten, blieben die anderen der neuen WDC-Linie treu.

Die Vorhänge dieses Theaters waren jedoch noch längst nicht gefallen. Die BDO versuchte nämlich, die WDCs komplett zu isolieren, das heißt Verbannung aus den County-Ligen, verbunden mit der Androhung, sämtliche Spieler zu sperren, die mit den WDCs in irgendeiner Art – selbst bei den *Exhibitions* genannten Schaukämpfen – kooperierten. Schlussendlich wurden die WDCs von allen WDF-Events ausgeschlossen.

Deadend – man zog vors Gericht, verbrannte binnen dreier Verfahrensjahre beiderseits viel Geld, bis am 30. Juni 1997 eine sogenannte *Tomlin Order* – eine außergerichtliche Einigung – Folgendes fixierte: Die BDO erkennt das WDC an und erklärt sich damit einverstanden, dass die Spieler die freie Wahl haben, an welchen offenen Turnieren sie teilnehmen möchten. Das WDC ändert seinen Namen in **Professional Darts Corporation (PDC)** und gibt seinen Anspruch auf, der einzige Welt-Dachverband zu sein. Die PDC erkennt ihrerseits die WDF als weltweiten Dachverband und die BDO als britischen Dartsverband an.

In der Praxis bedeutet dies jedoch, dass sich die Spieler, trotz der Vereinbarung, überall spielen zu können, effektiv für einen der beiden Verbände entscheiden müssen. Jedoch gilt auch hier: Die Ausnahme ist die Regel!

Fakt ist, dass im Laufe der Zeit zahlreiche Spieler die BDO in Richtung PDC verließen. Besonders spektakulär war der Wechsel des Niederländers Raymond van Barneveld. Aber auch Gary Anderson, Rob Cross, Michael van Gerwen, Adrian Lewis, John Part und Peter Wright, ergo die gesamte Palette der PDC-Weltmeister der letzten beiden Dekaden, haben mittlerweile den Schritt von der BDO zur PDC vollzogen.

Die totale Missachtung des weisen Ratschlags „teile und herrsche" hat konsequent dazu geführt, dass die PDC der BDO eindeutig den Rang abgelaufen hat, und die BDO nun ein Schattendasein im strahlenden Licht der PDC fristen muss: Sportlich, öffentlich, medial!

Ganz entscheidend für die Re-Forcierung von Darts und den Zugewinn weit über das ehemals vorhandene Level hinaus ist das Engagement von Barry Hearn, dem Präsidenten der PDC, einem bekannten englischen Sportpromoter, zu bewerten, der sich neben dem Profiboxen vor allem im Snooker verdient gemacht hat, insbesondere mit der Spielervereinigung *Matchroom*.

In dieser bestritten in den 1980er- und 1990er-Jahren acht erlesene Profis, angefangen vom sechsmaligen Weltmeister Steve Davis, der sogar 1988 zum *Britischen Sportler des Jahres* gewählt worden ist, über Dennis Taylor, ebenfalls Weltmeister, bis hin zu Jimmy White, selbstredend auch Weltmeister, die sogenannte *Matchroom Snooker League*. Mehr oder weniger eine Privatliga, mittels der es Barry Hearn pfiffig verstand, Snooker sehr medienwirksam ins öffentliche Bewusstsein zu implementieren. Alle hatten etwas davon – divide et impera.

Als Ableger der PDC wurde 2006 die **German Darts Corporation (GDC)** ins Leben gerufen, aus der sich drei Jahre danach die **PDC Europe** entwickelt hat. Ihre Aufgabe ist klar umrissen: die Vermarktung von Darts auf dem kontinentalen Festland voranzutreiben.

Bei der von ihr ausgerichteten *Super League* in Deutschland, an der 16 qualifizierte oder ausgesuchte Spieler alljährlich teilnehmen, erhält der Gewinner eine Wildcard für die PDC-Weltmeisterschaft. Als Sieger sind bisher von 2013 bis 2020 Andree Welge, Max Hopp, René Eidams, Dragutin Horvat, Kevin Münch, Robert Marijanovic sowie Nico Kurz (2019 und 2020) in Erscheinung getreten. Der 23-jährige Dartspieler aus Nidderau ist der bisher Einzige, der sich auf diesem Wege zweimal für die WM empfehlen konnte.

Da sich Max Hopp 2014 bereits über die *Pro Tour Order of Merit* sein WM-Ticket gesichert hatte, erhielt Sascha Stein als Zweiter der *Super League* den entsprechenden Startplatz für die Weltmeisterschaft 2015, der neben Dragutin Horvat, Maik Langendorf und Kevin Münch auch zum Quartett zählt, das sich bisher zu allen *Super League Finalrunden* qualifiziert hat.

Wenn oben die BDO als Mutter aller Dartsorganisationen geadelt wurde, gilt diese Belobigung auch für die E-Darts Welt. Selbst wenn in dem einen oder anderen Land auf der großen Scheibe bis hin zum Bullshooting gespielt wird, gelten auch hier viele der grundlegenden BDO-Regeln wie auch im **DSAB (Deutscher Sportautomatenbund)**, in der **EDU (Europäische Dart Union)** oder **NDA (National Dart Association/USA)**. Selbstredend liegt und agiert der DDV ebenso auf der Linie von BDO beziehungsweise WDF.

Die aktuelle Analyse der Verbandsstrukturen – international wie national – ist eine Momentaufnahme. Wie es in 10, 20 oder sogar 50 Jahren aussehen wird, kann keiner prophezeien, geschweige denn prognostizieren. Sagte doch dereinst schon der weise Grieche Heraklit: „Panta rhei – alles fließt!"

Das ist auch gut so, denn nur das Fortschreiten entscheidet über Fortschritt, durchaus im Sinne der darwinschen Lehre, dass der Fitteste überleben wird. Es geht dabei nicht um den Stärksten, sondern um den, der sich am besten den jeweiligen Gegebenheiten anzupassen weiß, ergo den Fittesten.

Schauen wir vom aktuellen Zeitpunkt 50 Jahre zurück, war noch nicht einmal die Mutter aller Verbände, die BDO, geboren, geschweige denn der Nachwuchs wie DDV oder DSAB in Deutschland. Heute ist die Dartszene vielfältig. Es werden vielleicht noch neue Organisationen hinzukommen, es werden aber auf jeden Fall auch welche sterben.

In diesem Zusammenhang wird in England die aktuelle Situation der BDO und ihre Zukunft diskutiert, die in eine finanzielle Schieflage geraten ist und wohl ihre Vermarktungsabteilung BDO Enterprises liquidiert hat. Dabei scheinen allerdings einige Ungereimtheiten vorgekommen zu sein.

2.3 DARTSORGANISATIONEN IN DEUTSCHLAND

Es existiert eine Reihe von Verbänden und Organisationen in der bundesdeutschen Dartslandschaft. Die drei bedeutendsten und herausragendsten sind der **DDV**, die **PDC** sowie der **DSAB**.

Während sich die ersten beiden Organisationen das Thema Steeldarts auf die Fahnen geheftet haben, fokussiert sich der DSAB auf E-Darts. Der Name DSAB ist insoweit etwas irreführend, als in seiner Namensgebung der Begriff „Automat“ verankert ist, obwohl es sich bei den entsprechenden E-Dartsgeräten definitiv nicht um Automaten handelt.

Aber die damalige Ausgangslage war dergestalt, dass sich der DSAB nicht nur dem E-Darts, sondern daneben auch den Sportarten Soccer

(Tischfußball), Snooker Löwen S.P.O.R.T. und Poolbillard angenommen hatte, die beim damaligen Hersteller Löwen S.P.O.R.T. unter dem Oberbegriff Sportautomaten rangierten.

Ganz unabhängig davon gilt für einen großen Teil der Spielerschaft nicht das Prinzip „entweder oder", sondern der Leitsatz „sowohl als auch". So hat sich der eine oder andere Akteur zwei oder sogar allen drei Institutionen angeschlossen.

Während die PDC über keinen sportstrukturierten Unterbau verfügt, schenken im Gegensatz dazu sowohl der DDV als auch der DSAB ihre Aufmerksamkeit der gesamten sportlichen Palette. So begnügt sich die PDC in Deutschland vornehmlich damit, Akteure aus den anderen beiden Verbänden abzufischen, um ausschließlich diese Elitespieler in den Mittelpunkt zu rücken.

Das eigentliche Ziel ist die Schaffung profitabler Vermarktungsformen, nicht die Förderung des Sports schlechthin. Auch wenn dies dem altrömischen Prinzip von „panem et circenses" (Brot und Spiele) entspricht, ist es nicht per se eine Pervertierung von (sportlichen) Werten, sondern durchaus legitim.

Den vielleicht bekanntesten Boxkampf aller Zeiten, den sogenannten *Rumble in the Jungle* zwischen Muhammad Ali und George Foreman haben wir genau diesem Background zu verdanken, und Menschen wie dem Promoter Don King und ihren felsenfest verankerten Lebensweisheiten, die nahezu mit Lichtgeschwindigkeit um Leitmotive wie „Money makes the world go round" kreisen!

Machen wir uns nichts vor, jedes Fußballbundesligator bejubelt diese Philosophie, jedes Formel-1-Rennen rast diesem Vorhaben hinterher, jeder Dunking punktet für dieses Kalkül. Wie es euch gefällt! Dafür, dass Sport in Antisport umschlägt, zeichnet jedoch nur einer verantwortlich, der souveräne Zaungast. Sein Verhalten befeuert solche Phänomene.

Im Gegensatz zur PDC haben nebst Hoch- und Höchstleistungssport sowohl im DDV als auch im DSAB Spielspaß, Breiten- und Volkssport sowie gemäßigter Leistungssport ihren angestammten Platz und werden intensiv gefördert.

Diese Vielfältigkeit spiegelt sich besonders kennzeichnend im Ligaspielbetrieb wider, der sich beispielsweise beim DSAB über ein siebenstufiges Modell – von der C- bis zur Bundesliga erstreckt, während er sich im DDV in namentlich Kreis-, Bezirks-, Regional-, Landes- und Bundesliga gliedert.

Auf der Turnierebene finden wir bei beiden Verbänden gleichfalls ein nach Leistungsniveau differenziertes System vor, das sich nicht nur auf die Extraklasse konzentriert. Das umfangreiche Angebot beider Verbände staffelt sich in lokale, regionale, überregionale, bundesweite und internationale Events und Meisterschaften.

2.4 DEUTSCHER DART-VERBAND (DDV)

Der **DDV** wurde am 21. August 1982 in Wiesbaden gegründet und 1983 in das Vereinsregister beim Amtsgericht Wiesbaden eingetragen. Im Dezember 2010 wurde der DDV als 98. Mitglied des DOSB (Deutscher Olympischer Sportbund), der am 20. Mai 2006 aus dem Zusammenschluss des Deutschen Sportbundes und des Nationalen Olympischen Komitees für Deutschland resultiert ist, aufgenommen und repräsentiert national und vor allem international den deutschen Dartsport in allen diesbezüglichen Gremien – mit allen entsprechenden Rechten und Pflichten.

Die derzeitige Mitgliederzahl, dokumentiert durch den DOSB, liegt exakt bei 13.343. Sie ist nicht das Resultat eines kontinuierlichen Anstiegs, sondern vielmehr eines wellenförmigen Verlaufs mit Höhen und Tiefen.

Zunächst einmal fing es ganz klein an, und zwar mit 433 Mitgliedern im Gründungsjahr. Daraus entwickelten sich über 2.977 im Jahr 1986 sowie 6.917 Mitglieder im Jahre 1988. 1992 wurden bereits 9.988 Mitglieder gezählt. Ein Jahr später durchbrach man mit 12.094 erstmalig die fünfstellige Schallmauer, und 1994 wurden sogar 14.225 Mitglieder registriert. Dieser Spitzenwert präsentiert auch das Allzeithoch.

Aber, wie gesagt, es ging nicht nur bergauf. 2003 unterschritt die Anzahl der Mitglieder sogar wieder die 10.000er-Marke und pendelte in den nächsten Jahren um diese herum, mal vier-, mal fünfstellig. Seit 2016 ist die Mitgliederstärke des DDV konstant fünfstellig geblieben.

Die traditionsreichsten Sportelemente sind die seit der Gründung des DDV geführten Einzelranglisten für Damen und Herren und die nationalen Meisterschaften. Seit 1982 wurde alljährlich der Deutsche Meister im Herren-Einzel gekürt, ab 1984 zudem die Deutsche Meisterin sowie der Deutsche Mannschaftsmeister.

Der stattliche Umfang von 32 verschiedenen Namen, die die ewige Bestenliste im Herren-Einzel über die Zeitdauer von 38 Jahren von 1982 bis 2019 präsentiert, legt Zeugnis darüber ab, wie heiß umkämpft dieser Titel ist. Nichtsdestotrotz waren mit Andreas Kröckel, Kevin Münch und Andree Welge drei Aktive in der Lage, den Titel zweimal für sich zu reklamieren.

Überboten wird dieses Trio lediglich von Colin Rice und Tomas Seyler. Beide siegten dreimal – wobei sich Erst- wie Letztgenannter als Titelverteidiger hervortun konnten, Colin Rice 1996, Tomas Seyler 2004.

Bei den Damen spannt sich das Einzel über eine zwei Jahre kürzere Zeitdauer als bei den Männern – von 1984 bis 2019. Dieser relativ geringfügige Unterschied rechtfertigt aber nicht die wesentlich niedrigere Anzahl von nur 18 verschiedenen Titelträgerinnen.

„Schuld" daran ist insbesondere nur eine, nämlich Heike Ernst, heute Jenkins. Sie holte sich den Titel erstmalig 1992 und verteidigte ihn sowohl 1993 als auch 1994, also ein astreines Triple. Sie schlug 1996 abermals zu, wiederum 1998, ferner 2000 und verteidigte diesen Titel im darauf folgenden Jahr. Ein weiteres Meisterschaftstriple gelang ihr in den Jahren 2003 bis 2005. In der Addition ergibt das nicht weniger als zehn Titel. Damit überragt sie das gesamte Feld der Deutschen Meisterinnen.

Drei Meisterstücke vermochten Irina Armstrong, Gabi Kosuch, Monique Leßmeister, Stefanie Lück und Bianka Strauch zu schmieden.

Im Bereich Mannschafts-Meisterschaften macht dagegen so leicht keiner dem DC Vegesack Bremen etwas vor, der sich siebenmal als Primus behaupten konnte. Ihm folgt mit nur einem Titelgewinn weniger der 1. DC Mülheim/Ruhr. DSC Bochum empfiehlt sich mit vier gewonnenen Meisterschaften auf Position drei, gleich dahinter reiht sich Post SV Hannover als dreimaliger Sieger an vierter Stelle ein.

Diese vier Teams haben zusammen 20 Titel gewonnen – das entspricht rund 55 Prozent. Die verbleibenden 45 Prozent teilt sich der Rest von zwölf Clubs.

Zuerst seien die Zweifachsieger 1. DIG Neu-Isenburg, der DV Kaiserslautern sowie der Kölner Dartverein genannt. Die folgenden Crews siegten je einmal: Broadway Bremen, Dartspub Walldorf, 1. DC Wuppertal, DC Black Birds Kelheim, DC Dartmoor Darmstadt, DC Seligenstadt, DSC Essen und Irish Folk Pub München, Jolly DT Berlin sowie Vikings DC Berlin.

Des Weiteren wurde das Programm der DM zunächst ab 1986 durch eine Doppeldisziplin bei den Herren, sodann bei den Damen ab 1993 ergänzt. Gemeinsam wurden diese jedoch ab 2011 wieder aus dem Programm genommen.

In den ersten vier Jahren hatte Abbie Burke bei den Männern das beste Händchen, der sich viermal hintereinander mit drei verschiedenen Partnern diesen Titel sicherte. Überboten wurde er im Laufe der Zeit nur von zwei Spielern. Der eine heißt Andreas Kröckel, dessen sportliche Agenda fünfmal diesen Titelgewinn schmückt, der andere Andree Welge, der sogleich ein halbes Dutzend dieser Masterpieces einsacken konnte.

Abbie Burke taten es indes sowohl Colin Rice als auch Tomas Seyler gleich, bei denen sich die Anzahl der Siege ebenfalls auf jeweils vier summierten. Dieter Schutsch hinterließ seine Spuren als dreimaliger Gewinner.

Als zweifache Meister ihres Fachs als Doppelspieler entpuppten sich noch Volker Backes, Rainer Baumdick, Markus Hawlitzky, Ulrich Meyer-Schlüter und Stephan Schneider.

Die Damen wurden erst sehr viel später mit dieser sportlichen Herausforderung konfrontiert, nämlich 1993. Analog zum Einzel dominiert auch hier eine Frau die Ewige Bestenliste. Doch in diesem Fall ist es nicht Heike Ernst, sondern Bianka Strauch, die sich elfmal als Prima präsentierte, dabei nicht weniger als sechsmal gemeinsam mit Heike Ernst.

Da jene noch vier weitere Male nicht zu schlagen war, kommt sie auf zehn Titel und folgt Bianka Strauch als Zweitbeste ganz dicht auf dem Fuße. Mit beträchtlichem Abstand schließen sich Marene Csepeli, Nicole Hartmann und Gabi Westfal an, die sich allesamt zweimal diesen Titel sicherten.

Die Frage nach dem Nachwuchs, der für jeden herkömmlichen Sportverband von immenser Wichtigkeit und Bedeutung ist, wenn sich dieser nachhaltig im Sportverbandswesen etablieren möchte, wurde beim DDV mit der Installation von entsprechenden Wettbewerben auf bundesweiter Ebene beantwortet.

Warum im Deutschen Dart-Verband immer zuerst die männlichen Mitglieder und erst später die Damen forciert worden sind, ist kein spezielles Problem des DDV, sondern der Sozialisation von Sport selbst in modernen Gesellschaftsformen, die um demokratische Werte und um die Emanzipation der Frauen bemüht sind, geschuldet. Noch heute ist es so, dass Sport erst einmal Männersache ist.

Diese Aussage wird massiv durch die Anzahl der offiziellen Vereins- beziehungsweise Verbandsmitgliedschaften untermauert, bei denen das starke Geschlecht um mehr als 50 Prozent öfter repräsentiert ist als das schwache.

Der erste junge Mann, der bei den Deutschen Meisterschaften zum besten Nachwuchsspieler im Jahre 1987 avancieren konnte, heißt Christian Groner. Auf seinen Spuren folgten 28 weitere Aktive. Einige waren obendrein in der Lage, diesen Titel zweimal zu gewinnen. Der Erste, dem dies gelang, heißt Karsten Wieggrebe (1993 und 1994), anschließend schafften es noch Michael Karkoska (5/2001 und 10/2001), Kevin Münch (2004 und 2005), Alexander Glatthorn (2007 und 2008), Max Hopp (2010 und 2011) sowie Nico Schlund (2015 und 2016).

Mit Kevin Münch und insbesondere Max Hopp sind darunter zwei zu finden, die nicht nur im Herrenbereich nationale Ehren erringen konnten, sondern auch international erfolgreich gewesen sind, wobei beide noch an ihrer Karriere feilen.

Unter dem Branding „Internationales Format" ist zumindest auch noch Martin Schindler zu benennen, der sich im Jahre 2014 als Primus hervorgetan hatte. Er zählt ferner zu den Wenigen, der sich sowohl als Jugendlicher als auch als Erwachsener im DDV als Titelgewinner verewigen konnte (2014 und 2016). In diesem Zusammenhang sind außerdem noch Ulrich Meyer-Schlüter (1988 und 2001) und Daniel Zygla (2006 und 2014) zu erwähnen. Kevin Münch ragt aus diesem exquisiten Kreis dadurch heraus, dass er sowohl zweimal Jugend- als auch zweimal Herrenmeister (2004 und 2005 sowie 2010 und 2013) wurde.

Ohne Frage stellen diese konsequenten Weiterentwicklungen ideale Verlaufskurven im ureigenen Interesse der zuständigen Sportverbände dar. Sie sind allerdings keine Zwangsläufigkeit – wie Analysen auch anderer Sportarten aufdecken.

So kann man allzu oft leider beobachten, dass sich die in jene jungen Sportler gesetzten Hoffnungen nicht erfüllen. Die Ursachen dafür sind vielfältig. Der häufigste Grund ist eine maßgeblich falsche Trainingssteuerung, die junge Talente auspowert, bevor sie überhaupt in die Phase ihres individuellen Leistungszenits gelangen. Enttäuschung, Verzweiflung, Hoffnungs- und Perspektivlosigkeit lassen solche Talente sportlich und teilweise darüber hinaus auch im Nichtsportbereich „verelenden".

Der ungeheure Leistungsdruck, intern wie extern, insbesondere der mediale, wirft solch „ewige Talente" völlig aus der Bahn. Die Grenze zwischen

Lob und Tadel, zwischen Jubel und Buhrufen, zwischen grenzenloser Verehrung und unerbittlicher Schmach ist hauchdünn, geradezu diffus. Damit muss man umgehen können, was zur Ausbildung eines Hochleistungssportlers dazugehören sollte. Darauf wird er jedoch nur selten vorbereitet.

Überhaupt wird die systematische Schulung mit dem Umgang solcher psychologischen Grenzsituationen im Hochleistungssport bis heute noch total unterschätzt, auch wenn sich auf diesem Gebiet schon einiges getan hat. Zum Tragen kommen solche unterstützenden Maßnahmen leider erst im Höchstleistungsbereich, also erst dann, wenn schon viel Erde verbrannt ist, das heißt, viele jungen Sporttalente ausgebrannt sind.

Der norwegische Sportexperte Örjan Madsen, der vor den Olympischen Spielen in Peking 2008 mit dem „Projekt Weltklasse" im DSV (Deutscher Schwimm-Verband) aufgesattelt hatte, sagte einmal sinngemäß über die Talentförderung und das Ausleseverfahren im amerikanischen Schwimmsport, dass die US-Coaches im Prinzip 1.000 rohe Eier, sprich Talente, an die Wand werfen, in der Hoffnung, dass eines heil bleibt und sodann die Härte mitbringt, Olympiasieger zu werden. Diesem Prinzip huldigen viele Trainer, zumeist verfügen sie jedoch bei Weitem nicht über 1.000 Rohlinge, die es gilt, in Form zu bringen.

Natürlich können unvollendete Lebensläufe von Sportlern auch ganz andere Gründe haben, wie Überdruss, Neuorientierung, Wertewandel, Verletzungen, Überbeanspruchungen, Negativerlebnisse, auch fernab des Sports, und vieles mehr. Insbesondere das weibliche Geschlecht ist bei der Neubestimmung von Prioritätenlisten äußerst konsequent.

Augenfällig ist in der Ehrentafel der Juniorinnen des DDV der Name Schuler, denn der bringt die letzten vier Meistertitel von 2016 bis 2019 auf einen Nenner. In den Jahren 2016, 2018 und 2019 mit dem Vornamen Christina versehen, die damit die erfolgreichste Juniorin überhaupt ist, während 2017 besagter Name einmal mit dem Vornamen Denise verbunden ist.

Zweimal ziert sowohl Michelle Wagner die Ehrenliste der Meisterinnen, und zwar 2011 und 2009, als auch Jenny Lieverkus, die ihren ersten erworbenen Titel 2007 im darauf folgenden Jahr verteidigte. Viktoria Weber gefiel 2005 und zuvor 2003 als Prima, Nicole Osthues 2002 und 2001, Michelle Sossong 2001 und 2000.

Die Allererste, die diese Ehrenliste, die insgesamt 18 Spielerinnen einschließt, dokumentiert, ist Lydia Scheumann, die 1996 diesen Titel für sich beanspruchte.

Manifest macht sich die Tatsache bemerkbar, dass bis heute noch keine einzige Meisterin der Junioren den Einzeltitel der Damen für sich entscheiden konnte. Da spielen die oben genannten Gründe sicherlich mit hinein. Dieser Umstand ist allerdings so signifikant auffällig, dass diese Tatsache auch den Verantwortlichen des DDV nicht verborgen bleiben sollte.

Heike Jenkins ist genderneutral die mit Abstand erfolgreichste Akteurin. Als Einzel- und Doppelspielerin vermochte sie bisher 20 Titel zu sammeln. An zweiter Stelle rangiert Bianka Strauch mit 14 Titeln, und als drittbeste Dame schließt sich die vierfache Deutsche Meisterin Gabi Kosuch an. Das Attribut „erfolgreichste Herren" teilen sich indes Colin Rice und Tomas Seyler mit jeweils acht Meisterschaften. Unmittelbar dahinter liegen Andreas Kröckel und Andree Welge mit je sieben DM-Siegen.

Die sportlichen Erfolge des DDV auf dem internationalen Parkett sind vielfältig und zahlreich. Konzentriert man sich auf die absoluten Highlights, liest sich ein Schnelldurchlauf so: In der Siegerliste des Jugend Europacups stößt man auf die Namen Christian Lechtken im Jahre 1994, Max Hopp 2012 sowie Nico Schlund 2015. Bei den jungen Damen erkämpften sich Nicole Osthues 2003, respektive Jenny Lieverkus 2007 den EM-Titel.

Im Junioren-Doppel zeigten sich sowohl Dieter Hartenfels/Christian Lechtken als auch Kevin Münch/Christopher Klimek 2004 erfolgreich – die Erstgenannten 1991, die Letztgenannten 2004. Bei den Juniorinnen vermochten sogar vier Paare, den Titel zu erringen: 1990 Heike Jakob/Anja Vonscheidt, 2004 Nicole Osthues/Kerstin Lederbogen, 2006 Benita Goebel/Kerstin Lederbogen und last, not least 2007 Jenny Lieverkus/Asaria Hintzsche-Oehme. Summa summarum elf Titel auf europäischer Ebene.

Sogar beim Worldcup standen mit Christina Schuler und Nina Puls zwei Juniorinnen im Doppel ganz oben auf dem Siegertreppchen. Bei den Damen feierten Irina Armstrong und Anne Willkomm 2014 einen Sieg beim Europacup im Doppel.

Die größten und wichtigsten nationalen Turniere sind nach den Deutschen Meisterschaften beziehungsweise German Masters die drei Weltranglistenturniere Bull's German Open (Bochum), German Gold Cup (Bremen) und Dortmund Open. Die Bull's German Open gehören mit knapp 1.600 Teilnehmern im Einzel (Senioren und Junioren) zu den größten Dartsturnieren der Welt.

Seit 2005 ist der Spielbetrieb um eine Bundesliga erweitert worden, die derzeit, in Nord und Süd gesplittet, mit jeweils neun Mannschaften bestückt, an acht Spieltagen ausgetragen wird, um zunächst die Teilnehmer der Bundesligaendrunde zu ermitteln, zu der sich die jeweils besten vier Teams aus Nord und Süd qualifizieren.

Die Struktur des DDV gleicht denen herkömmlicher Verbände, das heißt, die Mitglieder des Dachverbandes sind seine Landesverbände. Die jeweiligen Landes- beziehungsweise Bezirksverbände bilden das Sammelsurium der Vereine der entsprechenden Bundesländer. Im Umkehrschluss heißt das, dass eine interessierte Person einem örtlichen Dartsverein beitritt, dieser ist Teil des entsprechenden Bezirks- beziehungsweise Landesverbandes, der wiederum der Spitze des DDV angeschlossen ist.

„Nur als Mitglied über einen Verein eines Landesverbandes bzw. Bezirksverbandes erhält man die Spielberechtigung für die Teilnahme an nicht offenen DDV-Events, wie beispielsweise German Masters, Pokalspiele oder Bundesliga", unterstreicht der ehemalige Präsident des DDV,

Johann Peltzer und hebt zudem hervor, „dass ansonsten alle DDV-/WDF-Ranglistenturniere offen sind. Allerdings gibt es nur Ranglistenpunkte, wenn man gemeldeter Vereinsspieler ist."

Bei den nationalen Meisterschaften haben sowohl im DDV als auch DSAB die Disziplinen Damen- und Herren-Einzel 501 D.O., auf der einen Seite als German Masters, auf der anderen als 64er-Feld respektive 128er-Feld ausgelobt, eine ganz besondere Tradition, bilden sie doch in wettkampfsportlicher Hinsicht die Grundsteine beider Meisterschaften. Hierbei fällt auf, dass die Spieler Dieter Schutz (1988 und 1990), Bernhardt Willert (1992 und 1993), Michael Rosenauer (1989 und 2006) sowie Kevin Münch (2010 und 2016) in beiden Verbänden zu Meisterehren gekommen sind.

Bei den Damen trifft dies nur auf Marene Westermann (2006 sowie 2006, 2008 und 2013) zu, die geschlechterübergreifend auch die Einzige ist, die sich in ein und demselben Jahr, nämlich 2006, nicht nur als Beste im DDV, sondern auch im DSAB präsentieren konnte.

Ein schöner Nebeneffekt ergibt sich aus der Tatsache, dass sich die fünf soeben genannten Akteure in der Bewertung, wie viele zuerst beim DDV und wie viele zuerst beim DSAB den DM-Titel gewinnen konnten, exakt die Waage halten. Das Ergebnis lautet 2,5:2,5. Oh, wie schön ist die Dartswelt!

2.5 BERND HEBECKER – DEUTSCHLANDS ERSTER DARTSPROFI

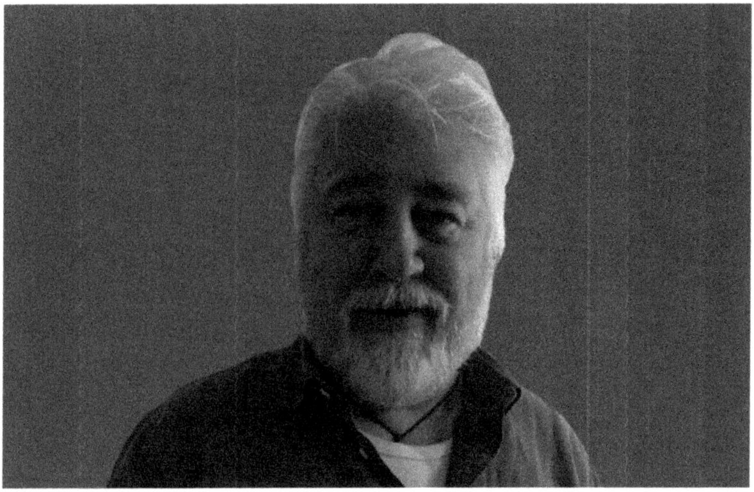

Bernd Hebecker heute

Er ist ein *Frontier.* Womit die Amerikaner respektvoll und löblich der Art von Menschen huldigen, die als Grenzgänger Neuland betreten. Was Bernd Hebecker als wahren Pionier auszeichnet, ist die unumstößliche Tatsache, dass er als erster Profi in der deutschen Dartshistorie zu Buche schlägt, und zwar zwischen 1996 und 1999. Nicht nur das. Bernd Hebecker ist zudem der erste deutsche Akteur gewesen, der sich für die BDO-WM qualifizieren konnte. Leider verlor er 1992 sein Auftaktmatch gegen den Dänen Jann Hoffmann 0:3.

Bereits 1984 hatte Bernd Hebecker bei den World Masters für Furore gesorgt. Bei seinem imposanten internationalen Einstand wurde er nicht nur vom TV-Sender *Radio Bremen* nach West Kensington begleitet, sondern bezwang, nachdem er sich in den gastlichen Räumen des *The Albion*, einem sehr traditionsreichen Londoner Pub, warmgespielt hatte, am 7. Dezember in der *Rainbow Suite* im erlesenen 128er-Feld bei seinem

Auftaktmatch überraschend und cool Zigarette rauchend den Schotten Alan Meldrum.

„Dieser Sieg war schon beeindruckend", kommentierte der Bremer vor laufender Kamera und fuhr fort, „und danach die Chance zu bekommen, gegen John Lowe spielen zu dürfen, ist einfach großartig. Leider habe ich natürlich verloren. Aber für mich war das schon ein großes Erlebnis. Manche Spieler warten ihr ganzes Leben darauf, gegen die Nummer eins oder zwei in der Welt spielen zu dürfen. Und ich habe es geschafft!", zeigte sich der Anästhesieassistent glückselig. Für ihn war ein großer Traum in Erfüllung gegangen. Das Turnier entschied letztendlich Eric Bristow für sich.

1985 gewann Bernd Hebecker erstmalig den German Gold Cup und wiederholte den Erfolg drei Jahre später. Zwischendurch siegte er 1986 bei den German Open und entpuppte sich 1988 als Bester der Dortmund Open. 1992 erstritt er sich als bester Deutscher beim Europe Dartscup im finnischen Kerava Rang drei im Herren-Einzel, nachdem er sich im Halbfinale John Lowe knapp 3:4 geschlagen geben musste.

1992 wartete er außerdem mit dem Erreichen des Achtelfinales bei den British Open auf. 1996 stand er zudem bei den French Open im Halbfinale. 1994 und 1995 bekleidete er im DDV das Amt des Präsidenten. Bernd Hebecker wurde am 5. Oktober 1955 in Bremen geboren und lebt dort heute noch. Ab und zu spielt er noch Darts. So ganz nebenbei.

Grenzgänger ereilt oftmals das Schicksal, dass ihre Fußstapfen von der nachfolgenden Herde förmlich überrannt und zertreten werden, sich ihre Spuren kaum noch auffindbar, im Nirgendwo verflüchtigen. Leider! Gott sei Dank war das Darts1-Team auf der richtigen Fährte und hat ihn gefunden. Back to the roots – immer wieder ein lohnender Ausflug, zumal, wenn sich daraus ein interessantes Gespräch entspinnt:

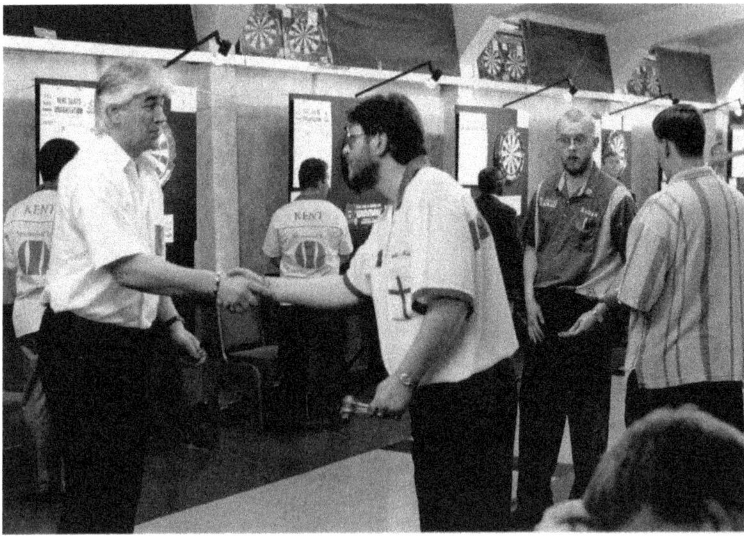

Shakehands zwischen Bernd Hebecker und Martin Adams

***Darts1:** Bernd, der DDV wurde am 21. August 1982 in Wiesbaden von Edgar Martin (DV München), Jerry Marcuerquiaga (DV Wiesbaden), Sigurd Schmitz (DV Bremen), Ulli Abendroth (DDV Frankfurt), Ludger Pelka (DC Zocker Datteln), Klaus-Peter Meißner (DC Hameln 79), Hans Jürgen Ruge (Oststeinbecker DV), Günter Seidel (Jolly Dartteam Berlin-Spandau), Hans Studt (DC Lübeck) sowie Peter Hummel als kommissarischer Sprecher gegründet. Welche Erwartungen hatten die Verantwortlichen mit der Gründung verknüpft?*

Bernd Hebecker: Der Verband sollte sicherstellen, dass die Spieler gut informiert werden und so über eine gesunde Planungssicherheit verfügen würden. Die Nationalmannschaft war als Aushängeschild auserkoren und musste deswegen finanziert werden. Das ist natürlich viel einfacher gesagt als getan. Ich hatte als Spieler immer eigene Sponsoren und war von 1996 bis 1999 Profi. Förderer für einen Verband zu erwerben, ist eine ganz andere Geschichte, viel komplexer.

Darts1: *Welchen Stellenwert hatte der DDV in den 1980er- und 1990er-Jahren?*

Bernd Hebecker: Da der DDV viele Mitglieder hatte, stieg der Stellenwert mit den Beitragszahlungen an die World Darts Federation, kurz WDF. Uns fehlte jedoch ein Spitzenspieler oder eine Spitzenspielerin mit absolutem Weltklassepotenzial, beziehungsweise -format. 1992 wurde ich EM-Dritter im Herren-Einzel und durfte so die Profi-WM spielen. Ein erster Schritt nach vorne und in die richtige Richtung.

Darts1: *Wie versuchte man, sich einen Namen zu machen und sich zu etablieren?*

Bernd Hebecker: Es hilft ungemein, gut zu spielen. Im Ernst jetzt: Es steckt jedoch viel harte Arbeit und viel Training dahinter. Du musst spielen, spielen, spielen. Ich war nicht das geborene Supertalent, also war es für mich noch härter.

In Deutschland war es enorm wichtig, sich in der DDV-Rangliste zu etablieren. So bekommen die Gegner Respekt. Je mehr man international spielt, desto besser wird man. Das ist heute noch so!

Darts1: *Wie wart ihr in Bremen organisiert?*

Bernd Hebecker: In Bremen waren wir sehr schnell, sehr gut organisiert – dank Fips Sattler. Sehr schnell hatten wir eine gut funktionierende Kneipenliga aufgebaut und außerdem große Turniere veranstaltet. Es boomte in Bremen, und wir hatten einen Riesenzulauf zu verzeichnen.

In den ersten Jahren der Bremen Open konnten wir über 1.000 Teilnehmer zählen. Nach den niederländischen Dartsevents waren die Bremen Open außerhalb Großbritanniens die größte Veranstaltung.

Darts1: *Wie viele Spieler und Vereine gab es damals?*

Bernd Hebecker: Vereine eher wenige, vielleicht vier oder fünf, dafür aber reichlich Spieler. Bei uns in Bremen hat es uns sehr geholfen, dass das Fernsehen und der Senat sehr schnell eingestiegen sind, vor allem nachdem ich 1984 Deutscher Meister geworden war. So viele Deutsche Meister hatte Bremen ja auch nicht.

Darts1: *Wie liefen die ersten Turniere ab?*

Bernd Hebecker: Mit Phil Harrison an meiner Seite sehr gut. Wie gesagt, wir hatten die BDO-Rules eingeführt und konnten schon damals die Bremen Open mit Rekordzahlen und mit Rekordpreisgeldern durchführen. In anderen Städten war das allerdings nicht so.

Darts1: *Wurde deines Wissens auch in der damaligen DDR Darts gespielt?*

Bernd Hebecker: No!

Darts1: *Immer wieder gab es Rücktritte, oder Akteuren wurde das Vertrauen entzogen. So konnte sich der Verband nur schwerlich weiterentwickeln. Hat man rückblickend auf die falschen Leute gesetzt oder waren diese schlichtweg überfordert?*

Bernd Hebecker: Die meisten Handelnden hatten einfach keinerlei Unterstützung seitens ihrer „Lokalfürsten". Und Deutschland war und ist eine Neidgesellschaft. Es erinnert alles ein wenig an die Politik – viel Gelaber, wenig Ertrag.

Darts1: *Wie vermochte es der Verband, dennoch zu wachsen?*

Bernd Hebecker: Die Leute hatten einfach Spaß am Spiel und der damit verbundenen Geselligkeit. Viele Freundschaften sind in dieser Zeit entstanden. Kein Wunder, wenn man sich immer wieder auf Turnieren begegnete. Die Stimmung und Atmosphäre waren einfach gut.

***Darts1:** Das Anwachsen des Verbandes implizierte sicherlich einige Herausforderungen. Welche explizit?*

Bernd Hebecker: Logistische, natürlich finanzielle und informelle!

***Darts1:** 1984 wurdest du Präsident im DDV, nachdem Rolf Kahrau und Peter Hummel freiwillig zurückgetreten waren. Zuvor hatte der 1. Bremer Dartclub einen Antrag auf Suspendierung der beiden gestellt. Was hatte es damit auf sich?*

Bernd Hebecker: Ich kann mich nur noch an gewisse Unregelmäßigkeiten erinnern ...

***Darts1:** Zunächst wurdest du ja nur auf ein Jahr zum Präsidenten gewählt, dann aber für ein weiteres Jahr bestätigt. Was waren deine damaligen Ziele?*

Bernd Hebecker: Ich wollte den Dartsport internationaler machen, ein einheitliches Regelwerk einführen und den Verband auf finanziell gesunde Füße stellen. Ich wollte grundsätzlich immer eine Nationalmannschaft zu den großen Turnieren entsenden, um einen größeren Stellenwert zu erlangen, um mehr Öffentlichkeit in Sachen Darts zu gewinnen.

***Darts1:** Wie hast du versucht das zu erreichen?*

Bernd Hebecker: Zuerst habe ich die BDO-Regeln für alle Ranglistenturniere eingeführt. Dann habe ich probiert, den jährlichen Beitrag von 50 Pfennig auf mindestens eine Mark anzuheben. Ein Shitstorm – so würde man es heute sagen – war die Folge! Und das von Leuten, die pro Tag 50 DM in Bier und Zigaretten investiert hatten. Kaum zu glauben!

***Darts1:** Wurdest du in irgendeiner Weise gefördert?*

Bernd Hebecker: Als Präsident nicht, als Spieler immer.

***Darts1:** Wie sah der Dartsport in dieser Zeit in Deutschland aus?*

Bernd Hebecker: Absolut amateurhaft. Jeder wollte sein eigenes Süppchen kochen und seine persönlichen Interessen durchsetzen. Es gab wenig Struktur und vor 1984 sprach keiner im Präsidium Englisch. 1983 sind wir mit vier Herren und zwei Damen zum Worldcup nach Edinburgh gefahren und hatten überhaupt keine Ahnung. Gar keine! Kein Dress, keine Anmeldung, nichts – und alles auf eigene Kosten.

***Darts1:** Bernd, wir bedanken uns für dieses offene und freundliche Gespräch und dass du uns mit auf diese Zeitreise zu den Anfängen des Dartsports in Deutschland genommen hast. Wir hoffen, so ein wichtiges Stück Darts dokumentiert zu haben, das auch in der Zukunft fortleben sollte.*

2.6 DEUTSCHER SPORTAUTOMATENBUND (DSAB) – E-DARTS

Während das Auffinden des exakten Ursprungs des Steeldarts eher einer Spurensuche gleicht, bei der Mosaiksteinchen zusammengefügt werden müssen, die letztendlich nur ein unvollkommenes Bild ergeben, verhält es sich im Electronic Dart in der Tat anders und eindeutig(er). *Electronic Dart*, so die ursprüngliche Schreibweise, wird oftmals verkürzt als *E-Darts* benannt, insbesondere in Deutschland, ansonsten auch als *Soft Darts.*

Die Wurzeln des E-Darts sind unstrittig in den USA aufzufinden. Im Land der unbegrenzten Möglichkeiten, vor allem dann so folgerichtig interpretiert, wenn es um Dienstleistungen, Komfort und durchaus auch um pure Bequemlichkeit geht. Immer dann ergibt sich bei den US-Amerikanern schon fast zwangsläufig der Ruf und die Konsequenz nach moderner Technik. Im Darts heißt die Antwort schlicht und einfach: *Electronic Dart!*

Die ersten Dartsgeräte wurden bereits Mitte der 1970er-Jahre entwickelt. Die Scheiben im E-Darts waren zunächst im Vergleich zum Steeldarts im Durchmesser etwas größer, sodass jedes einzelne Segment flächenmäßig erweitert war, insbesondere auch das Bullseye, das anfangs noch nicht in Single- und Double Bull unterteilt war. Das dadurch bevorzugt und bedingt sture Werfen aufs Bull entleerte den Sinn des Dartspielens merklich.

Verschiedene Anbieter promoteten in Deutschland unterschiedliche Dartsgeräte, so zum Beispiel *Mark Darts, Merit, Novomatic, Arachnid,* was mit *Spinnentier* übersetzt wird, *Idea* oder *Valley*. Den beiden Letztgenannten kommt eine ganz besondere Rolle zu, denn mit diesen Modellen meldete sich die Firma Löwen aus Bingen am Rhein in Sachen E-Darts zu Wort. Erst mit *Idea*, schließlich mit *Valley Dart*.

Valley zählte zum damaligen Zeitpunkt in den USA mit weniger als zehn Prozent Marktanteilen zu den kleineren Anbietern. Trotzdem entschieden sich die Verantwortlichen so, weil man auf der einen Seite mit *Valley* als Lieferant von Poolbillardtischen beste Erfahrungen gesammelt hatte und auf der anderen auf einen Partner gestoßen war, der sich bezüglich Innovationen, Marketingprogramme, Design und Events offen und flexibel zeigte.

Der erste Gerätetyp, der wie ein Blitz in die deutsche Freizeitlandschaft einschlug, war das *Royal Dartes*, so die altenglische Schreibweise. Das Design dieses Valley-Geräts war von reinstem Anachronismus beseelt, barock, sogar schwülstig, dekadent, Old School. Aber es kam an, und schnell bildete sich eine bunte Schar von neuen Dartsfans ums *Royal Dartes*.

Das *Royal Dartes* war nie ein Bullshooter gewesen, es wurde bei seiner Weiterentwicklung sogar sehr schnell mit einem Split-Bull bestückt. Der vergrößerte Durchmesser des Targets resultierte aus den etwas verbreiterten Spiderabgrenzungen.

Obwohl weitere deutsche und europäische Anbieter in den Dartsmarkt einstiegen und dabei auf Hersteller setzten, die im Mutterland des

E-Darts weit höhere Absatzzahlen erzielten als Valley, erreichte *Löwen S.P.O.R.T.* mit dem Valley-Produkt in Deutschland schnell Marktanteile von 80 Prozent und darüber.

Diese Dominanz hat bis heute angehalten, teilweise wurden die Marktanteile sogar bis auf 90 Prozent gesteigert. Der von Löwen geprägte Begriff „Electronic Dart" hat sich im Laufe der Zeit verselbstständigt und ist zu einem Gattungsnamen mutiert. So steht E-Darts mehr oder weniger für Löwen Dart, wie beispielsweise Tempo für Papiertaschentücher.

In Bingen fasste man derweil die ganze Zukunft von Darts unter dem Label Löwen S.P.O.R.T. zusammen, wobei S für Sport, P für Programme, O für Organisation, R für Regeln und T für Turniere stand. Nicht dienlich als aufgemotzte und hübsch verpackte Worthülse, sondern vielmehr als ein handfestes und schlagfertiges Marketingprogramm, um Darts erfolgreich promoten zu können.

In der Praxis hieß dies, dass sich Löwen S.P.O.R.T. nicht auf lauen Ideen bezüglich Darts ausruhte, sondern ernsthaft gewillt war, den Worten Taten folgen zu lassen, also die Theorie mit Volldampf in der Praxis umzusetzen, und das mit einer einzigartigen Dynamik, die dem Dartspielen bis dato völlig fremd war.

So wurden die **Löwen Tour**, eine Turnierserie mit verschiedenen Stationen quer durch ganz Deutschland, veranstaltet, Deutsche Meisterschaften in der Binger Rundsporthalle ausgerichtet, sogar die ersten Weltmeisterschaften 1988 mit Teilnahmeländern wie Japan und den USA aus der Taufe gehoben.

Die Turniere wurden von der eigens dafür gegründeten Tochterfirma *STOT* in Augsburg mit der ersten Turniersoftware organisiert und durchgeführt, die ersten Regelwerke wurden geschrieben, das sogenannte *S.P.O.R.T. PLAY Magazin* ins Leben gerufen, das die Spielerszene mit Nachrichten und Informationen versorgte.

Zusätzlich wurden weitere Sportprogramme wie Ranglisten, Turnierpakete, Ranglistenpakete, Darts-Pyramide, DSAB-Sportabzeichen et cetera professionell entwickelt und zielstrebig inszeniert.

Man wusste bei Löwen, dass das Ganze nur funktionieren könnte, wenn alle Glieder dieser neuen Sportmarketingkette etwas davon hätten – „divide et impera" –, angefangen von der Industrie über die Aufstellunternehmer und Gastwirte bis hin zur Spielerschaft.

Die Glieder dieser Kette wurden noch durch den Faktor Öffentlichkeit vermehrt. Insbesondere die intensive und professionelle Medienarbeit befeuerte die Szene.

Aus diesem Grunde investierte Löwen S.P.O.R.T. viel Arbeit, um mediale Aufmerksamkeit zu erwecken. So war es das Binger Unternehmen, das E-Darts auf die Bildschirme und damit in die deutschen und europäischen Wohnzimmer brachte.

Alle wichtigen TV-Anstalten in Deutschland spielten mit: *ARD, BR3, WDR, NDR, HR3, Radio Bremen, SWF, SR, ZDF, SAT1, RTL, FAB, TV-Touring*, aber auch das *Deutsche Sportfernsehen, Eurosport, Sky* sowie die *Deutsche Welle*, sozusagen die *ARD* im Ausland, die ihre Sendungen in mehr als 30 Sprachen weltweit in über 300 Sendern ausstrahlt.

Dazu kamen noch viele deutsche Radiosender sowie Magazine und die Tagespresse. Überall wurde über E-Darts berichtet, nicht immer ganz vorbehaltlos, aber mehrheitlich sehr wohlgesonnen und aufgeschlossen.

Löwen S.P.O.R.T. förderte darüber hinaus auch hochkarätige Sportler, vornehmlich aus den neuen Bundesländern. So zierte das Löwen S.P.O.R.T.-Logo die Trikots der Spieler des 1. FC Dynamo Dresden, neben Hansa Rostock der erste Aufsteiger aus den neuen Bundesländern in die 1. Fußball-Bundesliga in der Saison 1991/92.

Der Gentleman und Weltmeister im Halbschwergewicht, Henry Maske, der das Berufsboxen wieder auf die Mattscheibe der Öffentlich-Rechtlichen brachte, stieg als Profi mit Löwen S.P.O.R.T. 18-mal in den Boxring.

Der zweifache Olympiasieger und sechsmalige Weltmeister Jens Lehmann radelte schneller als die weltweite Konkurrenz mit Löwen S.P.O.R.T. und last but not least Lars Riedel, der als fünfmaliger Weltmeister als einziger Deutscher zu den 15 erfolgreichsten Leichtathleten der Welt ever zählt, zudem noch olympisches Gold gewann und Europameister wurde, schleuderte – gefördert von Löwen S.P.O.R.T. – seinen Diskus immer wieder weiter als alle anderen Mitstreiter.

Aber für Löwen S.P.O.R.T. trat auch der damals erste Darts-Popstar der Welt und fünfmalige Weltmeister Eric Bristow im E-Darts an. The Crafty Cockney, geboren im Londoner Stadtteil Hackney, und leider schon 2018 in Liverpool verstorben, blieb sich immer irgendwie treu. So war es für ihn auch kein Problem, ab und zu E-Darts zu spielen, „weil Darts eben Darts ist und bleibt", so Eric Bristow.

Bernd Molkenthin unternahm mit ihm Anfang der 1990er-Jahre eine Tour durch deutsche TV-Anstalten, bei der Eric Bristow sowohl Moderatorinnen als auch Moderatoren im unmittelbaren Vorfeld der Sendung total aus der Fassung brachte. Wenn dann aber die Kameras liefen, war er immer plötzlich wie ausgewechselt, „ein wahrer Profi eben!", so der Löwen S.P.O.R.T.-Manager.

Doch kaum gingen die Lichter wieder aus, war er wieder der Alte: arrogant, schmallippig, selbstgefällig, überheblich, unnahbar, „und dann ging es wie immer erst richtig los". Im Schlepptau stets Travor Ford, seinen Roadmanager, ein Mann für alle Fälle, auch fürs Grobe. Leider ebenfalls schon verstorben.

Mit dem Beginn der 1990er-Jahre schwenkte Löwen S.P.O.R.T. in einen neuen Dartsweg um. Der Dartsport, oder auch Darts-S.P.O.R.T., sollte noch mehr im Mittelpunkt stehen. Was nicht jeder wahrhaben wollte, auch nicht verstand, war die Tatsache, dass man sich von *Royal Dartes* verabschiedete und das *Löwen Turnier Dart* kreierte.

Diese Idee wurde vornehmlich vom damaligen Produktmanager Ulli Künnecke forciert. Letztendlich sollte er recht behalten, denn die Nachfrage nach dem neuen Löwen Turnier Dart, mit den exakten Maßen des Steeldartboards, inklusive Single- und Double Bull, stieg in ungeahnte Dimensionen auf, sowohl in Deutschland als auch europaweit.

Zwischenzeitlich wurden 1989 noch zwei Verbände gegründet, die sodann ganz entscheidend für die Weiterentwicklung des E-Darts in Deutschland wurden. Einerseits der **DSAB (Deutscher Sportautomatenbund)**, andererseits der **VFS (Verein zur Förderung des Sportautomaten-Sports)**. Das war wie ein Wechsel aus einem Sportwagen in einen Formel-1-Boliden.

Der DSAB ist bewusst kein Mitglied des Deutschen Sportbundes (DSB) beziehungsweise DOSB. Die Gründe sind schnell auszumachen und einfach erklärt: Man wollte unbedingt ohne unnötigen Ballast, frei von jedweden Hemmschuhen, möglichst unbürokratisch und liberal den Dartsport schnell und zielgerichtet nach vorne bringen.

Club Dairy, auf Deutsch Vereinsmeierei, sollte für immer ein Fremdwort bleiben. Sportstrukturen sollten sich aus dem Markt, sprich der aktuellen Sportlandschaft, ergeben. Föderalismus spielte und spielt keine Rolle.

Das beinhaltet und belebt durchaus einen gewissen Darwinismus. Fernab allerdings vom Recht des Stärkeren, sondern vielmehr im Sinne von Survival of the Fittest im ursprünglichen Sinne, also einer optimalen Anpassung an die jeweils aktuellen Entwicklungen, Bedürfnisse und Anforderungen.

Die Gründungsmitglieder des DSAB und VFS heißen Horst Gimpel, Michael Hümpfner, Karl Heinz Kaiser (leider kürzlich verstorben), Gerhardt Kalitzki, Werner König, Ulli Künnecke, Günter Schmid und Bernd Molkenthin. Seit nunmehr 31 Jahren heißt der Präsident des VFS Michael Hümpfner, während Stefan Reichert seit 2002 dem DSAB vorsitzt.

Michael Hümpfner hebt hervor, dass aus einer Kopfsache eine Herzensangelegenheit geworden sei. „Nicht, dass das eine das andere ersetzt hätte. Wir sind sozusagen immer mit vollem Herzen dabei, wenn Ideen in unseren Köpfen rotieren!" So will der VFS auch in der vierten Dekade sowohl als Ideengeber als auch tatkräftiger Förderer seine Aufgaben rund um das Dartspiel wahrnehmen.

„Der DSAB war zunächst ein Abwickler, unser Verband vorwiegend ein Auffangbecken für alle, die Darts spielen wollten. Seit dem Millennium hat er sich mehr und mehr zum treuen Partner der gesamten Spielerschaft weiterentwickelt. Was uns ganz fernliegt, ein bürokratisches Monster zu werden, was wir im Gegensatz dazu brauchen, sind schnelle Anpassungen, fußend auf Weitsichtigkeit!", fügt Stefan Reichert, der 1. Vorsitzende des DSAB, an.

International ist der DSAB zunächst in der **FECS (Fédération European Compact Sports)** vertreten gewesen, 2008 ist der DSAB sodann der **EDU (Europäische Dart Union)** mit Sitz in der Schweiz beigetreten. Seit Anfang der 1990er-Jahre ist der DSAB außerdem in der **NDA (National Dart Association)** verwurzelt.

Seit vielen Jahren ist Stefan Reichert Teil des *NDA Board of Directors*, derzeit als Treasurer (Schatzmeister) und ist bereits in die Rolle des designierten Presidents (Präsidenten) geschlüpft. Diesen Posten soll er 2022 übernehmen.

Ein absolutes Novum, dass ein deutscher Vertreter der NDA vorstehen wird. Das ist nichts anderes als ein großer Vertrauensbeweis in die Kompetenz des DSAB und ein Beleg für die ausgezeichnete Reputation, die Stefan Reichert auch in Übersee genießt.

Ein Verband sollte nie um seiner selbst willen bestehen, sondern vielmehr selbstbestimmt agieren. Die Messlatte seiner Arbeit sind seine Erfolge, sozusagen in Summe eine unbestechliche „Richterskala", die die Erfolgsamplituden festhält und bemisst. Die Erfolgsskala reicht dabei vom gesamten Sportprogramm, insbesondere bilden Akzeptanz, Wirksamkeit, Popularität, Effektivität und Effizienz wichtige Bewertungsparameter, bis zu den einzelnen sportlichen Erfolgen schlechthin, die in Gänze das Seelenleben eines Verbandes definieren und widerspiegeln. So lässt sich ein Verband optimal diagnostizieren: Krank? Oder gesund! Lebensfähig oder eben nicht!

Hatten wir eingangs von Löwen S.P.O.R.T. als Frontier im Darts gesprochen, so bildet nunmehr das Triumvirat VFS/DSAB/Löwen den Motor der gesamten deutschen E-Darts-Szene. Diese drei bilden die Basis des E-Dartsports in Deutschland und sind der Garant für eine erfolgreiche Zukunft, wobei heutzutage der VFS/DSAB für das Marketing, die Strategien und Konzepte, die Ausrichtung und die operativen Schritte verantwortlich zeichnet, während Löwen Dart tief in die Rolle des tatkräftigen Sponsors eingetaucht ist.

In diesem Zusammenhang ist ein Blick auf die Bestandserhebung des Deutschen Olympischen Sportbunds (DOSB) vom 13. Januar 2020 sehr aufschlussreich. Die veröffentlichte Rangliste der Spitzenverbände nach Mitgliedschaften nimmt dabei eine zentrale Rolle ein. Keinen verwundert es, dass der Deutsche Fußball-Bund mit über sieben Millionen an der Spitze liegt, gefolgt vom Deutschen Turner-Bund mit fast fünf Millionen.

Es schließen sich mit knapp über eine Million der Tennis Bund, der Deutsche Schützenbund und der Deutsche Alpenverein an. Der Deutsche Dart-Verband (DDV) rangiert mit 13.343 Mitgliedern auf Platz 55. So weit, so gut.

Allerdings sind im DSAB mehr als viermal so viele Mitglieder aktiv. Der DSAB würde in dieser Statistik auf Rang 37 liegen. So viel zu den wahren Kräfteverhältnissen im Darts in Deutschland.

Abschließend noch das: Die E-Darts-Pfeile unterscheiden sich von denen im Steeldarts in vier mehr oder wenig kleinen Sachverhalten: Die Pfeilspitze ist im E-Darts biegsam und besteht aus Plastik. Sie wird zudem aufgeschraubt, ist also auswechselbar. Die maximale Gewichtsbegrenzung der Pfeile liegt bei 21 Gramm.

Ein wesentlicher Unterschied bestand ehemals beim Abstand der Abwurflinie. Im Steeldarts war das Maß 2,37, im E-Darts 2,44 Meter. Das gehört allerdings der Vergangenheit an. Der DSAB hat 2015 den Abstand der Abwurflinie auf 2,37 Meter „korrigiert".

★ 3 ★

DIE GRÖSSTEN SPIELER ALLER ZEITEN

Das Attribut, der Größte aller Zeiten zu sein, ist bereits vergeben. „I am the Greatest!", ließ der 22 Jahre junge Schwergewichtsboxer Cassius Clay am 25. Februar 1964 in Miami Beach nicht nur die Sport-, sondern gleich die ganze Welt wissen, nachdem er mit einem Sieg über den brutalen Schläger Sonny Liston zum ersten Mal Weltmeister geworden war. 1999 wurde er vom Internationalen Olympischen Komitee zum „Sportler des Jahrhunderts" gewählt, nunmehr als Muhammad Ali.

Dagegen ist nichts einzuwenden, auch wenn gerade Sportarten wie Boxen vor allem eins sind: Big Business! Hot Money! Unabhängig davon, gibt es stets besondere Athleten, unvergleichliche Ausnahmeerscheinungen, besonders erfolgreiche, einzigartige Persönlichkeiten und wahre Helden in allen und in jeder einzelnen Sportart – so auch im Darts. Here we go!

3.1 PHIL TAYLOR – DIE MACHT IM DARTS

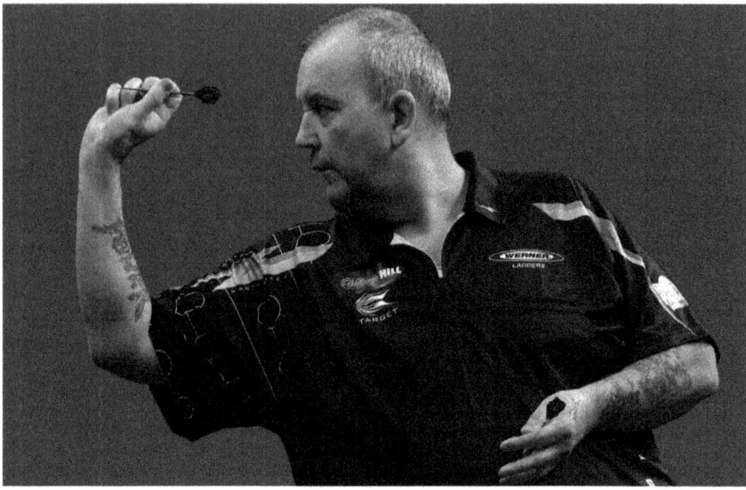

Spitzname	The Power
Geburtstag	13. August 1960
Geburtsort	Stoke-on-Trent, England
Walk-on-Song	„I've got the Power" von Snap!
Spielt Darts seit	1976
Händigkeit	rechts

Er ist der bekannteste Dartspieler der Welt. No doubt about this – ohne Frage, ohne Wenn und Aber! Er ist er außerdem der Erfolgreichste aller Zeiten. Seine Titelsammlung untermauert dies in beeindruckender Weise. 16-mal wurde er Weltmeister, genauso oft gewann er das World Matchplay.

Jedes große Event der PDC führt ihn mindestens einmal als Ersten seiner Ergebnislisten, und er entschied in seiner unglaublichen Karriere mehr als 200 Turniere für sich. Kein anderer als er beendete bei der PDC als Erster live vor TV-Kameras ein Leg mit neun Darts. Insgesamt sollte ihm das stolze zehnmal gelingen, im Premier League-Finale 2009 warf er sogar gleich zwei 9-Darter in einem einzigen Match.

Er ist der absolute Maßstab, an dem sich jeder messen lassen muss. Heute noch singen die Fans das Lied, laut dem es nur einen einzigen Phil Taylor gebe, der durch sein Wunderland spaziere.

Phil Taylor brach mit 16 Jahren die Schule ab und hielt sich mit Gelegenheitsjobs über Wasser. An eine Dartskarriere war zu dieser Zeit noch überhaupt nicht zu denken. Zwar schmiss er ab und an ein paar Pfeile, verfolgte dies jedoch nicht konsequent. Zumindest nicht, bis er in die Nähe des Pubs *Craft Cockney* zog, das der Dartslegende Eric Bristow gehörte.

Dort spielte er regelmäßiger und bekam zu Weihnachten von seiner Frau ein Dartset geschenkt. In der Folge nahm er den Sport immer ernster, und sein Training zahlte sich bald aus. Eric Bristow selbst sah das vorhandene Talent bei Phil Taylor und bot ihm an, ihn mit 10.000 Pfund zu sponsern. Die Bedingung: Er sollte seinen Job als Metallarbeiter kündigen. Phil Taylor willigte ein.

Doch seine Karriere begann zunächst schleppend. Vielleicht auch, weil er sich selbst zu sehr unter Druck setzte, denn nun spielte er ja nicht mehr nur für sich, jemand hatte in ihn investiert. Es musste funktionieren. Mit diesen Gedanken im Hinterkopf wirkte er gehemmt und hatte Probleme, Fuß zu fassen.

Doch Eric Bristow ließ keine Ausreden gelten. Er motivierte Phil Taylor immer wieder, nach einer Niederlage aufzustehen und weiterzumachen. Dann sollte er halt das nächste Turnier gewinnen und wenn nicht, dann eben das übernächste. Dieser Geist, niemals aufzugeben, setzte sich in Phil Taylor fest. Er trainierte, kämpfte und spielte immer wieder Turniere, um sich zu verbessern.

Diese Einstellung sollte bald Früchte tragen. Im Jahr 1989 erreichte er das Halbfinale des World Masters, des ältesten Dartsturniers der Welt. Und so qualifizierte er sich folglich für die Weltmeisterschaft. Dort war er als Außenseiter gelistet und überraschte mit seinen Leistungen alle. Er schlug namhafte Konkurrenten und spielte sich ins Finale.

Dort wartete, die Geschichte hätte nicht besser geschrieben werden können, ausgerechnet sein Freund und Mentor Eric Bristow. An diesem Tag sollte der Schüler seinen Lehrer übertreffen. Phil Taylor spielte fantastisch und besiegte Eric Bristow deutlich mit 6:1. Bei seinem WM-Debüt konnte sich der Rookie sofort den Titel sichern, und eine große Karriere nahm ihren unabdingbaren Verlauf.

In den folgenden Jahren biss sich Phil Taylor in der Spitze des Dartsports fest. Nach einem weiteren WM-Titel bei der BDO folgte der „Split", und die Topspieler gründeten ihren eigenen Verband. Dort sollte Phil Taylor über Jahre das Gesicht des Dartsports werden. Mit Marketinggenie Barry Hearn als Investor und Kopf des Verbandes wurde ein Produkt geschaffen und geformt, in dem Phil Taylor der absolute Star wurde. Er dominierte über Jahre die Turnierszene und sammelte einen Titel nach dem anderen.

Bei den ersten 14 Weltmeisterschaften, also bei allen, die in der *Circus Tavern* ausgetragen wurden, stand Phil Taylor im Finale, verlor davon lediglich drei. Darunter auch das vermeintlich beste Match aller Zeiten, als er 2007 gegen Raymond van Barneveld erst durch die Entscheidung im Sudden Death mit 6:7 unterlag.

Mit eben jenem Niederländer verband Phil Taylor eine erbitterte Rivalität. Die kam auch daher zustande, weil beide Spieler die Besten ihres jeweiligen Verbandes waren. Raymond van Barneveld war das Aushängeschild der BDO und zudem noch das Zugpferd des niederländischen Dartsports. Phil Taylor war selbiges bei der PDC und in England. Dadurch, dass beide Verbände nicht sonderlich gut aufeinander zu sprechen waren, ergaben sich nur selten Gelegenheiten, bei denen die beiden aufeinandertreffen konnten.

Erst mit dem Wechsel von Raymond van Barneveld zur PDC im Jahr 2006 duellierten sich die beiden zur Freude aller Fans wesentlich öfter. Letztlich sollte es 83 direkte sportliche Vergleiche geben, von denen Phil Taylor sensationelle 61 gewann.

Nicht aber jenes WM-Finale 2007. Es war der große Showdown der beiden. Nach früher Führung Phil Taylors kämpfte sich Raymond van Barneveld zurück. Beim Stand von 6:6 nach Sets und 5:5 im 13. Satz wurde erneut aufs Bullseye geworfen. Der Engländer traf das Single Bull, der Niederländer legte seinen Dart genau darauf und traf so exakt das Bullseye. So durfte er beginnen, und sein Widersacher verlor das Leg, das Match und die Weltmeisterschaft.

Es war jedoch nicht die einzige Rivalität, die Phil Taylor in seiner langen Karriere begleitete. Direkt zu Beginn der PDC-Zeit traf er immer wieder auf Dennis Priestley, den ersten Weltmeister der PDC, damals noch unter dem Label WDC geführt.

Trotz der sportlichen Rivalität dieser beiden verstanden sie sich auch fernab des Oches hervorragend. Sie hatten sogar eine Vereinbarung, nach welcher sie eingespielte Preisgelder teilten. Die Rivalität endete Anfang der 2000er-Jahre. Ihr letztes Match gegeneinander trugen sie aber erst 2009 aus, als sich Phil Taylor beim Las Vegas Desert Classic mit 8:0 durchzusetzen verstand. Phil Taylor wurde damals sehr emotional, weil er sah, dass Dennis Priestley seiner einst so guten Form nur noch hinterherlief.

Erst in den 2010er-Jahren nahm die Dominanz von „The Power" ein wenig ab. Passenderweise in der Phase, als sein Zögling, Adrian Lewis, zwei Weltmeistertitel hintereinander gewann. Es kamen immer mehr junge Spieler nach, so auch ein Michael van Gerwen. In ihm hatte Phil Taylor seinen letzten großen Gegner gefunden.

Bei der Weltmeisterschaft 2013 sicherte sich Phil Taylor letztmals den Titel. Es war das erste Jahr, in dem es um die Sid-Waddell-Trophy ging, die nach dem legendären Sportkommentator und guten Freund Phil Taylors benannt worden war. Dieser war nur einige Monate zuvor verstorben, er hatte die Karriere von Phil Taylor praktisch über den kompletten Zeitraum mitbegleitet.

Die Rivalität mit Michael van Gerwen sollte jedoch bis ans Ende der Karriere von Phil Taylor andauern. Der Niederländer war ein anderer Typ Spieler. Er wirkte wie eine Maschine, sein Talent und vor allem die Kaltschnäuzigkeit erinnerten an Phil Taylor in seinen besten Zeiten.

Und so erlebte „The Power" gegen van Gerwen einen seiner bittersten Abende überhaupt. Bei der Premier League 2014 unterlag er dem neuen

Superstar mit 0:7 – „Whitewashed", wie der Engländer so schön sagt. In den folgenden Jahren sah Phil Taylor immer öfter seine Rekorde in Gefahr.

Von den 41 Duellen nach der Weltmeisterschaft 2013 mit Michael van Gerwen verlor er 22, also mehr als die Hälfte. Gegen keinen anderen Spieler hatte Phil Taylor so große Probleme. Und so wurde ihm ein ums andere Mal vor Augen geführt, dass da eine neue Generation am Board steht. Eine Generation, die weit weniger Ehrfurcht vor ihm hatte. Siege über einen Phil Taylor waren nicht wie früher fast unvorstellbar. Es war nicht mehr so, dass „The Power" einen schier aussichtslos wirkenden Rückstand am Ende eben doch noch in einen Sieg umdrehen konnte. Nein, er verlor diese Spiele.

Nach vielen Ups und Downs entschied er sich, dass er nach der WM 2018 seine Karriere beenden würde. Auf dem Weg dorthin konnte er ein letztes Mal das World Matchplay, sein Lieblingsturnier, gewinnen. Seinen offiziell letzten Turniersieg feierte er auf der World Series of Darts-Tour in Melbourne. Bei seiner letzten Weltmeisterschaft erreichte er schließlich, etwas überraschend, nochmals das Endspiel und traf dort auf den Newcomer Rob Cross, der seine erste Weltmeisterschaft spielte.

Wie schon bei Phil Taylors erster WM 1989 traf die alte Generation auf die neue. Nur jetzt mit umgekehrten Vorzeichen. Es wirkte fast wie die Übergabe eines Staffelstabs, als Phil Taylor mit 2:7 unterlag und dem aktiven Dartsgeschehen Goodbye sagte. Wohlwissend, dass es sich auch zukünftig in guten Händen befinden würde.

Phil Taylor war ein Dartspieler, der viele Menschen mit seinen herausragenden Leistungen begeisterte. Unzählige sind wegen ihm Fans geworden und geblieben, haben selbst mit dem Dartspielen angefangen und verbinden diesen Sport noch heute mit seinem Namen.

Seine Präzision und Kaltschnäuzigkeit, mit der er viele Gegner an den Rand der Verzweiflung brachte, manche auch darüber hinaus, werden bis in alle Ewigkeit legendär sein. Und darum wird er dem Dartsport auch niemals ganz fehlen. Denn solange es Darts geben wird, wird Phil Taylor immer wieder durch sein Wunderland spazieren.

3.2 ERIC BRISTOW – DER ERSTE POPSTAR IM DARTS

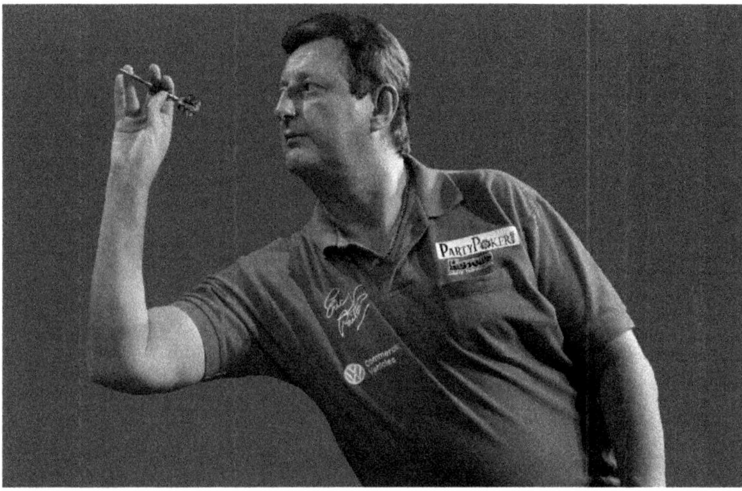

Spitzname	Crafty Cockney
Geburtstag	25. April 1957
Geburtsort	Hackney, London, England
Walk-on-Song	„Rabbit" von Chas & Dave
Spielte Darts seit	1968
Händigkeit	rechts

„Words cannot express how sad and shocked I am to hear the terrible news about Eric's passing a huge influence on my career and a larger than life character the world has lost a legend. RIP!", äußerte sich Phil Taylor bestürzt zum Tode von Eric Bristow, der am 5. April 2018 während der Premier League Darts in der *Echo Arena* in Liverpool auf dem Weg zu seinem Auto zusammenbrach und starb. Jegliche Hilfe kam zu spät. Eric Bristow wurde 60 Jahre alt. Geboren wurde er am 25. April 1957 im Londoner Stadtteil Hackney.

Eric Bristow war ein Dartspieler. Nicht irgendeiner, sondern ein Großer, ein ganz Großer! Nach seinen eigenen Worten nahm er 1968 erstmalig Darts in die Hand.

Trotz Flower-Power und buntem Treiben in der Carnaby Street in London sah es in England nicht gerade rosig aus. Das britische Pfund taumelte von einer Krise in die nächste, die englische Arbeiterschaft werkelte in den ältesten Fabriken Westeuropas, Streiks, Ausstände waren an der Tagesordnung, rund 600 verschiedene Gewerkschaften legten ganze Branchen lahm. Die Perspektiven, insbesondere die der New Generation, stellten sich eher trostlos dar. Warum es also nicht mit Darts versuchen? Man hatte ja nichts zu verlieren.

Zwölf Jahre später war Eric Bristow da angekommen, wo er hinwollte: Vom 1. Januar 1980 bis 1987 war er die Nummer 1 der Welt.

Fünfmal gewann er den Weltmeistertitel: 1980, 1981, 1984, 1985 und 1986, fünfmal ließ er sich als Masters-Sieger feiern: 1977, 1979, 1981, 1983 und 1984.

Zudem schmückte er sich noch mit folgenden Titeln: News of the World (1983, 1984), WDF World Cup Singles (1983, 1985, 1987, 1989), British Professional (1982, 1985), British Open (1978, 1981, 1983, 1986), British Matchplay (1976, 1983), Butlins Grand Masters (1981, 1982, 1983), PDC World Pairs (1995), British Gold Cup (1980), Blackthorn Masters (1984), Swedish Open (1979, 1981, 1982), Danish Open (1980, 1984, 1989) und North American Open (1979, 1983, 1984, 1986). 30 große Titelgewinne an der Zahl!

Summa summarum reichte das aus, um 2005 als Erster in der *PDC Hall of Fame* gewürdigt zu werden. By the way zählte Eric Bristow zu den bekanntesten Gründungsmitgliedern der PDC. Seine ungeheure Popularität ist auch der Tatsache geschuldet, dass das Fernsehen damals verstärkt Interesse an Darts zeigte, wodurch beide Seiten voneinander profitierten. Eric Bristows Arroganz und Großspurigkeit polarisierte total und beförderte ihn zum Primus inter Pares. Die Lex Eric Bristow ward geboren.

Das TV hatte also einen neuen Star. Geradezu hintertrieben manipulierte er Gegner, die Turnieratmosphäre, das Publikum vor Ort, die Zuschauer an den Bildschirmen und auch die mediale Wirkung. Die Zuschauer buhten emotional aufgeladen, Eric Bristow genoss es sichtlich. Heizte die sowieso schon knisternde Stimmung noch mehr auf.

Exemplarisch sein Verhalten bei den Arrows Chemicals British Open 1982, als ein Sperrfeuer an Beschimpfungen der schlimmsten Art, die man jemals im Darts erlebt hatte, auf ihn einhagelte. Eric Bristow in seiner Paraderolle, er stand im Zentrum, alles drehte sich um ihn. So mochte er es. Teilweise war er mehr mit dem Publikum beschäftigt als mit seinem Gegner Harry Patterson.

Actio: Nach einer Triple 20 drehte er sich zum Publikum um. Reactio: Lautes Buhen! Actio: Nächster Pfeil, nächste T20. Reactio: Noch lauteres Buhen und pfeifendes Gejohle! Actio: Sein dritter Dart landete in der Single 20. Er lächelte! Reactio: Das Publikum applaudierte anerkennend. Eric Bristow at his best. Parallelen zu Muhammad Ali sind durchaus erkennbar.

Drittes Newtonsches Gesetz: Actio et Reactio. Auf Deutsch: Einer Aktion folgt eine Reaktion oder so ausgedrückt: Druck erzeugt Gegendruck! Und so nahm es kaum Wunder, dass Eric Bristow schließlich seinen Tribut zollen musste.

Anlässlich der Swedish Open 1987 zeigte sich unübersehbar das Phänomen der *Dartitis* – eine psychologische Störung wie *Yips* beim Golf. Eric Bristows Bewegungsablauf war ins Stocken geraten.

Die Irritationen, die manchen schon vorher aufgefallen waren, verschlimmerten sich zusehends, und beim Nations Cup 1987 rieb er sich förmlich mit diesem Handicap spielend für sein englisches Team auf. Nervlich am Ende. Die logische Konsequenz: Er konnte nie wieder an frühere Leistungen anknüpfen.

Das große Problem bei solchen motorischen Störungen sind die Nachbilder, die sich im kognitiven System förmlich einfräsen und verewigen.

Die Fehlbewegungen beginnen sich zu verfestigen, sogar zu automatisieren. Es entsteht ein regelrechter Konflikt zwischen Antizipation und Ausübung, zwischen dem kognitiven und dem motorischen System.

Der Spieler nimmt während der Bewegung schon wahr, dass das nichts wird und verweigert so die weitere flüssige Ausführung. Unter Leistungsdruck potenziert sich dieses Phänomen, man ist nicht mehr Herr seiner selbst, im Dartsport seines Wurfarms, der ein Eigenleben zu führen scheint.

Mit Beginn der 1990er-Jahre verblasste der Dartstar Eric Bristow auf dramatische Weise. Selbst sein Merseyside Team (seine dritte County Crew) nahm ihn aus der Mannschaft. Er trat zwar noch sechsmal beim World Matchplay in Blackpool an, vermochte jedoch keine einzige Partie mehr zu gewinnen. Eric Bristows sportlicher Abgesang folgte 1997 nach dem unvergesslichen Halbfinalspiel bei der PDC-Weltmeisterschaft, welches er ausgerechnet gegen seinen Schützling Phil Taylor verlor. Nach 23 Weltmeisterschaften beendete er seine Karriere als Profispieler.

Ein Ende auf Raten – auch das erinnert in seiner ganzen Traurigkeit an Muhammad Ali. Nichtdestotrotz: Er war acht Jahre lang die absolute Nummer 1 der World of Darts. Und er war es, der Ende der 1980er-Jahre in Stoke-on-Trent ein außergewöhnliches Dartstalent entdeckt hatte und diesem ein Investment in Höhe von 10.000 Pfund zusicherte, wenn er es unter seine Fittiche nehmen würde.

Der „Unvollendete" war kein Geringerer als Phil Taylor, der ihm sodann immer mehr Kontra auf der Dartsbühne gab. Das nennt man einen Generationswechsel par exellence.

Nach seiner Profikarriere verdingte sich Eric Bristow hauptsächlich als Dartsexperte und gelegentlich als Kommentator für *Sky Sport* bei PDC-Turnieren, spielte auf Exhibitions und war mit John Lowe auf der Legends Tour unterwegs.

Noch etwas aus der Rubrik „Typisch Bristow": Nach seinem Sieg über John Lowe bei den Unipart British Professionals 1982 sagte der damals 25-jährige zu Tony Gubba, einem erfahrenen TV-Reporter: „Niemand auf der ganzen Welt kann mich schlagen." Seine verbale Reaktion auf seine Niederlage gegen Steve Brennan beim MFI World Matchplay Turnier 1986 lautete: „Ich verliere immer nur gegen Trottel." Die BDO bezeichnete er 2006 abschätzig als „Amateurvereinigung!" und dem neuen niederländischen BDO-Weltmeister Jelle Klaasen prophezeite er eine herbe Niederlage, wenn er auf den wahren Weltmeister Phil Taylor stoßen würde.

Diese Bemerkung strafte Jelle Klaasen prompt Lügen, als er in der International Darts League Phil Taylor bezwingen konnte. Selbst Phil Taylor bekam seinen Senf ab, dem er eines Tages schließlich vorwarf, nicht mehr alle Latten am Zaun zu haben. Mit diesen Worten kritisierte er die Spielweise des besten Dartspielers aller Zeiten. Typisch Eric Bristow. Nicht mehr und nicht weniger.

Was war das Besondere an Eric Bristow? Sein USP, sein Unique Selling Point, das, was ihn von der Masse der Dartspieler unterschied, was ihn zum Unikat unter den „Very Bests" machte? Vornehmlich die Tatsache, dass er der erste „Popstar" des Dartsports gewesen ist und dies entsprechend zu seinem Vorteil voll auslebte. Ihm ging es gut, wenn die anderen litten. So einfach ist das. Und nicht zu vergessen, wenn er etwas zu sagen hatte, sagte er es stets laut, deutlich, nachhaltig und unüberhörbar.

Sein Nickname „The Crafty Cockney" hat nichts Sphärisches, nichts Entrücktes wie „Mighty" oder „The Power", sondern etwas absolut Erdverbundenes. Er bekannte sich rücksichtslos zu seinen Wurzeln und zu seinem Ego. So spielte er viele Matches mit der Kippe im Mundwinkel und fabulierte seinen Cockneyakzent zum Markenzeichen.

Natürlich darf die Verleihung des MBE-Ordens (Member of the Order of the British Empire) durch Her Majesty of The United Kingdom of Great Britain and Northern Ireland, Elizabeth II, nicht unerwähnt bleiben. Dieser von König George V. am 4. Juni 1917 gestiftete Orden wurde ihm 1989 verliehen. Nicht als erstem Sportler, aber als erstem Dartspieler.

Damit befindet sich Eric Bristow in bester Gesellschaft und in Augenhöhe mit The Beatles, James Bond Roger Moore, J. K. Rowling, der Schöpferin von Harry Potter, Fußballer David Beckham, Kinogrößen wie Anthony

Hopkins, Alfred Hitchcock, Charlie Chaplin oder Steven Spielberg, aber auch US-Präsident Ronald Reagan, Nelson Mandela oder Bill Gates.

Übrigens: Bristow war ein Polydaktyl, das heißt, er hatte an seinem rechten Fuß sechs Zehen. Manche konstruieren daraus seine besondere Stärke, weil ihm diese Besonderheit eine bessere Balance und Standfestigkeit bescherte. Geschenkt!

3.3 JOHN LOWE – THE OLD STONEFACE OF DARTS

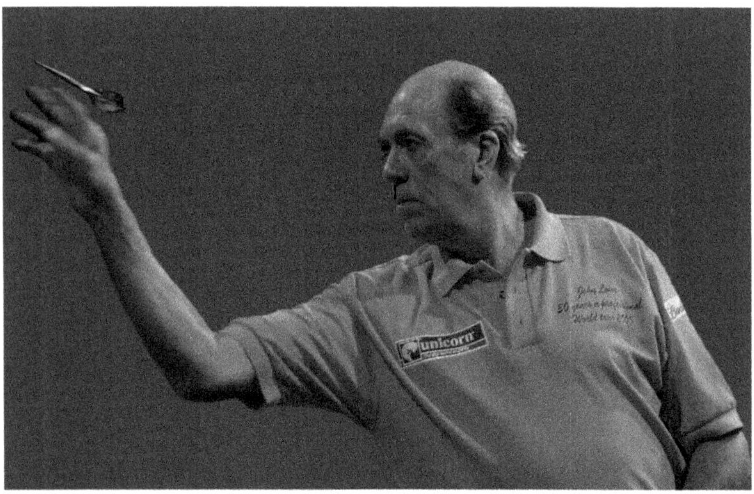

Spitzname	Old Stoneface
Geburtstag	21. Juli 1945
Geburtsort	New Tupton, Derbyshire, England
Walk-on-Song	„Hooray! Hooray! It's a Holi-Holiday" von Boney M.
Spielt Darts seit	1966
Händigkeit	rechts

John Lowe zählt ohne Frage zu den überragenden Spielern. Er gewann den Weltmeistertitel dreimal: 1979, 1987 und 1993. Nur Phil Taylor sowie Eric Bristow und Raymond van Barneveld haben mehr Weltmeisterschaften dominiert, „The Power" gleich 16-mal, sowohl „The Crafty Cockney" als auch „Barney" jeweils fünfmal.

Was die Anzahl der Titel betrifft, befindet sich John Lowe auf einer Stufe mit Michael van Gerwen, John Part, Martin Adams und Glen Durrant – immer eingedenk der Tatsache, dass im Steeldarts ein Paralleluniversum existiert, nämlich die BDO auf der einen und die PDC auf der anderen Seite, die bei solchen Statistiken Schnittmengen bilden.

Was John Lowes WM-Triple angeht, zeichnet es sich besonders dadurch aus, dass es die Summe dreier erfolgreicher Dekaden Darts repräsentiert. John Lowe bestieg den WM-Thron in den 1970er-, 1980er- und 1990er-Jahren. Damit war er der Erste, dem solch ein sportliches Kunstwerk gelang. Lediglich Phil Taylor konnte ihn mit seinen WM-Siegen in den 1990er-, 2000er- und 2010er-Jahren nachahmen.

Neben diesem außerordentlichen sportlichen Aspekt addiert sich bei John Lowe noch ein Attribut hinzu, nämlich das des Gentlemans. So verhielt er sich stets fair, respektierte seine Widersacher am Board voll und ganz, weit entfernt davon, irgendwelche Mätzchen zu veranstalten. Zum absoluten Hero stieg er am 13. Oktober 1984 auf, als ihm während des World Matchplay in der Partie gegen Keith Deller ein 9-Darter gelang. Und zwar nicht „irgendeiner", sondern der allererste, live im TV übertragene.

John Lowe erhielt für dieses sportliche Kunststück, vergleichbar mit einem Hole-in-One beim Golf oder einem 147er-Break beim Snooker, stolze 102.000 Pfund Sterling. Er brachte die Sache übrigens mit dem Turniersieg zu einem perfekten Ende.

Außer seinen drei Weltmeisterkronen gewann John Lowe auch noch zwei World Master-Titel, war zweimal British Open-Sieger und zweimal British Matchplay-Gewinner, holte sich zwei Worldcup-Singles und drei Europeancup-Single-Titel sowie zahllose weitere Titel auf der ganzen Welt. Er spielte über 100-mal für England und war sieben Jahre Kapitän der Nationalmannschaft. In diesen sieben Jahren wurde die Mannschaft kein einziges Mal geschlagen.

John Lowes „Langlebigkeit" im Darts ist bisher unübertroffen. Er spielte sage und schreibe 27 Jahre nacheinander bei den Weltmeisterschaften mit. Sein Debüt gab er bei der ersten Auflage des Turniers 1978 und verabschiedete sich 2004 von der großen Bühne.

Dass große Akteure immer wieder im Schatten noch größerer stehen, ist im Sport ein bekanntes Phänomen. Aus den vielen Beispielen seien hier die „Duos" Jan Ullrich und Lance Armstrong (Radfahren), Michael Stich und Boris Becker (Tennis), Jimmy White und Steve Davis (Snooker), Magic Johnson und Mike Jordan (Basketball) sowie Joe Frazier und Muhammed Ali (Boxen) erwähnt.

Dieses Pech ereilte auch John Lowe, der immer im Schatten von Eric Bristow stand. Die Head-to-Head-Bilanz fällt eindeutig zugunsten von Eric Bristow 19:12 aus. Aufgeschlüsselt heißt das: 4:2 bei Weltmeisterschaften, 2:1 bei Major-, 4:1 bei anderen Ranking- und schließlich 9:8 bei Non-Ranking-Tournaments.

John Lowe traf in sechs WM-Semifinals und Endspielen auf Eric Bristow und erst im vierten Anlauf, 1987, gelang es ihm, seinen großen Rivalen zu bezwingen, allerdings war da, aus der Retroperspektive betrachtet, die allergrößte Zeit von Eric Bristow bereits passé.

Wie „The Crafty Cockney" verpasste er den richtigen Absprung ebenso und seine Versuche, sich für weitere Weltmeisterschaften zu qualifizieren, misslangen 2006, 2007 und 2008 eher kläglich, als er sich schon frühzeitig bei den entsprechenden Qualifikationen der Konkurrenz geschlagen geben musste.

Spitznamen sind im Darts schon immer weitverbreitet gewesen, aber John Lowe hatte nie einen, der wirklich hängen blieb. Er war ein fleißiger und gelassener Akteur ohne Ecken und Kanten, nichts in seinem Spiel oder in seiner Persönlichkeit schien wirklich auffällig genug, um einen

USP zu bilden – bis irgendjemand darauf kam, genau diese Eigenschaften unter dem Label „Old Stoneface" zu bündeln. Das ist auch der Titel seiner Autobiografie, die 2005 veröffentlicht wurde.

Geboren wurde John Lowe am 21. Juli 1945 in New Tupton, Derbyshire. John Lowe ist mit seiner Frau Karen verheiratet und lebt in Chesterfield. Er war Sekretär der World Professional Dart Players Association, aus der sodann die PDPA hervorging. 2005 durfte er sein 30-jähriges Jubiläum als Dartsprofi feiern.

Für seine Verdienste um den Dartsport und sein wohltätiges Engagement wurde John Lowe 2018 mit dem *Order of the British Empire* ausgezeichnet und ist nach Eric Bristow und Trina Gulliver der dritte Dartspieler, dem diese Ehre zuteil wurde.

3.4 DENNIS PRIESTLEY – DIE NERVENSÄGE

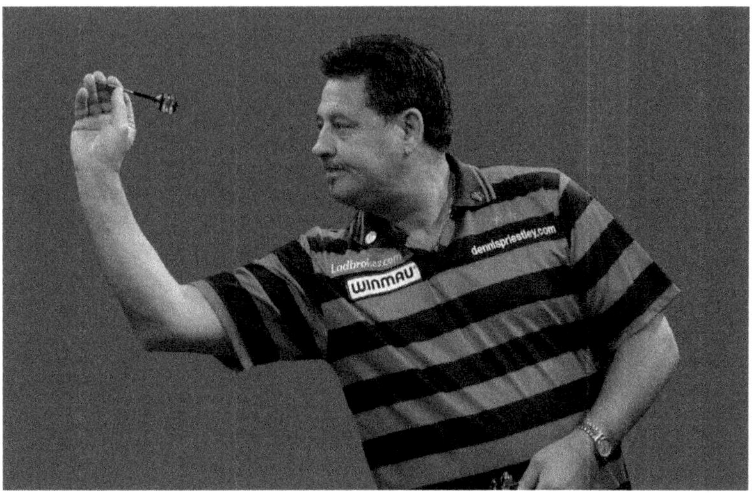

Spitzname	The Menace
Geburtstag	16. Juli 1950
Geburtsort	Mexborough, Yorkshire, England
Walk-on-Song	„Hell Raiser" von The Sweet
Spielt Darts seit	1975
Händigkeit	rechts

Phil Taylor machte kein Hehl aus seiner besonderen Beziehung zu Dennis Priestley, angefangen von der persönlichen Wertschätzung über die freundschaftliche Verbundenheit bis hin zum Teilen der Preisgelder. Ein Schelm, der dabei etwas anderes denkt.

Aber lassen wir den Schelm einmal zu Wort kommen: „Wie würde es die Sportwelt empfinden, wenn herauskäme, dass sich zwei Boxer die Börse nach dem WM-Fight geteilt und dies schon vorher vereinbart hätten? Wenn Darts aus den Sportkinderschuhen herauskommen will, dann müssen sich alle von solchen Ungereimtheiten im Hochleistungssport schnellstens und entschieden verabschieden."

So erteilen wir einmal einem ganz „gewöhnlichen" Fan das Wort:

„Wenn man die Dartslegenden zusammenfassen und sich dabei auf das Wesentliche konzentrieren will, darf meiner Meinung nach Dennis Priestley auf gar keinen Fall fehlen", urteilt der beste bosnien-herzegowinische Dartspieler aller Zeiten, Sladan Nedic, zweifacher Champions League-Gewinner in Diensten des DSAB, Bundesligameister und DMM-Sieger mit Hexenarena Heppenheim im E-Darts sowie Deutscher Mannschaftsmeister im Steeldart mit Dartmoor Darmstadt, voller Hochachtung über Dennis Priestley.

Voraussetzung ist auch bei ihm, dass er Teil des Reigens der Weltmeister ist. Even twice. Sowohl unter dem Label der BDO als auch später der PDC. „Jeder einzelne WM-Titel ist doch einzigartig", scorte Sladan Nedic verbal weiter.

Zum Teil seiner selbst hat Dennis Priestley die Spielerfigur „Dennis the Menace" auserkoren. „The Menace" stellt eine Cartoonfigur dar, eine richtige „Nervensäge". Und dieses Attribut ergab die Schnittmenge, denn auch Dennis Priestley nervte nicht so nebenbei, sondern permanent aufgrund seiner extrem langen Konzentrationsphasen vor seinen Würfen.

„Auf der einen Seite nervt man damit seinen Gegner und auch das Publikum, auf der anderen Seite braucht man selbst starke Nerven, um das durchzuhalten. Denn man übt nicht nur Druck auf andere aus, sondern setzt sich dabei selbst unter Druck", erläutert „Sladi".

Wie dem auch immer sei, Dennis Priestley ist und bleibt zweifacher Weltmeister. Das kann ihm keiner mehr nehmen. Und so gehört er dem erlesenen Kreis der Auserwählten an, die zumindest zweimal als Beste der Welt triumphieren konnten. Damit steht er auf einer Stufe mit Gary Anderson, Ted Hankey, Adrian Lewis, Scott Waites, Jocky Wilson und wird nur von den dreimaligen World Champions Martin Adams, Glen Durrant, John Lowe, John Part und Michael van Gerwen sowie den fünfmaligen Titelträgern Eric Bristow und Raymond van Barneveld and last but not least Phil Taylor überboten, der alle mit 16 WM-Siegen eindeutig überragt.

Der Kreis verringert sich im Durchmesser ganz beträchtlich, wenn man die Schnittmenge von Spielern bildet, die sowohl als auch, also BDO- und PDC-Weltmeister geworden sind. Dieses sportliche Privileg zeichnet lediglich das Quintett Eric Bristow, Raymond van Barneveld, John Part, Phil Taylor und eben Dennis Priestley aus. Dennis Priestley gewann seine beiden Titel innerhalb von drei Jahren. Und beide Siege waren wahre Kracher.

Am 12. Januar 1991 bezwang er Eric Bristow im *Lakeside Country Club* in Frimley Green, mit 6:0, und am 2. Januar 1994 Phil Taylor in der *Circus Tavern* in Purfleet, mit 6:1. Für beide war es die höchste WM-Finalniederlage – ever.

Mit verschiedenen Konsequenzen: Eric Bristow stand nie wieder in einem WM-Endspiel, während sich Phil Taylor anschließend insgesamt 14-mal bei der PDC auf der Ehrentafel der WM-Gewinner verewigen konnte. So hat Dennis Priestley zweimal das WM-Finale gewonnen und dabei nur ein einziges Set abgeben müssen! Eine außerordentliche Performance.

Nach diesen beiden Erfolgen erreichte „The Menace" noch vier weitere Male das Endspiel: 1996, 1997, 1998 und 2000. Er unterlag 4:6, 3:6, 0:6 und 3:7. Immer versus Phil Taylor. Das ist natürlich ungeheures Pech, wenn man als großartiger und außergewöhnlicher Sportler in der eigenen Glanzzeit im Schatten eines noch Besseren steht.

Nichtsdestotrotz feierte Dennis Priestley siegreiche Erfolge rund um die Welt: British Matchplay 1991, World Masters 1992, Antwerp Open 1994 und 1995, Australian Masters 1992, British Classic 1997, British Gold Cup 1991 und 1992, British Open 1993, British Pentathlon 1992, Canadian Open 1993 und 1994, Gem City Open 1996, Golden Harvest North American Cup 1996, Le Skratch Montreal 2003 und 2005, PDC UK Matchplay 1993 und 1994, PDC US Open 2009, PDC World Pairs 1995, Vauxhall Spring Pro 2006, Welsh Open 1992 und World Champions Challenge 1991 zu nennen. Darüber hinaus gewann er achtmal die PDC Pro Tour.

Dennis Priestley wurde am 16. Juli 1950 in Mexborough (England) geboren. Heute noch lebt er in dieser kleinen Bergarbeiter- und Industriestadt der Grafschaft South Yorkshire, die rund 15.000 Einwohner zählt.

3.5 RAYMOND VAN BARNEVELD – VOM BOTEN ZUM BOTSCHAFTER

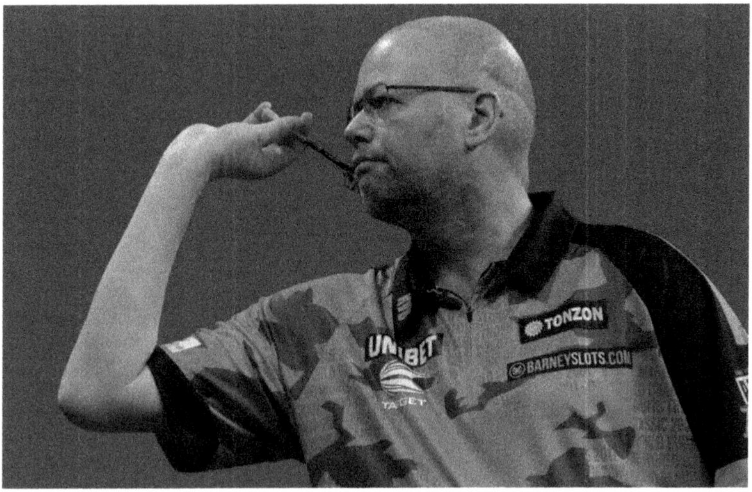

Spitzname	Barney
Geburtstag	20. April 1967
Geburtsort	Den Haag, Niederlande
Walk-on-Song	„Eye of the Tiger" von Survivor
Spielt Darts seit	1984
Händigkeit	rechts

Der niederländische Dartsport, wo wäre er heute ohne diesen Mann? Raymond van Barneveld gilt als das Zugpferd schlechthin im deutschen Nachbarland. Die erfolgreiche Dartsnation, wie wir sie heute kennen, hätte es ohne ihn wohl kaum gegeben. Die Erfolge von „Barney" in den 1990er-Jahren brachten eine Menge junger Menschen dazu, sich dem Dartsport anzunehmen und ihm nachzueifern.

Oftmals wird auch in Deutschland davon gesprochen, dass man hier einen Spieler wie Raymond van Barneveld bräuchte. Dieser würde laut

Meinungen einiger Experten sodann einen Boom auslösen, der zu einer vergleichbaren Popularität bei uns führen würde. Dies ist natürlich nur reine Spekulation. Alles, was wir wissen, ist, dass es in den Niederlanden funktioniert hat. Wir wissen jedoch auch, Raymond van Barnevelds gibt es nicht wie Sand am Meer. Ganz und gar nicht!

Raymond van Barneveld begann in den 1980er-Jahren mit Darts. Er probierte sich zunächst in seiner Heimat und sammelte Erfahrungen. Mit circa 20 Jahren versuchte er sich dann auch an Events der BDO, allerdings sehr unregelmäßig. Dabei waren seine Leistungen bei den Turnieren gar nicht so schlecht, konnte er mit Halbfinalteilnahmen doch bereits unter Beweis stellen, dass er durchaus Potenzial hatte.

Im Jahr 1991 gab er dann auch sein Debüt bei der BDO-WM. Er verlor dort allerdings direkt gegen Keith Sullivan und schied aus. Gegen ganz große Namen sollte es zunächst noch nicht funktionieren. Was ihm daher entgegenkam, war der „Darts-Split". Die Topspieler der British Darts Organisation verließen 1993 den Verband, um einen eigenen zu gründen. So benötigte die BDO dringend neue Stars und hatte das Glück, in Raymond van Barneveld einen ganz großen zu finden.

„Barney" wurde immer besser, gewann Turniere wie das Zuiderduin Masters 1995 und spielte sich noch im gleichen Jahr erstmals in ein WM-Finale. Er traf dabei auf den Waliser Richie Burnett, der zu der Zeit eines der heißesten Eisen der BDO war. Raymond van Barneveld konnte seine Nerven letztlich nicht beisammenhalten und unterlag mit 3:6. Es dauerte dann drei weitere Jahre, bis er sich endgültig als einer der ganz Großen etablieren konnte.

Zwar gewann er in der Zeit einige Turniere, doch ein WM-Titel fehlte ihm noch. Dafür brauchte er natürlich vollste Fokussierung und absolute Konzentration auf den Sport. Er musste sich also zwischen seiner Arbeit als Postbote und einer Profikarriere entscheiden. Sein Arbeitgeber half ihm jedoch und stellte ihn frei. Hätte es nicht geklappt, hätte der Niederländer problemlos in seinen Job zurückkehren können.

So konnte er das Projekt WM-Titel in den Fokus rücken. Bei der Auflage von 1998 startete er als gestandener Topspieler ins Turnier und galt als einer der großen Favoriten. Erneut erreichte er das Finale und traf abermals auf Richie Burnett. Dieses Mal war es die Nervenstärke Raymond van Barnevelds, die den Ausschlag gab. Er checkte immer dann aus, wenn es sein musste. Trotz vier Punkte weniger im Average siegte Raymond van Barneveld mit 6:5 und schnappte sich seinen ersten Weltmeistertitel.

Lediglich ein Jahr später stand er wiederum im Endspiel. Nun gegen Ronnie Baxter, nochmals endete das Match 6:5, und erneut hieß der Sieger Raymond van Barneveld.

Zur Jahrtausendwende war Raymond van Barneveld der unumstrittene Star der BDO. Er war das neue Gesicht des Verbandes, wie es bei der Konkurrenz, der PDC, Phil Taylor war. „Barney" unterstrich seinen Stellenwert, indem er von 2001 bis 2004 mehrfach die großen Turniere der BDO gewinnen konnte. Auch das Jahr 2005 sollte gut beginnen, als er sich gegen Martin Adams mehr oder minder locker zum vierten Mal die Krone des Weltmeisters sicherte.

Doch was zu diesem Zeitpunkt noch keiner ahnte: Es sollte sein letzter WM-Titel bei der BDO sein. Ausschlaggebend dafür war das WM-Finale im Folgejahr. Er qualifizierte sich wiederum fürs Endspiel und bekam es jetzt mit dem Qualifikanten Jelle Klaasen zu tun. Raymond van Barneveld unterlag seinem Landsmann 5:7 und befand die Gesänge der Zuschauer, die dabei fragten, wer denn bitte schön „Barney" sei, als respektlos – angesichts seiner herausragenden Leistungen, die er über all die Jahre zuvor erbracht hätte.

So reiften in ihm die Gedanken über einen Wechsel zur PDC. Nur einen Monat nach dem Finale zog er den Umzug konsequent durch.

Der Wechsel von Raymond van Barneveld zur PDC glich zur damaligen Zeit einem Erdrutsch. 2006 waren die beiden Verbände noch sehr stark zerstritten, und so kam es wirklich selten zum Aufeinandertreffen zweier Stars der beiden Verbände. Umso mehr waren die Fans voller Vorfreude, nun regelmäßig Duelle der beiden vermeintlich besten Dartspieler der Welt zu sehen: Raymond van Barneveld gegen Phil Taylor! Und die Frage konnte nun effektiv beantwortet werden, wer tatsächlich der Bessere sei.

Das erste Duell sollte keine Antwort darauf liefern, denn es endete unentschieden. In der Premier League trennten sich die beiden Kontrahenten 7:7. Doch nur wenig später, bei den UK Open, setzte sich Raymond van Barneveld mit 11:10 durch und konnte das Pendel damit leicht in seine Richtung schwingen lassen.

Das wohl berühmteste Match der beiden ereignete sich allerdings in der *Circus Tavern* im Jahr 2007 – das letzte WM-Finale in dieser Location. Das Match entwickelte sich zu einem echten Thriller. Nach zunächst klarer Führung von Phil Taylor kämpfte sich Raymond van Barneveld zurück und glich aus. Es sollte letztlich bis ins Entscheidungsleg gehen. Ein erneutes Ausbullen entschied darüber, wer sodann beginnen durfte.

Eine der berühmtesten Szenen des Dartsports folgte. „The Power" warf seinen Dart ins Single Bull, „Barney" legte seinen einfach darauf, traf so direkt ins Bullseye und begann das Leg. Diesen Vorteil nutzte er, um sich das Leg und seinen einzigen WM-Titel unter dem Banner der PDC zu holen. Es gilt bis heute als das beste Spiel aller Zeiten.

In den Jahren danach zeigte sich Raymond van Barneveld weiterhin in einer starken Verfassung und entschied viele Major-Turniere für sich. Dies führte dazu, dass er von Januar bis Juni 2008 in der *Order of Merit* den ersten Platz belegte und somit nachweislich der beste Spieler der PDC war. Dies hatte er unbedingt erreichen wollen, um zu beweisen, dass er und kein anderer der Allerbeste sei.

Nachdem ihm das gelungen war, ging es in der Folge wieder etwas bergab. Er musste sich immer häufiger mit Niederlagen auseinandersetzen, nicht selten kamen diese auch überraschend, da die Gegner ihm auf dem Papier klar unterlegen waren.

Eine richtig bittere Pille hatte er bei der WM 2009 zu schlucken. Obwohl er es ins Finale schaffte und damit eigentlich eine großartige Weltmeisterschaft spielte, dürfte er das Endspiel bis heute in schlechter Erinnerung behalten haben. Mit 1:7 unterlag er Phil Taylor, der ihm damit deutlich seine Grenzen aufgezeigt hatte.

Raymond van Barneveld schwankte in der Folge von Formtief zu Formtief. Nur selten konnte er noch seine Leistung abrufen, die ihn einst bis an die Spitze der Weltrangliste geführt hatte. Durch seine sympathische Art war er aber noch immer einer der Publikumslieblinge und genoss die Unterstützung der Fans bei fast jedem Turnier. Die sogenannte *Barney-Army* machte sich über den ganzen Globus bemerkbar.

Besonders laut durfte sie 2012 noch einmal werden, als er beim Grand Slam of Darts überraschte. Der Niederländer konnte bis ins Finale vordringen und traf auf einen neu aufstrebenden Landsmann, der im Begriff war, so richtig durchzustarten. Er hieß Michael van Gerwen und forderte Raymond van Barneveld heraus und deutete an, dass er demnächst auf die Überholspur wechseln würde. „Barney" gewann an diesem Tag 16:14 und heimste seinen vorletzten ganz großen Titel ein.

Der letzte Triumph, der auch bis heute noch unvergessen bleibt, ereignete sich bei der Premier League 2014. Raymond van Barneveld hatte eine gute Saison gespielt und erreichte das Halbfinale. Dies war ihm zwar schon einige Male zuvor gelungen, doch die Premier League lag ihm nie sonderlich. Er hatte es bis dato nicht über die Vorschlussrunde hinausgeschafft, und es war ihm bis dahin zudem mitnichten gelungen, Phil Taylor bei diesem Turnier zu bezwingen. So gesehen, schienen die Weichen für den Ausgang des Matchs bereits gestellt.

Doch an diesem Abend kam alles anders. „Barney" wirkte gelöst und spielte fantastisches Darts. Er zwang seinen großen Rivalen mit 8:5 in die Knie und erreichte tatsächlich erstmals das Endspiel. Dort wartete mit Michael van Gerwen sein Nachfolger auf den niederländischen Darts-Thron. Doch Raymond van Barneveld war noch nicht bereit, abzudanken und bezwang „MvG" deutlich mit 10:6 und sicherte sich den Titel der Premier League.

Mit Michael van Gerwen sollte „Barney" aber noch das eine oder andere große Match austragen. Bei der WM 2016 trafen sie im Achtelfinale aufeinander, in dem sich Raymond van Barneveld in einer dramatischen Partie mit 4:3 durchzusetzen verstand und damit seinem Widersacher das früheste WM-Aus seit dessen großen Durchbruch 2013 beschied.

Auch im Folgejahr inszenierten die beiden eine bedeutungsvolle WM-Begegnung. Zwar verlor Raymond van Barneveld im Halbfinale mit 2:6 vergleichsweise deutlich, auf der anderen Seite scorte er mit 109,34 Punkten den höchsten Average, den je ein Verlierer einer WM-Partie dokumentieren konnte. Danach sank der Stern von „Barney" leider zusehends und so entschied er sich, seine Karriere im Jahr 2020 zu beenden.

PS: Raymond van Barneveld hatte im Rahmen der FECS 1993 im schweizerischen Brig an der WM im E-Darts teilgenommen. Im Herren-Einzel begegnete er im Endspiel dem DSAB-Spieler Willi Lerndorfer, der über die Gewinnerrunde ungeschlagen ins Finale vorgedrungen war. Es folgte ein knackiges 2:0 mit 14 und 14 Darts. Damit war der niederländische Profi geschlagen und Willi Lerndorfer Weltmeister. So kann es gehen!

3.6 MICHAEL VAN GERWEN – STÄRKER ALS ALLE ANDEREN

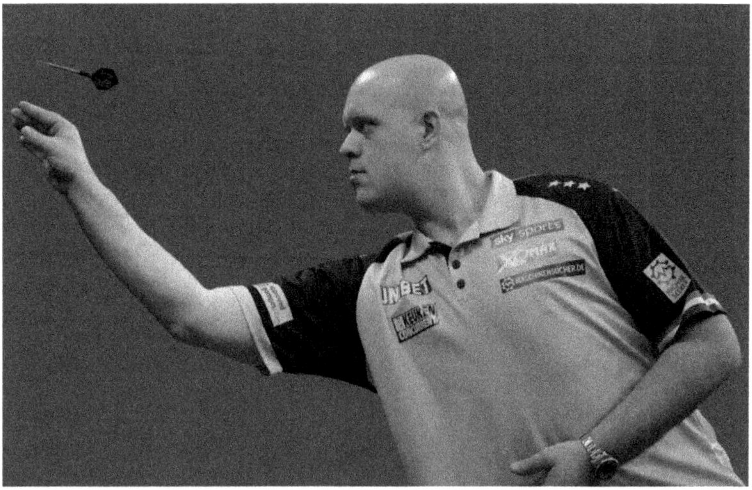

Spitzname	Mighty Mike
Geburtstag	25. April 1989
Geburtsort	Boxtel, Niederlande
Walk-on-Song	„Seven Nation Army" von The White Stripes
Spielt Darts seit	2002
Händigkeit	rechts

Kein Dartspieler hat die 2010er-Jahre so geprägt wie Michael van Gerwen. Der Niederländer hat Rekorde geknackt und stand für Spektakel wie kaum ein anderer. Er spaltet die Fangemeinde durch seine hochexplosive Art auf der Bühne, aber auch in der Frage nach dem besten Dartspieler aller Zeiten.

Phil Taylor hatte über zwei Jahrzehnte diesen Sport dominiert und zweifellos mitgeholfen, Darts dahin zu bringen, wo es heute steht. Es waren jedoch andere Zeiten. In der letzten Dekade gab es deutlich mehr Akteure, die auf sehr hohem Niveau gespielt haben als früher. Und es war „Mighty Mike", der nicht nur immer wieder gute Leistungen ablieferte, sondern vielmehr als absoluter Ausnahmespieler herausstach. Er hat es geschafft, das Spiel auf ein neues Niveau zu heben.

Michael van Gerwen machte nie einen Hehl daraus, dass er nicht ausschließlich Darts spiele, weil er den Sport liebe, sondern weil er das am besten könne. Wörtlich äußerte er sich zu diesem Thema so: „Könnte ich mit etwas anderem mehr Geld verdienen, dann würde ich das tun!"

Er versuchte sich als Kind auch beim Fußball. Als Verteidiger war er jedoch nicht gut genug, um eine Profikarriere anzustreben. Als Zwölfjähriger erprobte er sich im Darts und merkte, dass er ein gewisses Talent besaß. Er spielte es sodann regelmäßiger und schon früh stellten sich enorme Erfolge ein. „MvG" gewann Turniere und wurde Teil der niederländischen Jugendnationalmannschaft.

Das spornte ihn weiter an, und so entschied er sich, den Schritt in die BDO zu wagen. Dort führte sein Weg weiterhin nach oben, und nach einigen kleineren Turniersiegen setzte er die erste Duftmarke seiner noch jungen Karriere. Im Alter von lediglich 17 Jahren und 174 Tagen gewann er eines der wichtigsten Dartsturniere der Welt, das World Masters. Im Finale 2006 bezwang er Martin Adams mit 7:5 und trug sich in die Geschichtsbücher ein.

Es sollte allerdings sein einziger Major-Titel unter dem Banner der BDO bleiben. Lediglich einmal nahm Michael van Gerwen an einer BDO-WM teil. 2007 galt er sogar als Turnierfavorit, jedoch schied er bereits in der ersten Runde gegen Gary Robson aus. Trotz zunächst anders lautender Aussagen entschied sich der Niederländer daraufhin gemeinsam mit seinen Landsleuten Jelle Klaasen und Vincent van der Voort für einen Wechsel zur PDC.

Ein gelungener Einstieg folgte. Ihm gelang sogleich beim Master of Darts-Event ein 3:0-Sieg gegen den damaligen Weltmeister Phil Taylor. Für noch mehr Aufmerksamkeit sorgte er, als er im Halbfinale gegen Raymond van Barneveld sogar einen 9-Darter spielte. Damit verewigte sich der damals 17-Jährige als jüngster Akteur überhaupt, dem ein perfektes Leg vor laufenden TV-Kameras glückte.

Es konnte jedoch nicht immer weiter bergauf gehen. Das muss auch „MvG" gewusst haben. Dennoch setzte ihm sein erstes richtiges Tief sehr zu. Immer wieder musste er ein frühes Ausscheiden bei Turnieren verkraften. Er kam bei Weitem nicht mehr an sein altes Leistungsvermögen heran. Dies raubte ihm den Spaß am Spiel, sodass es vergleichsweise ruhig um „Mighty Mike" wurde und dieser in der *Order of Merit* im Mittelfeld stagnierte.

Was Michael van Gerwen aber schon immer ausgezeichnet hatte, war sein unbändiger Ehrgeiz und sein Vertrauen in sich selbst. Er wusste, er würde aus dem Tief wieder herauskommen, wenn er nur weiter an sich arbeiten würde. Und so schaffte er es 2009, seinen ersten Turniersieg bei der PDC unter Dach und Fach zu bekommen. Dabei schlug er bei einem Players Championship-Turnier im Endspiel seinen guten Freund Vincent van der Voort.

Für das, was Michael van Gerwen jedoch in der Jugend geschafft und bei der BDO gezeigt hatte, waren seine Ergebnisse bei der PDC, vor allem für seine eigenen Ansprüche, noch deutlich zu wenig. Er schien einst der nächste große Star werden zu können, davon war um 2010 und 2011 allerdings wenig zu sehen. Sein richtiger Durchbruch sollte erst 2012 beginnen.

Neben einer guten WM, bei der er im Achtelfinale ausschied, war ein Moment beim World Matchplay wohl diejenige Initialzündung, die er gebraucht hatte. Gegen Steve Beaton gelang Michael van Gerwen ein 9-Darter, und von da an bahnte sich sein Weg unaufhörlich in die Weltspitze.

Er griff sich noch im gleichen Jahr seinen ersten Major-Titel bei der PDC, als er den World Grand Prix im Finale gegen Mervyn King gewann. Und bei der WM klappte beinahe das, was zuvor noch keiner geschafft hatte: Zwei 9-Darter nacheinander.

Im Halbfinale gegen James Wade erzielte er zunächst seinen ersten und legte in der nächsten Aufnahme tatsächlich noch acht weitere perfekte Darts nach. Nur an der Doppel 12 scheiterte er. 17 perfekte Darts – bei diesem Ausdruck denkt noch heute jeder an diese Szene.

Er zog dennoch in das Finale ein, fand jedoch in Phil Taylor seinen Meister, was er nach eigener Aussage aber wohl auch gebraucht hatte. Denn er selbst sollte später über das Finale sagen: „Du kannst nur dann ein echter Gewinner sein, wenn du vorher lernst, richtig zu verlieren."

Nach diesem Endspiel war nichts mehr wie zuvor. Michael van Gerwen sah sich selbst nun auch endgültig bei der PDC angekommen und betrachtete sich als den größten Herausforderer des damaligen Branchenprimus Phil Taylor. Nachdem er aber gegen ebenjenen bei der WM verloren hatte, wollte er so schnell wie möglich beweisen, dass er besser war.

Bei der Premier League bekam er dazu die Chance und nutzte sie konsequent. Im Finale lieferten beide eine richtig starke Leistung ab. Es ging eng zur Sache und gipfelte in einem Moment, der fast symbolisch für die nächsten Jahre stehen sollte.

Der Niederländer führte mit 9:8 und brauchte nur noch ein Leg zum Titelgewinn. Phil Taylor brachte sich nach zwölf Darts auf 40 Punkte Rest und bewies einmal mehr, dass er unter Druck jederzeit zurückschlagen konnte.

Doch „MvG" sollte einfach diesen einen Tick stärker bleiben. Denn er nahm 132 Punkte mit einem abschließenden Treffer ins Bullseye vom Board und krönte sich erstmals zum Gewinner der Premier League.

Phil Taylor versus Michael van Gerwen avancierte zum Duell, das in den nächsten Jahren im Mittelpunkt stehen sollte. „The Power" war immer noch einer der besten Spieler der Welt und für einen weiteren Sieg gut, jedoch war er nicht mehr die unangefochtene Nummer eins. Immer häufiger verlor er Spiele gegen die jungen, aufstrebenden Spieler, ganz besonders gegen „MvG".

Dieser war besessen davon, allen zu zeigen, dass er der Beste aller Zeiten sei. An die Titelsammlung eines Phil Taylors würde er zwar nicht herankommen, zu spät war der Niederländer in die absolute Spitze vorgestoßen. Also musste er es auf anderem Wege schaffen. Er musste Rekorde brechen, er musste „The Power" immer öfter entmachten. Nach der WM 2013 gelang ihm das stolze 22-mal in 42 Matches.

Was Michael van Gerwen aber trotz allem noch fehlte, um wirklich zu den ganz Großen zu gehören, war ein WM-Titel. Bei der Weltmeisterschaft 2014 startete er mit viel Selbstvertrauen ins Turnier und galt als absoluter Topfavorit. Er spielte sich in einen Rausch und bezwang auf dem Weg in das Finale unter anderem Adrian Lewis mit 6:0. Im Endspiel schlug er mit Peter Wright dann einen Spieler, der sich für die nächsten Jahre als einer seiner härtesten Widersacher entpuppen sollte, und reklamierte damit die Sid-Waddell-Trophy für sich.

Michael van Gerwen sprang durch den Erfolg erstmals auf den ersten Platz der Weltrangliste, was für ihn psychologisch von ungeheurer Bedeutung war. Er war der Beste der Welt, er hatte sein Ziel erreicht. Und so grinste er auch zufrieden über beide Wangen, als er am ersten Spieltag der Premier League 2014 als Weltmeister angekündigt wurde. Er ging auf die Bühne und lieferte ab. Mit einem 7:0. Whitewashed! So fertigte er Phil Taylor förmlich ab und untermauerte damit nochmals seine Vormachtstellung in der Welt des Dartsports.

Über die nächsten Jahre sammelte Michael van Gerwen jeden Major-Titel ein, den es zu gewinnen gab. Der letzte Titel, der ihm noch fehlte, war der der Champions League. Dort holte er sich den Gürtel im Jahr 2019 ab und vervollständigte damit seine Sammlung.

Doch auch abseits der Titeljagd präsentierte er sich stets als das Nonplusultra. Vor allem 2016 sollte ein Jahr der Rekorde werden. „MvG" spielte bei der Premier League gegen Michael Smith einen Average von 123,40 Punkten und setzte damit eine neue Bestmarke vor laufenden TV-Kameras. Er gewann in dem Jahr insgesamt 25 Turniere und hatte eine Siegquote von satten 91 Prozent. Es war das bis dahin dominanteste Jahr des „Mighty Mike".

Ganze 1,5 Millionen Pfund sackte der Niederländer ein. So galt er auch als absoluter Favorit der Weltmeisterschaft 2017, bei der er einen weiteren Rekord markierte. Michael van Gerwen schlug im Halbfinale seinen Landsmann Raymond van Barneveld und scorte beim 6:2-Erfolg satte 114,05 Punkte im Schnitt. Er sicherte sich letztlich im Finale gegen Gary Anderson seinen zweiten WM-Titel.

In der Folge wurde es etwas ruhiger um Michael van Gerwen. Seine Frau Daphne schenkte ihm eine Tochter, und so rangierte Darts nicht mehr unbedingt an erster Stelle. „MvG" blieb von ungewohnten Formschwankungen nicht mehr verschont. Dennoch gewann er 2019 seinen dritten WM-Titel und verließ 2020 die WM-Bühne immerhin als Runner-up. Dass die Geburt seines ersten Sohns am 1. April 2020 für ihn als Vater ein großer Segen ist, steht außer Frage. Ob das Gleiche für seine Dartskarriere gilt, wird die Zukunft weisen. Nichtsdestotrotz handelte er sich in diesem Jahr bereits beim prestigeträchtigen World Matchplay gegen den Australier Simon Whitlock eine 4:11 Klatsche ein und schied schon im Achtelfinale aus. Nicht viel besser erging es ihm in der Premier League, die er seit 2016 viermal in Folge für sich entscheiden konnte. 2020 erreichte er noch nicht einmal das Halbfinale.

Obwohl Raymond van Barneveld als „die Ikone" des niederländischen Dartsports verherrlicht wird, hat Michael van Gerwen seinen Landsmann leistungstechnisch längst überholt. Mit seinen selbstüberzeugten Aussagen sowie seiner extrovertierten und geradezu hämischen Art, gute Aufnahmen zu feiern, macht er sich jedoch nicht immer unbedingt beliebt.

Einerseits! Andererseits: Lieben ihn viele für genau diese Authentizität. Wenn seine Karriere enden wird, wird es sicherlich viele geben, die Michael van Gerwen als den Besten aller Zeiten bezeichnen werden. Und genau das hat er immer gewollt.

3.7 GARY ANDERSON – THE FLYING SCOTSMAN GEIZT NICHT IM DARTS

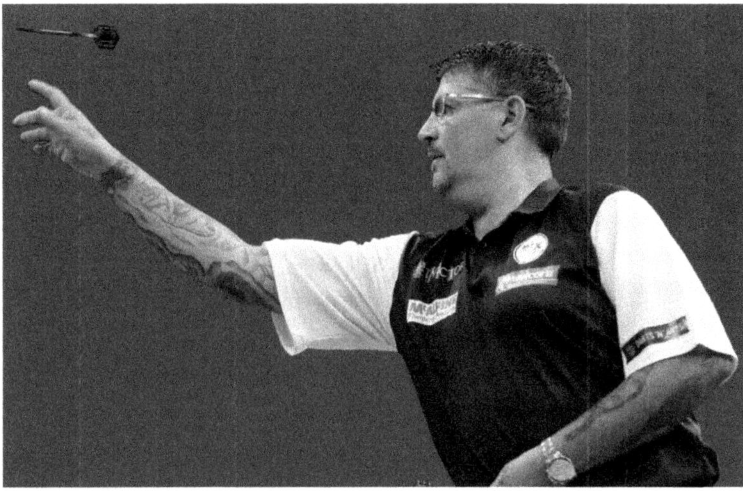

Spitzname	The Flying Scotsman
Geburtstag	22. Dezember 1970
Geburtsort	Mussleburgh, Schottland
Walk-on-Song	„Jump Around" von House of Pain
Spielt Darts seit	1996
Händigkeit	rechts

Kaum ein Spieler hat wohl so viel Talent wie der Schotte Gary Anderson. Dabei kam der „Flying Scotsman" eher zufällig zum Darts, als er bei seinem Onkel einfach mal mitspielte. Nach eigener Aussage war schon seine dritte Aufnahme eine 180. Tatsächlich trainiert Gary Anderson nicht sonderlich viel und wirft sich auch nicht lange ein. Er stellt schlechthin die Verkörperung des Naturtalents dar.

So war es auch nicht überraschend, dass er von Beginn an Erfolge im Dartsport feiern konnte. Erst im späteren Verlauf seiner Karriere kamen sportliche Einbrüche. Und wie er selbst einmal sagte, lag es daran, dass er selbst zu viel nachdachte. Während er als junger Spieler einfach nur spielte, kam er mit zunehmendem Alter ins Grübeln. Dies bringe einen Dartspieler aus dem Konzept, hadert er. Nichtsdestotrotz wird Gary Anderson als einer der besten Spieler aller Zeiten in die Geschichte eingehen.

Sein Aufstieg fand zwar nicht von jetzt auf gleich statt, dazu fehlte zu Beginn noch die Konstanz. Doch schon sehr früh wurde ersichtlich, dass der Schotte einmal ein Großer werden würde. Im Jahr 2000 begann er, überregionale Turniere zu spielen.

Zunächst startete Gary Anderson bei der BDO. Sein zweites Turnier waren die Welsh Open im Jahr 2001, die „The Flying Scotsman" bereits für sich entscheiden konnte. Er schlug im Endspiel John Walton und heimste so schon sehr früh seinen ersten Turniersieg ein. Nachdem er bei seiner ersten Weltmeisterschaft noch in der ersten Runde gescheitert war, erreichte er schon im Jahr 2003 das Halbfinale.

Auch wenn er in den Jahren danach immer wieder gute Ergebnisse einfuhr, musste er weiterhin auf seinen großen Durchbruch warten. Der schien ihm im Jahr 2007 zu gelingen, als er gleich drei Major-Turniere gewann. Besonders wichtig war dabei die International Darts League, an der sowohl BDO- als auch PDC-Spieler wie Phil Taylor, James Wade oder Adrian Lewis teilnahmen. Er konnte sich durch die Gruppenphasen kämpfen und bekam es im Endspiel mit Mark Webster zu tun, den er bezwang.

Gary Anderson zeichnet sich zudem als erster Spieler aus, der bei diesem Event über den gesamten Turnierverlauf nicht eine einzige Partie abgeben musste.

In dieser Zeit gehörte Gary Anderson klar zu den besten Spielern der Welt, ganz unabhängig von der Verbandszugehörigkeit. Auch bei der World Darts Trophy nahmen PDC-Spieler teil, und der Schotte bezwang als Sahnehäubchen im Endspiel Phil Taylor. Der Sieg beim Zuiderduin Masters untermauerte die Stellung von Gary Anderson gleichsam. Was ihm allerdings fehlte, war ein WM-Titel. Diese Lücke vermochte er jedoch bei der BDO nie zu schließen.

Und nachdem er im Jahr 2008 das Halbfinale des Grand Slam of Darts erreichte und damit erneut bewies, dass er auch bei den Profis mithalten könnte, entschied er sich im darauf folgenden Jahr für den Wechsel zur PDC. Schon eine Weile gab es Gerüchte deswegen, und so wurde sein Debüt vor TV-Kameras heiß erwartet. Bei der Premier League sollte es so weit sein, nachdem Wayne Mardle krankheitsbedingt absagen musste. „The Flying Scotsman" traf auf John Part und gewann das Match mit einem 107er-Average und hinterließ einen großartigen Eindruck.

Diesen bestätigte er 2010, als er bereits sein erstes Major-Finale erreichte. Bei den UK Open traf er 2010 im Endspiel auf Phil Taylor, verlor allerdings vergleichsweise deutlich mit 5:11. Dennoch war klar, auf Gary Anderson würde man achten müssen.

Und schon bei der folgenden Weltmeisterschaft, der Auflage von 2011, konnte er erneut brillieren. Mit viel Selbstvertrauen ging er in das Turnier und schaffte das, was ihm bei der BDO nie gelungen war. Er spielte sich mit überraschend klaren Erfolgen über namhafte Gegner wie Raymond van Barneveld oder Terry Jenkins bis in das Finale. Dort zeigte er zwar eine gute Leistung, kassierte jedoch einen 9-Darter von Adrian Lewis und verlor das Spiel.

Der erste Major-Titel sollte aber nicht mehr lange auf sich warten lassen. Bei der Premier League kam es zur Neuauflage des WM-Finales, doch dieses Mal endete es mit einem anderen Sieger. Gary Anderson hielt den Pokal am Ende in seinen Händen und alles schien für ihn zu laufen. Auch bei den Players Championship Finals und dem Grand Slam of Darts kam er wieder in die Endspiele, und so war für alle klar, Gary Anderson würde früher oder später die Nummer eins der Welt sein.

Doch genau in diese Phase sollte sich die schlimmste Krise in seiner Karriere breitmachen. Und die hatte vor allem persönliche Gründe. Innerhalb von nur kurzer Zeit verlor er zuerst seinen Bruder und wenig später auch seinen Vater. Darts ist ein mentaler Sport, und dies war einfach zu viel für ihn. Er verlor seine Form und brauchte einige Jahre, um wieder zurück in die Spur zu finden. Gary Anderson sollte allerdings stärker als jemals zuvor zurückkommen.

Im Jahr 2014 stieg die Formkurve von Gary Anderson wieder an. Er vermochte wieder Halbfinals bei großen Turnieren wie der Premier League und beim World Matchplay zu erreichen. Doch was ihm in dieser Zeit noch fehlte, war die Siegermentalität. Es gelang ihm nicht mehr, Spiele siegreich zu beenden. Er führte oftmals relativ deutlich, brachte den Vorsprung aber nicht ins Ziel und verlor solche Matches noch.

Erst im letzten Wettbewerb vor der Weltmeisterschaft, den Players Championship Finals, erkämpfte er sich wieder erfolgreich einen größeren Turniersieg. Seine Erwartungen für die WM 2015 dürften dennoch recht mäßig gewesen sein. Doch wie Gary Anderson dort auftrat, glich einem Spieler von einem anderen Stern. Der „Flying Scotsman" benötigte zwar in seinem ersten Match ein wenig Anlaufzeit, spielte danach aber bis zum Finale konstant über 102 Punkte im Schnitt.

So warf er im Halbfinale auch den damaligen Titelverteidiger, Michael van Gerwen, aus der WM und zog nach 2011 wieder in das Endspiel ein. Dort musste er sich mit Phil Taylor auseinandersetzen. Obwohl er wieder recht dominant war, konnte sich Gary Anderson nie so richtig absetzen.

Immer wieder ließ er „The Power" zurück ins Spiel finden. Bis heute unvergessen ist Gary Andersons erste Aufnahme des neunten Sets. Beim Stand von 4:4 traf er mit den ersten beiden Darts Triple 20. Der dritte Dart traf sie auch, fiel jedoch heraus und riss die anderen beiden Pfeile mit herunter, sodass Gary Anderson mit null Punkten startete.

Hatte ihm die Siegermentalität über das Jahr noch gefehlt, legte er sie hier imposant an den Tag. In einem der besten Matches der Dartsgeschichte setzte er sich 7:6 durch und durfte sich erstmals auch Weltmeister nennen.

Die folgende Premier League lief dann ebenfalls sehr gut für den Schotten. Er zeigte sich gegen einen brillant aufgelegten Dave Chisnall im Halbfinale sehr kaltschnäuzig und gewann gegen Michael van Gerwen seinen zweiten Premier League-Titel.

Was danach geschah, kann Gary Anderson wohl selbst nicht erklären. Bis heute ist es ein Rätsel, wo seine schwache Form über die nächsten

Monate herkam. Aber er schaffte es nur sehr selten, sein Können abzurufen, und war weit davon entfernt, einer der Turnierfavoriten für die anstehende WM 2016 zu sein.

Sein Start dort gegen Andy Boulton zeigte allerdings sogleich, in welche Richtung es für ihn gehen sollte. Er warf direkt eine 180 und spielte ein hervorragendes Turnier. Gary Anderson zeigte sich enorm dominant, und insbesondere im Halbfinale machte sich dies bemerkbar. Er traf auf Jelle Klaasen, der zuvor unter anderem Phil Taylor aus dem Wettbewerb gekegelt hatte, und warf zum Abschluss des ersten Satzes sogar einen 9-Darter.

Es war Gary Andersons erster bei einer Weltmeisterschaft. Er sollte sich am Ende mit 6:0 behaupten, und auch im Finale sollte er der klar bessere Spieler sein. In der Neuauflage des WM-Finales von 2011 war er es, der dieses Mal gegen Adrian Lewis die Oberhand behielt.

Gary Anderson war nun auf den zweiten Platz der Weltrangliste vorgestoßen und als zweifacher Weltmeister eine echte Bedrohung für Michael van Gerwen auf Platz eins. Allerdings gelang es ihm danach nicht, den Niederländer zu verdrängen. Dieser, vielleicht auch durch Gary Andersons Leistungen angespornt, zeigte sich in der bis dahin wohl besten Verfassung seines Lebens, und so konnte Gary Anderson trotz einiger Finalteilnahmen zunächst kein weiteres Major-Turnier gewinnen.

Erst 2018 sprang bei den UK Open wieder ein Sieg heraus, als er sich im Finale gegen den aufstrebenden Corey Cadby durchsetzte. Und auch beim World Matchplay, ein Turnier, das er noch nie sonderlich mochte, durfte er sich im selben Jahr noch in die Siegerliste eintragen.

Dort absolvierte er zwei der vielleicht geschichtsträchtigsten Matches im *Winter Gardens* zu Blackpool. Sowohl bei seinem Viertelfinale gegen Joe Cullen, als er einen 9-Darter warf, als auch im Finale gegen Mensur Suljovic, den er nach Verlängerung mit 21:19 besiegte, zeigte er sich maximal nervenstark.

Eher negativ behaftet ist die Fehde zwischen Gary Anderson und Gerwyn Price. Mit dem Waliser gab es einige Auseinandersetzungen auf der Bühne und auch abseits dieser. Dies gipfelte in einem aufgeladenen Finale beim Grand Slam 2018, in welchem Gary Anderson seine Nerven nicht im Griff hatte, und verlor. Es gilt als eines der größten Skandalspiele der 2010er-Jahre.

Es sollen einige Beleidigungen gefallen sein, und es gab sogar kleinere Handgreiflichkeiten, sodass Gary Anderson verspätet zur Siegerehrung erschien. In den Jahren danach hatte er immer häufiger mit seinem Rücken zu kämpfen und musste sogar die Teilnahme an der Premier League 2019 absagen. Er nahm sich ein wenig heraus und spielte nicht mehr so viele Turniere.

Dennoch gehört er weiterhin zu den Topakteuren und Turnierfavoriten. Auch wenn er bisher nie die Nummer 1 der PDC-Weltrangliste werden konnte, ist er zeitweise der beste Spieler der Welt gewesen.

3.8 JOHN PART – THE CANADIAN ONE

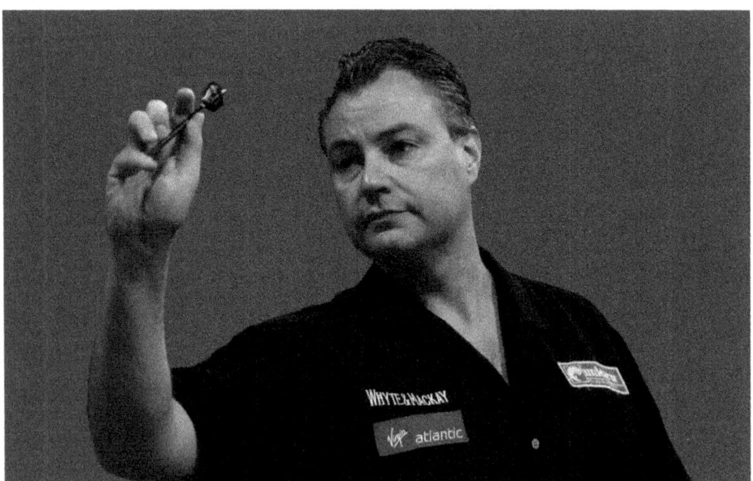

Spitzname	Darth Maple
Geburtstag	29. Juni 1966
Geburtsort	Toronto, Kanada
Walk-on-Song	„The Imperial March" aus Star Wars
Spielt Darts seit	1987
Händigkeit	rechts

John Part verkörpert hervorragend als transatlantisches Exemplar die Internationalität des Dartsports und kann insbesondere als aussagekräftiges Argument herangezogen werden, dass auch ein Nichteuropäer den PDC-Weltmeistertitel erringen kann. It was so nice, he did it twice, und zwar 2003 und 2008. Aber das war hinsichtlich des WM-Titels noch längst nicht alles, was der in Toronto am 29. Juni 1966 Geborene geleistet hat. Denn auch die angelsächsisch sprechenden, fühlenden und denkenden Menschen wissen: All good things come in threes (Aller guten Dinge sind drei!).

Denn „Darth Maple" (*maple* bedeutet *Ahorn*) hatte sich bereits 1994 bei der BDO als Primus hervorgetan, als er bei der WM den Engländer Bobby George „whitewashed" 6:0 besiegt hatte.

Zu-null-Finalsiege sind allerdings öfter vorgekommen, als man auf Anhieb vermuten würde. Auf der BDO-Bühne nebst bei der John-Part-Performance noch weitere viermal: First John Lowe versus Leighton Rees 5:0 (1979), alsbald Ted Hankey gegen Ronnie Baxter 6:0 (2000), während Eric Bristow dieses Ergebnis zweimal durchlebte, als 6:0-Sieger über Dave Whitcombe (1986) und als 0:6-Verlierer gegen Dennis Priestley 1991.

Bei der PDC stand dagegen viermal am Schluss eines WM-Endspielergebnisses eine Null. Genauso oft zeichnete ein und derselbe Frontmann dafür verantwortlich: Phil Taylor, of course! Er besiegte 1998 den Engländer Dennis Priestley 6:0, 2001 John Part 7:0 sowie den englischen Spieler Peter Manley, sowohl 2002 als auch 2006, mit dem gleichen Resultat. Tremendous! Nebenbei: Peter Manleys Spitzname lautet „One Dart", weil er dafür berüchtigt gewesen war, seine Doubles oftmals mit dem ersten Pfeil zu checken.

Zu-null-Niederlagen, zumal in einem Endspiel, sind bitter. Sehr bitter! Der DSAB-Spieler El Abbas El Amri verlor im Herren-Einzel 501 D.O. bei den EDU-Europameisterschaften 2018 in Caorle (Italien) sein Endspiel gegen Drtil Pavel aus der Tschechischen Republik 0:7. Obwohl die Auszeichnung, Vize-Europameister zu sein, auf der einen Seite schon einmal einen großartigen Erfolg darstellt, gestand der Deutsch-Marokkaner offen und ehrlich ein: „Darunter habe ich richtig gelitten. Jetzt Zweitbester in Europa zu sein, das kam bei mir gar nicht an. Ich fühlte mich als absoluter ‚Loser'. Als der, der im Endspiel nicht einen einzigen Durchgang gewinnen konnte. Welch große Schmach!"

Das hielt genau ein Jahr lang an. Denn bei der EM 2019 stand „El El" wiederum im Finale und gewann gegen den Tschechen David Písek, den er sicher 3:0 und 3:2 beherrschte. „Erst mit diesem Sieg ist mir die Bürde der Zu-null-Niederlage von den Schulter gefallen", berichtete El Abbas El Amri erleichtert und konnte sich nun ausgelassen freuen.

Aber mehr Lust als Frust bescherte sich John Part dank seiner drei WM-Siege. Dem ersten Streich bei der Embassy BDO World Professional Championship gegen Bobby Georg folgte 2003 der zweite, als er mit einem knappen 7:6 nicht nur Phil Taylor am Neujahrstag 2004 bezwingen konnte, sondern damit auch den neunten „The Power"-Titelgewinn in Folge zunichtemachte.

Der dritte Streich folgte sogleich: 2008 bezwang das kanadische Darts-Ass beim Fight um den WM-Titel die damalige Nummer 80 der Weltrangliste, Kirk Shepherd aus England, mit 7:2 und kassierte 100.000 Pfund Sterling. Also exakt das Doppelte wie 2003 bei der Ladbrokes World Darts Championship. 1994 war der Titelgewinn bei der BDO umgerechnet 16.000 Pfund wert.

Zu den drei WM-Titelgewinnen und der einen Vizeweltmeisterschaft addieren sich noch weitere große Turniersiege und -erfolge. So kehrte er 2006 von den Las Vegas Desert Classic als Winner zurück, nachdem er Raymond van Barneveld 6:3 besiegt hatte. Ein Jahr zuvor war er im Viertelfinale gegen Wayne Mardle ausgeschieden.

2011 sorgte er mit seinem ersten 9-Darter beim World Matchplay für Furore. Im Juli 2012 zeichnete er sich nochmals als Erster aus, als er die neu eingeführte North American Pro Tour nach einem finalen 6:1 über Darin Young aus White Haven (USA) für sich entschied.

Danach begann sein kontinuierlicher Abstieg. Nach 21 unmittelbar aufeinanderfolgenden Teilnahmen war er 2016 erstmalig bei der WM nicht mehr mit von der Partie. Im selben Jahr verpasste er zum ersten Mal außerdem die Qualifikation für die UK Open. John Part, der von Januar bis Juni 2003 die PDC-Weltrangliste, die sogenannte *Order of Merit*, noch angeführt hatte, tauchte in dieser letztmalig 2017 mit 2.500 eingesammelten britischen Pfund und damit auch hinter zehn deutschen Akteuren erst auf Rang 158 auf.

3.9 ADRIAN LEWIS – JACKPOT OUT OF ORDER

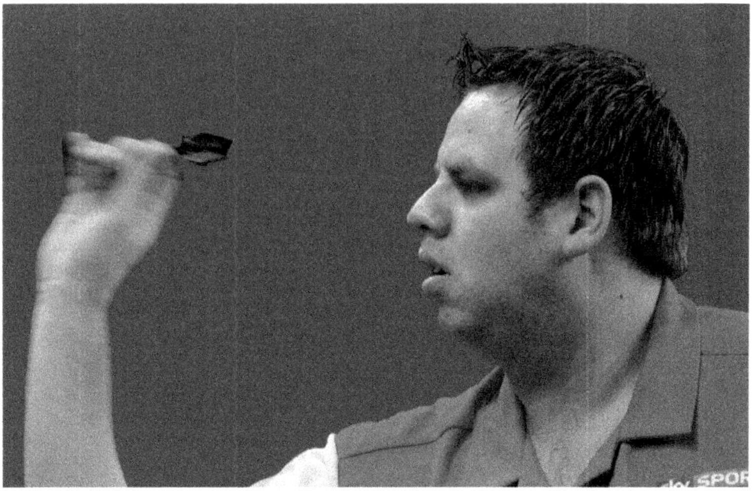

Spitzname	Jackpot
Geburtstag	21. Januar 1985
Geburtsort	Stoke-on-Trent, England
Walk-on-Song	„Reach Up" von den Perfecto Allstarz
Spielt Darts seit	1995
Händigkeit	rechts

Es gehört schon eine ganze Menge dazu, um einen Weltmeister vom eigenen Talent zu überzeugen. Man muss schon viel Potenzial haben, wenn der vermeintlich beste Dartspieler aller Zeiten auf einen setzt. „The Power" hatte selbst davon profitiert, dass einer der Größten aller Zeiten, Eric Bristow, in ihn investiert hatte. So schlüpfte nun auch Phil Taylor selbst in die Rolle des Mentors.

Und zwar, um einen jungen Burschen aus seinem Heimatort zu fördern. Background: Der Spund hatte schon zahlreiche lokale Turniere gewinnen können. So trat seine Mummy auf den Plan. Sie kontaktierte frei heraus Phil Taylor und arrangierte ein Treffen. Er kam, sah und war begeistert. Sein gutes Näschen sollte sich bewahrheiten, denn was er von da an unterstützte, sollte später einmal den Jackpot gewinnen und Doppelweltmeister werden.

Adrian Lewis wuchs in Stoke-on-Trent auf. Einem Ort, der wie eine Quelle für spätere Dartsprofis zu sprudeln scheint. Mit zehn Jahren nahm Adrian Lewis erstmals Darts in die Hand. Nachdem ihm die Hilfe von Phil Taylor sicher war, war für Adrian Lewis der Weg zur Profikarriere geebnet. Er begann zunächst noch bei der BDO, hielt sich dort aber nicht sonderlich lange auf.

Sein erstes, größeres Turnier, die British Teenage Open, gewann er auf Anhieb. Er entschied sich dennoch schnell für einen Wechsel zur PDC. Dort bestätigte er seine Vorschusslorbeeren postwendend. Er gewann 2004 ein etwas kleineres Turnier, in dem er den gestandenen Colin Lloyd im Finale bezwang. Er qualifizierte sich unmittelbar darauf für sein erstes Major-Event, den World Grand Prix.

In der Auflage von 2004 schied sein Mentor zwar bereits in der ersten Runde aus, umso interessanter war indes der 2:0-Erfolg von Adrian Lewis gegen Richie Burnett. Alle Augen waren nun auf Adrian Lewis gerichtet, daran scheiterte er dann jedoch. Das Turnier gewann am Ende übrigens der angesprochene Colin Lloyd, den Adrian Lewis nur einen Monat zuvor noch bezwungen hatte.

Die Erfolge des neuen Wunderknaben ließen aber nicht lange auf sich warten. Der Junge hatte Ehrgeiz, und der sogenannte *Taylor-Zögling* folgte unbeirrt seinem Weg weiter, die Dartswelt zu erobern. Aber nicht nur am Board hatte er Erfolg. Während der Las Vegas Desert Classic 2005 knackte er in einem Spielcasino an einen einarmigen Banditen den Jackpot in Höhe von rund 75.000 US-Dollar. Da er aber noch nicht 21 Jahre alt war, das in den USA notwendige Alter, um an Glücksspielen teilnehmen zu dürfen, wurde ihm dieser Gewinn nicht ausgezahlt. Adrian Lewis Spitzname war dagegen geboren: „Jackpot!"

Erfolgreich war er auch beim World Matchplay im gleichen Jahr. Als „Jackpot" drang er bis in das Viertelfinale dieses prestigeträchtigen Turniers vor, und bei seinem WM-Debüt schaffte er es letztlich bis ins Viertelfinale. Nicht aber, ohne einen bleibenden Eindruck zu hinterlassen. Allerdings nicht nur im positiven Sinne.

Adrian Lewis bekam es in der Runde der letzten Acht mit Peter Manley zu tun. Es entwickelte sich ein Match, das polarisierte. Mit seiner arroganten Art spaltete er die Fangemeinde.

Wie beispielsweise bei einer „No-Look-180", also einem Maximum, bei dem „Jackpot" sich nach dem Werfen des letzten Pfeils bereits wegdrehte, ohne zu sehen, ob der Dart überhaupt im Triplefeld landete. Er tat es indes. Die einen feierten ihn frenetisch, die anderen kritisierten sein Verhalten. Doch das war noch nicht der Höhepunkt der Begegnung. Der ereignete sich im fünften Set. Adrian Lewis lag 1:3 zurück, nach Legs stand es 1:1. Es herrschte eine hitzige Stimmung vor, und Adrian Lewis breakte sich in Führung.

Daraufhin beschwerte er sich beim Schiedsrichter Russ Bray. Sein Widersacher würde in seinen Wurf hineinreden. Deutlich zu sehen war direkt im Anschluss, wie Peter Manley in der Tat etwas sagte, während Adrian Lewis am Oche stand. Adrian Lewis winkte ab und verließ die Bühne. Ein Novum! Er kehrte zwar letztlich relativ zeitnah wieder zurück, verlor die Partie aber schließlich und schied aus. Die Bilder aber bleiben auf ewig in den Köpfen der Dartsfans.

Adrian Lewis' Aufstieg in die Welt der Dartsprofis wurde davon allerdings nicht erschüttert. Unaufhaltsam kletterte er die *Order of Merit* hinauf und erreichte die Top Ten der Welt. Nichtsdestotrotz hatte er bis dato noch keinen Major-Titel gewinnen können. Dies sollte sich 2011 ändern.

Er spielte ein gutes Jahr 2010 und ging als einer der Geheimfavoriten in die folgende WM. Er brillierte mit fantastischen Leistungen und kämpfte sich in das Endspiel. Dabei hatte er ein wenig Glück, als er im Halbfinale auf Mark Webster traf, der zuvor seinen Mentor Phil Taylor aus dem Turnier geworfen hatte. So stand ihm der vermeintlich leichtere Gegner vis-à-vis, und der Weg in das Finale war frei.

Mit Gary Anderson wurde ihm allerdings im Endspiel ein hartes Los beschert, dennoch machte der Jungprofi seinen Job von Anfang an gut. Schon im ersten Satz warf Adrian Lewis einen 9-Darter und avancierte zum ersten Player, dem das perfekte Leg in einem WM-Finale gelang. „Jackpot" spielte unbeirrt weiter und gewann die Begegnung 7:5, um direkt nach seinem ersten Major-Titel die WM-Trophäe zu ergattern.

Im Anschluss daran ließ Adrian Lewis jedoch ein wenig nach. Er hatte große Probleme, seine gute Form wiederzufinden, und war 2011 selten auf dem Niveau eines Weltmeisters unterwegs. Dies führte sogar so weit, dass eine Titelverteidigung 2012 nahezu unmöglich erschien. Doch dann war er auf den Punkt zur Stelle.

Seine Matches waren nicht immer bravourös, dennoch ging er als Sieger aus ihnen hervor. Auch nach Rückständen. In der ersten Runde gegen Nigel Heydon lag er schon 0:2 hinten und wurde ausgerechnet dann von einer Wespe gestochen. Er drehte die Partie dennoch zu seinen Gunsten in einen 3:2-Erfolg um. Im Halbfinale traf er auf James Wade, und wieder sollte es kontrovers werden.

Es herrschte ein sogenanntes *Windgate* vor. Während der sportlichen Auseinandersetzung bemerkten beide Akteure, dass von irgendwo ein Lüftchen wehte. Dies beeinflusste die beiden derart, dass das Spiel unterbrochen und die Quelle gesucht werden musste. Mit großer Verzögerung ging es dann weiter. In dieser hitzigen Nervenschlacht blieb Adrian Lewis cool und konnte seinen 1:5-Rückstand in einen 6:5-Sieg ummünzen.

Der Comeback-King der Weltmeisterschaft 2012 hieß Adrian Lewis, und er sollte auch das Finale gegen Andy Hamilton gewinnen. Nach dem 7:3 war er nach Eric Bristow und Raymond van Barneveld erst der dritte Akteur, der seinen ersten WM-Titel verteidigen konnte.

Dieser Triumph stabilisierte merkwürdigerweise jedoch nicht Adrian Lewis' Spielformat – er befand sich ganz im Gegenteil weit entfernt von seiner früheren Form. Seine Performances wurden weiterhin von großen Schwankungen begleitet. Nur selten gelang es ihm, sein Potenzial auszuschöpfen. Er konnte sich bei der Europameisterschaft 2013 aber immerhin seinen dritten Major-Titel sichern. Beim Grand Slam of Darts erreichte er im gleichen Jahr das Halbfinale und bestritt gegen Phil Taylor ein großes Match. Und ein Vierteljahr später gewann er die UK Open 2014 ebenfalls.

Doch ihm fehlte der Trainingseifer. In dieser Phase ruhte er sich lieber auf dem Erreichten und seinem großen Talent behaglich aus. Die Strafe folgte auf dem Fuße. In den entscheidenden Momenten war er danach fast nie mehr auf der Höhe und erlebte oftmals ein frühes Aus. Andere, jüngere Spieler, zogen an „Jackpot" vorbei. Dies frustrierte ihn zwar, doch er lernte nichts daraus. Seine Karriere war nun immer wieder gespickt mit Aufs und Abs.

Perfekt spiegelte dies sein WM-Spiel 2015 gegen Raymond van Barneveld wider. Adrian Lewis erwies sich zwar als der klar bessere Spieler und erzielte sogar einen 9-Darter, jubeln durfte er am Ende trotzdem nicht, da er in unsäglicher Weise verlor.

Ebenso gestalteten sich seine Zweikämpfe mit Michael van Gerwen in dieser Zeit sehr einseitig. Normalerweise erwartete man zwischen beiden einen harten Schlagabtausch mit hohem Tempo, doch „Jackpot" glückte nichts, und er verlor die Vergleiche meist deutlich. Man traute ihm immer weniger zu. Überraschend wiederum erreichte er allerdings 2016 nochmals das Finale einer WM.

Wie 2011 musste er sich mit Gary Anderson messen, doch dieses Aufeinandertreffen unterschied sich stark vom damaligen. „The Flying Scotman" flog ihm förmlich davon. Nur aufgrund eines Fehlers des Schotten blieb Adrian Lewis lange im Rennen. Am Ende sollte er trotzdem verlieren.

Was folgte, war der endgültige Niedergang des Adrian Lewis. Er rutschte in der *Order of Merit* immer weiter ab, und der Druck stieg mit der Zeit immer höher. Besonders zur WM 2018 sollte dieser so stark auf seinen Schultern lasten, dass er daran zerbrach. Er musste die Finalteilnahme aus dem Jahr 2016 verteidigen, um in der Weltrangliste nicht noch tiefer zu sinken. Doch er versagte total.

Bereits in der ersten Runde schied er gegen Kevin Münch mit 0:2 aus und rangierte folglich nur noch auf Platz 20. Er war damit nicht mehr für die meisten Major-Events vorqualifiziert. Die Lage war sehr angespannt. Dieser Druck entlud sich leider negativ in einem Qualifikationsturnier für die UK Open gegen José Antonio Justicia Perales.

Das ehemalige englische Wunderkind fühlte sich von seinem Gegner provoziert und griff ihn mehrfach während des Spiels körperlich an. Auch nach der Begegnung waren sich beide immer noch nicht grün, und das Gerangel setzte sich fort. Konsequenz: Nicht nur eine Geldstrafe für den zweifachen Weltmeister, ihm wurden außerdem Bewährungsauflagen aufgedonnert.

Ein wenig schien dies zu fruchten und „Jackpot" die Augen zu öffnen, denn er besann sich wieder vermehrt auf das, was er am besten konnte. Er versuchte, wieder Spaß am Spiel zu finden und er vermochte hin und wieder an respektable Leistungen anzuknüpfen. Für die absolute Weltspitze reichte es jedoch nicht mehr.

3.10 PETER WRIGHT – DER MÄRCHENPRINZ MIT HAAREN SCHÖN

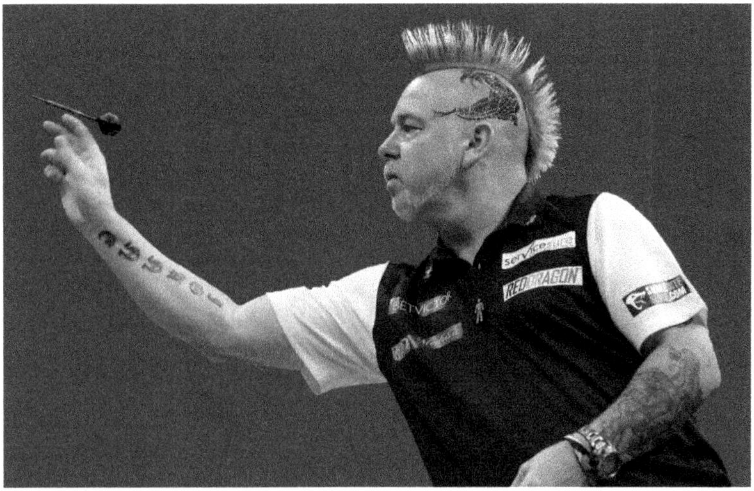

Spitzname	Snakebite
Geburtstag	10. März 1970
Geburtsort	Livingston, Schottland
Walk-on-Song	„Don't stop the party" von Pitbull
Spielt Darts seit	1995
Händigkeit	rechts

Es ist die Geschichte eines einfachen Mannes aus armen Verhältnissen. Eine Geschichte, wie es so schön heißt, die nur der Sport schreiben kann und die an diesen berühmten New Yorker Tellerwäscher erinnert, der schließlich Millionär geworden ist.

Aus Schottland kommend und in einer armen Gegend Londons gelandet, wuchs Peter Wright alles andere als behütet auf und taumelte mehr oder weniger in einer trostlosen Welt herum. Mit 13 Jahren änderte sich sein Leben schlagartig und kolossal. Grund? Seine Mutter hatte ihm drei Dartspfeile geschenkt!

Von da an wollte er nur noch eins, nämlich Darts spielen. Jedoch besaß er kein Board. Es war einfach kein Geld dafür da. Doch der junge Peter ließ sich davon nicht aufhalten. Darum suchte er sich andere Ziele. Er malte Scheiben an Baumstämme und warf eben darauf, sparte nebenbei allerdings für ein Board.

Als er dann endlich eines sein Eigen nennen konnte, entwickelte sich das Training zu seinem Lebensinhalt. Er war davon besessen, eines Tages in die Welt der Profis vorzudringen.

Es ist zudem die Geschichte eines Menschen, der trotz aller Widrigkeiten niemals aufgab. Er übte, übte und übte. Er perfektionierte sich und vor allem schlüpfte der eher schüchterne Peter Wright in eine Rolle. Eine Tarnung, die für ihn nötig war, um auf der Bühne und in der fremden, großen Dartsworld bestehen zu können.

Und es ist die Geschichte eines Menschen, für den schon alles gelaufen schien und für den just in diesem Augenblick erst alles richtig losging.

„Snakebite" qualifizierte sich 1995 für die WM der BDO. Sein erstes, größeres Turnier war also gleich eine Weltmeisterschaft. Nicht schlecht!

Jedoch vom Pech begleitet, dass er direkt in der ersten Runde auf den späteren Weltmeister Richie Burnett traf und ausschied. In der Folge beschränkte er sich lieber auf den lokalen Ligabetrieb und war nur selten bei kleineren Events der BDO zu Gast. Was ihm fehlte, war das Selbstvertrauen.

Dennoch entschied er sich Mitte der 2000er-Jahre zu einem Wechsel in die PDC. Er besuchte in dieser Zeit aber nur sehr wenige Turniere und befand sich somit noch weit von einer Profikarriere entfernt.

Was folgte, war eine Nacht im Jahr 2007, die eine erste große Veränderung in Peter Wrights Dartsleben mit sich bringen sollte. In besagter Nacht stand er nicht etwa am Oche, er saß gemütlich auf seinem Sofa, völlig aufgehend in der englischen Weltsicht: „My Home ist my Castle!" Absolutely Old School. Why not?

Einträchtig mit seiner Frau schaute er im Fernsehen den Grand Slam of Darts. Peter Wright berichtete seiner Joanne, dass er viele der Teilnehmer, die sie dort sahen, bereits bezwingen konnte. Joanne verstand die Welt nicht mehr. Why? Warum war er dann dort nicht zu sehen, sondern kuschelte sich auf seiner Couch ein? Wieso gab er nicht alles, wenn er es doch könnte?

Es war zwar einige Überzeugungsarbeit notwendig, doch sie lohnte sich. Peter Wright wollte nun in der Tat einen erneuten Versuch im Profizirkus wagen, und zu diesem Zweck kreierten Joanne und er eine Art Rolle, in die der zurückhaltende Wright eintauchen sollte, um mehr aus sich herausgehen zu können.

Der alte Peter Wright sollte Vergangenheit sein, der neue die Zukunft. Joanne, von Beruf Frisörin, gestaltete extravagante Frisuren für ihren Peter Wright. Das gelang ihr vortrefflich. Auch das passende Outfit ließ nichts mehr zu wünschen übrig. „Snakebite" war geboren – benannt nach seinem Lieblingsdrink. Seine erste Amtshandlung: Er kündigte seinen Job und wollte es nun wissen!

Der Schotte schaffte es tatsächlich, bei den Profis mitzuspielen. Zur Weltklasse fehlte ihm zu dieser Zeit aber noch eine ganze Menge. Er war lediglich einer von vielen. Doch er lernte es, immer mehr an sich zu glauben. Er hörte nicht mehr auf Zweifler, die ihm den ganz großen Wurf nicht zutrauten. Er lauschte dagegen den Worten seiner Frau und vertraute auf sein Talent.

Bei den kleineren Turnieren zeigte er gute Leistungen und qualifizierte sich immer wieder für Major-Events. So gab er bei der Weltmeisterschaft 2010 auch sein WM-Debüt unter dem PDC-Label. Er verlor aber gegen Michael van Gerwen 1:3. Seine Beliebtheit stieg dagegen an. Vor allem in Deutschland, und die Zuschauer sangen ihm zu Ehren gerne: „Du hast die Haare schön!"

Zu diesem Zeitpunkt war keinem der beiden klar, dass sie im folgenden Jahrzehnt zeitweise die beiden besten Spieler der Welt sein und sich einige hochemotionale und -klassige Duelle liefern würden.

Es zogen jedoch noch vier weitere Jahre ins Dartsland, bis sich der endgültige Wendepunkt in Peter Wrights Laufbahn vollzog. Bis dahin versuchte er, sich weiterhin in der Professional Darts Corporation zu behaupten, und gewann auch tatsächlich 2013 erstmals einen Wettbewerb.

Bei einem Players Championship-Turnier in Crawley setzte er sich im Finale gegen Wes Newton durch. Dennoch hatte sich das Leben als Dartsprofi noch lange nicht ausgezahlt, zumindest nicht finanziell. Es hatte keinen Sinn mehr, und nach langem Kampf mit sich selbst entschied er, seine Karriere nach der WM 2014 an den Nagel zu hängen. Vielleicht auch, weil er sein letztes Turnier einfach nur genießen wollte, spielte er so gut wie nie zuvor auf einer großen Bühne.

Peter Wright überraschte alle, nicht zuletzt sich selbst, mit einer großartigen Leistung. Eine imposante Siegesserie hatte ihm den Weg ins Endspiel geebnet, in welchem er Michael van Gerwen herausforderte. Dieser war gerade dabei, sich zum Topspieler der Szene zu entwickeln, und war für Peter Wright schlichtweg noch eine Nummer zu groß.

Kurzum: „Snakebite" vermochte nicht zuzubeißen und verlor. Im Gegenzug gewann er die Herzen der Fans. Er hatte sich mittlerweile einen Namen gemacht und sich viel Respekt verschafft. Viel wichtiger für seine persönliche Situation war aber, dass der Rubel rollte, sprich 100.000 britische Pfund. Mit diesem Geld im Background und der Einladung zur Premier League auf dem Frontdesk entschied er sich doch dafür, seine Karriere fortzusetzen.

Die nächsten Jahre sollten für Peter Wright eine sehr emotionale und vor allem erfolgreiche Zeitreise werden. Er etablierte sich in der Weltspitze und zeigte sich zudem als guter Entertainer. Beim Walk-on machte er nun seinen bekannten Move, bei dem er von einer Seite der Bühne zur anderen hüpft und die Fans berauscht.

Doch auch während der Spiele unterhielt er das Publikum bestens, als er zum Beispiel bei einem High-Finish von 161 den dritten Pfeil ins Bullseye zirkeln wollte, drehte er sich nochmals in Richtung des Publikums um und animierte es so, noch mehr Stimmung zu machen.

Er schien sich selbst nicht mehr so wichtig zu nehmen und das Projekt Dartskarriere einfach nicht mehr so verbissen zu sehen. Dies befreite ihn, und er konnte endlich sein ganzes Potenzial entfalten. Dies zeigte er nun auch endlich bei Major-Turnieren, bei denen er regelmäßig einige Runden überstand und so natürlich auch viel größere Summen an Preisgeldern einheimste.

Peter Wright hatte sich zwischenzeitlich ganz neue Ziele gesetzt. Er merkte, dass er in dem Sport mehr erreichen könnte, als einfach nur dabei zu sein. „Snakebite" wollte nun definitiv die Nummer eins werden. Derjenige, der ihm am häufigsten im Weg stand, war niemand geringerer als Michael van Gerwen. Und dieser wollte sich den Status der Nummer eins ganz und gar nicht abspenstig machen lassen. So trafen sich die beiden häufig am Oche.

Überraschend oft war dies im Finale einiger Turniere der Fall. Zwei Jahre in Folge hießen die Endspiele sowohl bei den UK Open als auch bei den World Series Finals Michael van Gerwen versus Peter Wright. Jedoch konnte sich der Schotte nicht ein einziges Mal durchsetzen.

Auf kleineren Bühnen war er indes fit genug, und er vermochte sich das eine oder andere Mal zu behaupten. Sogar ein 6:0 auf einem European Tour-Event sprang dabei heraus. Auf einer großen Bühne verhielt es sich nach wie vor anders, und so warteten Peter Wright und seine Fans weiterhin auf seinen ersten großen Titel.

Bei den UK Open 2017 sollte es dann endlich so weit sein. Peter Wright entpuppte sich recht bald als Favorit auf den Turniersieg, da sich sein Landsmann Gary Anderson früh aus dem Wettbewerb verabschiedet und Michael van Gerwen verletzungsbedingt gar nicht erst teilgenommen hatte. Peter Wright hielt dem Druck stand und besiegte final Gerwyn Price und sicherte sich so seinen ersten Major-Titel. Völlig gerührt ließ er seinen Freudentränen bei der Pokalverleihung freien Lauf.

Doch schnell meldeten sich die Zweifler zu Wort, dass er dies ja nur geschafft hatte, weil Michael van Gerwen nicht mit von der Partie gewesen wäre. „Snakebite" bekam die Chance, diese Zweifler vom Gegenteil zu überzeugen, denn schon bei der Premier League trafen die beiden Spieler wieder im Finale aufeinander. Peter Wright lieferte in der Tat eine richtig starke Leistung ab. Er ging 10:9 in Führung und erspielte sich ganze sechs Matchdarts. Er vergab sie jedoch alle.

Michael van Gerwen glich ein letztes Mal aus, ehe er sich selbst mit dem Titel schmücken konnte. Es war eine der bittersten Niederlagen für den Schotten. Und nachdem er auch beim Grand Slam of Darts 2017, dem World Grand Prix 2018 und der Champions League 2019 im Finale an Michael van Gerwen gescheitert war, schien die Frage eindeutig beantwortet zu sein, ob Peter Wright überhaupt in der Lage wäre, in einem großen Finale den Niederländer zu schlagen.

Insgesamt neun Major-Endspiele hatte „Snakebite" bis dahin gegen „Mighty Mike" verloren, der seinerseits dem Kalauer „nomen est omen" vollends genügte. In der *Order of Merit* hatte Peter Wright zudem ein paar Plätze eingebüßt, und immer häufiger sah man ihn jetzt mit sich und seiner Leistung unzufrieden.

Es schien, als würde der Stern des Peter Wright langsam, aber sicher wieder sinken. Doch dann folgte seine erneute Auferstehung. Er bahnte sich 2020 wiederum seinen Weg ins WM-Finale. Abermals, wie schon zu Beginn seiner Profi-Karriere 2014, hieß sein Gegner Michael van Gerwen. Seine Nemesis.

Zum zehnten Mal wurde mit diesen beiden Protagonisten ein Endspiel bei einem großen PDC-Turnier besetzt. Peter Wright erhielt die Chance, einen Kreis zu schließen, ein Puzzle zu vollenden. Und er fand die richtigen Teile. Es ergab sich ein Bild. Peter Wright brachte zu Ende, was er angefangen hatte. Er zeigte sich im Finale unglaublich souverän und sicherte sich den Titel mit einem 7.3-Sieg.

Der Junge, der einst auf Bäume warf, weil er sich ein Board nicht leisten konnte, war Weltmeister. Er war der Spieler, der den größten, den wichtigsten Titel dieses Sports gewonnen hatte. Bewies damit, dass Fleiß, hartes Training, der Glaube an sich selbst am Ende oft Berge versetzen und erfolgreich zum Ziel führen können. Peter Wright erscheint wie die Heldenfigur eines schönen Märchens und doch ist er nichts anderes als ein gewöhnlicher schottischer Junge, der nur Darts spielen möchte.

3.11 GLEN DURRANT – VOM CARETAKER ZUM WELTMEISTER

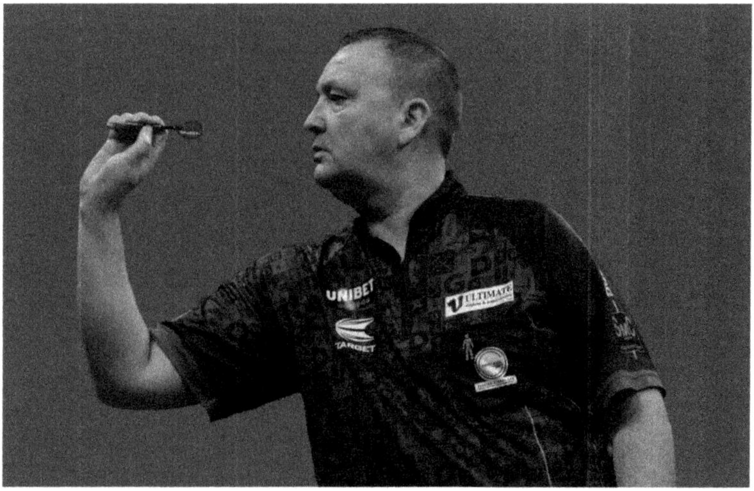

Spitzname	Duzza
Geburtstag	24. November 1970
Geburtsort	Middlesbrough, England
Walk-on-Song	„Pump it up" von Endor
Spielt Darts seit	1985
Händigkeit	rechts

Glen Durrant und Eric Bristow. Beide Spieler kann man in einem Atemzug nennen, denn sie haben eines gemeinsam: Einzig und allein den beiden ist es gelungen, bei der BDO den WM-Titel drei Jahre in Serie zu gewinnen, wenngleich es zu Zeiten von Bristow lediglich einen Verband gab, und seine Titel damit wesentlich höher einzuschätzen sind. „The Crafty Cockney" zählt zu den Allerbesten der Dartsgilde schlechthin. „Duzza", wie Glen Durrant als Player genannt wird, ist jemand, der nach seiner Karriere wohl ebenfalls vielen in guter Erinnerung bleiben wird.

Dabei sprach zu Beginn seiner Laufbahn gar nicht so viel dafür. Selbst als klar war, was er imstande ist zu leisten, verlor er keine Gedanken an eine Profikarriere, sodass er erst vergleichsweise spät zur PDC wechseln sollte. Aber zurück in die Startlöcher ...

... mit 15 Jahren ließ Glen Durrant erstmals die Pfeile fliegen. Und er hatte richtig Spaß daran. Er wollte es einfach nur als Hobby betreiben und sich nicht selbst unter Zugzwang setzen. „Duzza" wollte einfach nicht trainieren müssen und darauf angewiesen sein, dass es sportlich gut läuft, um seine Familie zu ernähren. Darum blieb er im lokalen und regionalen Bereich und betrieb Darts nur in seiner Freizeit. Doch dafür war er eigentlich viel zu gut.

Nach fast 20 Jahren Darts nahm er dann doch an einem größeren Wettbewerb teil, und das sollte gleich das älteste Turnier der Welt sein. Beim World Masters traf er in der ersten Runde auf den Österreicher Dietmar Burger und hatte erst einmal eine glasklare 0:3-Niederlage zu verdauen.

Dies wertet der eine oder andere als eindeutiges Zeichen, es besser sein zu lassen. Nicht so Glen Durrant. Diese Niederlage hatte ihn ganz im Gegenteil angespornt. Er hatte erstmals gesehen, wie solch ein großes Turnier organisiert wird, hatte die außergewöhnliche Atmosphäre erlebt und wollte unbedingt mehr davon.

„Duzza" versuchte sich zunächst bei den UK Open 2005, weil er sich die Teilnahme dafür über kleinere Qualifikationsturniere erspielen konnte. Zwar scheiterte er auch dort krachend, zeigte aber noch im gleichen Jahr beim World Masters, was er wirklich draufhat. Er drang bis ins Achtelfinale vor und bekam es dort mit einem der renommiertesten Akteure der BDO zu tun, mit keinem anderen als Martin Adams. Glen Durrant zeigte eine großartige Leistung und verlor am Ende nur denkbar knapp 2:3.

Dies war ihm aber Bestätigung genug, um unbedingt weiterzumachen. Er war immer noch als Hausverwalter tätig, und somit blieb nicht sonderlich viel Zeit für Darts übrig. Da eine Sportlerkarriere auch finanziert werden muss, und dies mit nur wenigen Sponsoren schwer realisierbar ist, nahm er in den folgenden Jahren nur noch sehr sporadisch an Turnieren der BDO teil.

Nichtsdestotrotz gelang ihm 2009 sein erster Turniersieg. Davon motiviert, versuchte er nun, doch häufiger größere Events der BDO zu besuchen und zeigte sich 2011 zum Beispiel sehr erfolgreich beim Gold Cup, bei dem er das Viertelfinale erreichte. Noch im selben Jahr vermochte er beim World Masters ebenfalls in die Runde der letzten Acht einzuziehen.

Geschichte sollte sich dort dann aber insofern wiederholen, als er wie schon sechs Jahre zuvor an Martin Adams scheiterte. Er etablierte sich, unabhängig davon, immer stärker im Feld der BDO.

So durfte er 2012 beim England Classic auch seinen ersten größeren Erfolg feiern, bei dem er sich erstmalig gegen Martin Adams behaupten konnte, was ihm noch einmal einen weiteren Schub verlieh. Mit starken Nerven holte er sich gegen Scott Waites in einem knappen Match den Titel.

Von da an ging es für Glen Durrant immer steiler bergauf. Er war jetzt häufiger in der Lage, Turniere für sich zu entscheiden, und durfte sich 2014 einen Traum erfüllen: die Teilnahme an der Weltmeisterschaft. Es wurde ein kurzweiliger, denn bereits in der zweiten Runde war für ihn Schluss. Er arbeitete allerdings weiter an sich und erreichte so noch im selben Jahr erstmals das Halbfinale des World Masters.

Seine positive Entwicklung war gerade bei diesem Turnier bestens auszumachen. Nach dem Achtel- folgten das Viertel- und schließlich das Halbfinale. Schritt für Schritt ging es für Glen Durrant in immer kürzeren zeitlichen Abständen aufwärts. Hatte er für den ersten Erfolg noch sechs Jahre investieren müssen, hatte sich jetzt die Zeitspanne effektiv halbiert.

Im Halbfinale des World Masters verlor er zudem nur hauchdünn 5:6 gegen Martin Phillips, sodass sein Name auch immer häufiger fiel, wenn es um die Favoriten auf einen Turniersieg ging. Sein erster Major-Titel schien nur noch eine Frage der Zeit zu sein.

Auch ein Wechsel zur PDC schien durchaus im Rahmen des Möglichen, auch wenn er selbst darüber kaum nachdachte. Doch Experten waren sich sicher, dass sein Weg über kurz oder lang in den Profiverband führen würde.

Seine Gegenwart wurde allerdings im Rahmen der BDO geprägt. Einer seiner größten Gegner blieb weiterhin Martin Adams. Dieser stellte „Duzza" immer wieder ein Bein, so auch bei der Weltmeisterschaft 2015, als Glen Durrant im Halbfinale an „Wolfie" scheiterte. Erneut war es enorm knapp, er verlor 5:6.

Allerdings eine Niederlage mit positiver Initialzündung. Es war, als würde sich bei ihm ein Schalter umlegen, denn plötzlich war er nicht mehr nur vorne mit dabei. Er gewann auf einmal ein Turnier nach dem anderen. Glen Durrant war der überragende Spieler 2015 und vollendete seinen Weg an die Spitze des World Masters. Er erreichte erstmals das Endspiel, besiegte Larry Butler und triumphierte mit dem Gewinn seines allerersten Major-Titels.

Ausgerechnet bei dem Turnier, bei dem im Jahr 2004 alles begann. Bei dem er zwar sein erstes Spiel 0:3 verloren, aber Lunte gerochen hatte und sich vom Dartsfieber anstecken ließ. Glen Durrant hatte sich nun beim geschichtsträchtigsten Dartsturnier der Welt in der Siegerliste verewigt. Und er legte direkt nach. Beim Zuiderduin Masters holte er noch im selben Jahr mit einem Finalsieg über Martin Adams seinen zweiten Major-Titel unter dem Banner der BDO. Beide Trophäen konnte er im Jahr 2016 sogar verteidigen. Spätestens jetzt musste er sich mit der Rolle des Topfavoriten auf den WM-Titel anfreunden.

Einen WM-Titel zu holen, ist nur sehr wenigen vergönnt. In einigen Sportarten, wie beim Fußball, liegt es auch daran, dass eine Weltmeisterschaft nur alle vier Jahre stattfindet. Beim Dartsport liegt die Frequenz eindeutig höher: Jahr für Jahr steht eine WM an. Dennoch schaffen es nur sehr wenige. Oft gibt es Spieler, die eine gewisse Zeit die Szene prägen und die Konkurrenz dominieren, sodass ihr Name öfter ganz oben auftaucht. Glen Durrant sollte zu genau solch einer Art von Spielern gehören.

Er bewies über das gesamte Turnier von 2017, dass er zu dieser Zeit der beste Spieler der BDO war. Im Finale bekam er es mit dem jungen, aufstrebenden Danny Noppert zu tun. Eine Begegnung, die dem Turnierverlauf entsprechend als eine sehr enge Angelegenheit vorausgesagt wurde.

Glen Durrant hatte aber andere Pläne. Er fertigte Danny Noppert vergleichsweise deutlich mit 7:3 ab und sicherte sich seinen ersten WM-Titel. Der neue Weltmeister war nun endgültig ganz oben angekommen, er hatte den Thron erklommen. Doch das reichte ihm nicht. Er wollte sich auch bei der PDC beweisen, dass er zu den besten Spielern der Welt gehört.

Entsprechend fokussiert ging er im Jahr 2018 in das Turnier, welches er zwar weniger dominierte, aber aufgrund seiner großen Nervenstärke ebenfalls zu seinen Gunsten entschied. Den WM-Titel zweimal zu verteidigen, hatte seit 1986 keiner mehr geschafft. Der große Eric Bristow war der Letzte, dem dies gelungen war. Da die englische Legende 2018 leider verstorben war, rückte der mögliche WM-Titelhattrick von Glen Durrant besonders in den Blickwinkel.

Glen Durrant ließ sich 2019 keinerlei Druck anmerken und gewann in diesem Jahr die Weltmeisterschaft wiederum. Auf dem Weg dorthin hatte er mit der BDO World Trophy außerdem noch seinen vierten Major-Titel bei der British Darts Organisation gewonnen und damit alles in diesem Verband erreicht.

Dies dürfte auch der Hauptgrund gewesen sein, warum sich Glen Durrant für einen Wechsel in die PDC entschied. Dort bekam er allerdings nichts geschenkt und musste sich die Tour-Card wie jeder andere erarbeiten. Bei der Qualifying-School wurde er als die größte Bedrohung angesehen und hatte mit sich zu kämpfen. Der Druck war enorm, und er schied zweimal in der Runde der letzten 128 aus.

Die Tour-Card schien in weite Ferne gerückt zu sein, doch er riss sich zusammen, erreichte am vorletzten Tag das Entscheidungsspiel und am letzten das Achtelfinale, sodass er sich über die Rangliste doch noch die Berechtigung zur Teilnahme an der Pro Tour gesichert hatte.

Danach entschied er sich, nach 30 Jahren seinen Job als Hausverwalter zu kündigen und sich voll auf Darts zu konzentrieren. Ein sehr emotionaler Januar 2019 ging für Durrant zu Ende, und bereits im Februar startete die Saison. In seinem zweiten Players Championship-Turnier erreichte er direkt das Endspiel, bei seiner vierten Teilnahme dokumentierte er seinen ersten Turniersieg auf der Pro Tour. Im Mai gewann er Titel Nummer zwei.

Glen Durrant hatte sich im Rahmen der PDC sofort eingelebt und vermochte auch auf den großen Bühnen vollends zu überzeugen. Er erreichte das Halbfinale beim World Matchplay, dem World Grand Prix und dem Grand Slam of Darts. Bei seinem Debüt schloss Durrant die Tabelle der Premier League als Spitzenreiter ab.

Glen Durrant gehört zu den besten Spielern im Darts und hat es geschafft, den Weg über die BDO zur PDC ohne Leistungseinbruch zu meistern, was bisher den Wenigsten gelungen ist.

3.12 JAMES WADE – WELTBESTER OHNE WM-TITEL

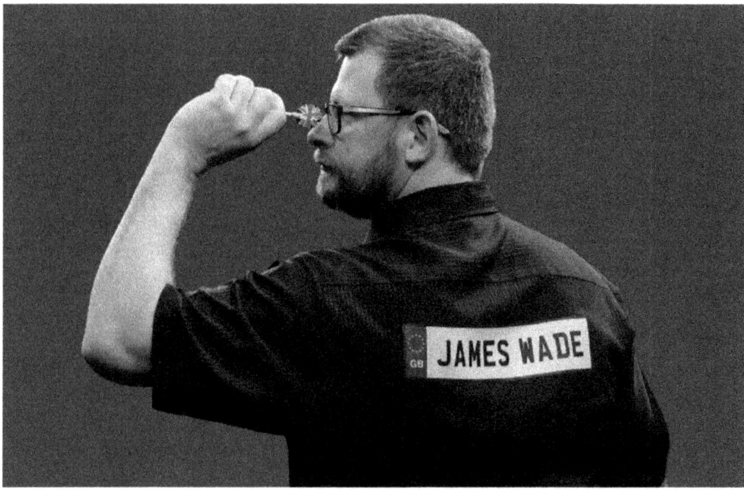

Spitzname	The Machine
Geburtstag	6. April 1983
Geburtsort	Aldershot, England
Walk-on-Song	„The Boys Are Back In Town" von Thin Lizzy
Spielt Darts seit	1997
Händigkeit	links

Der wohl beste Dartspieler aller Zeiten, der niemals Weltmeister wurde. Diese Beschreibung trifft auf keinen so zu wie auf James Wade. Aber dies ist nicht das Einzige, was den Engländer charakterisiert. Er gilt zudem als der beste Linkshänder im Dartsport und wurde zufällig für etwas berühmt, für das er nicht einmal etwas konnte.

Wenn in der PDC ein 9-Darter fixiert wird, ist auffällig oft James Wade der Leittragende. Unvergessen daher auch die Teilnahme James Wades beim World Grand Prix 2014, als ihm selbst einmal wieder das perfekte Spiel gelang. Und das auch noch beim Modus Double In/Double Out.

Doch damit nicht genug, im gleichen Match gelang auch seinem Gegner Robert Thornton dieses Kunststück. Beide Spieler warfen das perfekte Leg im gleichen Match, ein Novum. Nichtsdestotrotz ist nicht alles im Leben von James Wade immer rundgelaufen. Damit ist nicht nur der fehlende Weltmeistertitel gemeint.

James Wade war von Beginn an ein Naturtalent. Mit 14 Jahren entschied er sich dementsprechend, dieser Beschäftigung ernsthafter nachzugehen – mit Erfolg. Bereits das erste Turnier, an dem er teilnahm, die Basingstoke Open, konnte er für sich entscheiden. So spielte er auch schnell in der Jugendnationalmannschaft Englands, was bei der Fülle an starken Spielern einer besonders wertvollen Leistung gleichkommt.

So überraschte es auch kaum, dass er bei der BDO, an deren Events er ab 2001 regelmäßig teilnahm, ebenfalls schnell Erfolge feiern konnte. James Wade erreichte schon als 18-Jähriger das Finale des British Classic, welches er gegen John Walton allerdings verlor. Sein erster Turniersieg bei der BDO ließ aber nicht lange auf sich warten.

Nur ein Jahr später bezwang er Colin Monk bei den Swiss Open im Finale. Diese starken Leistungen blieben natürlich nicht ohne Lohn, James Wade durfte bei der BDO-WM im Jahr 2003 sein Debüt feiern. Schon dort sollte sich aber zeigen, dass er und Weltmeisterschaften einfach nicht funktionierten. Er schied trotz Matchdarts bei seinem Debüt bereits in der ersten Runde aus und konnte auch bei seiner zweiten und letzten Teilnahme im Jahr 2004 nicht lange im Turnier verweilen. Er scheiterte in der zweiten Runde an Darryl Fitton.

Trotz der mäßigen WM-Ergebnisse wuchs in James Wade die Gewissheit, dass er bei der BDO nicht lange glücklich sein würde. Er wollte sich unbedingt im Kreis der „Very Bests" messen, und diese gehörten seiner Meinung nach der PDC an.

Darum entschied er sich nach seinem Viertelfinalaus bei der International Darts League 2004 für einen Wechsel zum Profiverband. Er nahm auch direkt an den UK Open teil und verlor dort in der Runde der letzten

32 nur hauchdünn gegen Colin Lloyd, der sich in der Form seines Lebens befand.

Obwohl er noch nicht bei vielen PDC-Turnieren mitspielte, schaffte er es dennoch, sich über das Qualifikationsevent die Teilnahme an der WM 2005 zu sichern. Abermals schied James Wade chancenlos aus. Er unterlag Mark Holden 0:3, ein Spieler, dessen größter Karriereerfolg das Viertelfinale beim World Grand Prix 2002 gewesen war. Zu diesem Zeitpunkt wäre er für James Wade durchaus ein machbarer Gegner gewesen, doch schon damals schien sich etwas wie ein Weltmeisterschaftsfluch zu manifestieren.

James Wade wurde dennoch besser und besser. Er stand an einem Scheideweg. 2006 hatte er in den ersten Monaten bereits zwei 9-Darter geworfen, es sollte in dem Jahr noch ein weiterer dazukommen. Er wurde damit der erste Spieler, der drei perfekte Legs innerhalb eines einzigen Kalenderjahrs zelebrieren konnte, aufgrund dessen er seinen damaligen Spitznamen „Agent 009" erhielt. Doch er wusste, würde er weiterhin nebenbei als Mechaniker arbeiten, würde die Zeit für Training und PDC-Turniere fehlen.

Und so entschied er sich zwölf Tage vor Beginn des World Matchplay 2006, seinen Beruf aufzugeben und Vollprofi zu werden. Es war ein Risiko, aber bereits die Resultate beim zweitwichtigsten Turnier der PDC schienen ihm recht zu geben. Er spielte sich sensationell in das Finale des Wettbewerbs und führte gegen Phil Taylor sogar mit 8:5. Am Ende sollte er aber noch mit 11:18 scheitern.

Doch es dauerte nicht lange, bis James Wade endgültig zu den ganz Großen gehören sollte. Er erreichte ein Jahr später erneut das Finale des World Matchplay und bekam es mit Terry Jenkins zu tun, den er mit 18:7 bezwang. James Wade hatte seinen ersten Major-Titel eingefahren, und es sollte nicht sein letzter bleiben. Nicht einmal sein letzter im Jahr 2007. Er legte beim World Grand Prix zweieinhalb Monate später nach und besiegte im Finale erneut Terry Jenkins. Seine Entwicklung führte ihn bis in die Top Three der Weltrangliste, und er wurde als Spieler des Jahres geehrt.

Wo sollte es für James Wade noch hingehen? Zunächst sah es danach aus, als würde der Weg unaufhörlich an die Spitze des Dartsports führen. Er schien keinerlei Nerven zu zeigen, wie sein Spitzname es beschreibt, spielte er wie eine Maschine. Und so sorgte er auch bei der Premier League im Jahr 2008 unmittelbar für einen Knall.

Bei seinem Debüt am ersten Spieltag traf er direkt auf Phil Taylor. Dieser hatte die drei Jahre zuvor das Turnier gewonnen und wurde noch nie besiegt. James Wade aber schaffte es an diesem denkwürdigen ersten Spieltag. Beide Akteure waren in dieser Zeit das Nonplusultra im Darts, und so trafen sie sich 2008 in gleich drei Major-Endspielen, die James Wade aber allesamt verlor.

Mit seinem Sieg bei den UK Open sammelte er in dem Jahr dennoch einen weiteren Major-Titel ein, warf zudem beim Grand Slam of Darts wieder einmal einen 9-Darter gegen Gary Anderson, und so war er auch einer der großen Favoriten auf den WM-Titel in der Auflage von 2009. Und tatsächlich spielte er ein richtig gutes Turnier.

Bis zum Viertelfinale gab er lediglich einen Satz ab. Für das Endspiel reichte es am Ende jedoch nicht, da er sich in der Vorschlussrunde Raymond van Barneveld geschlagen geben musste. Auch die folgenden drei Jahre gestalteten sich für James Wade außerordentlich lukrativ, denn er gewann noch vier weitere Major-Events. Es hätten fünf werden können, doch er schenkte eine 8:0-Führung im Finale des Grand Slam of Darts 2010 her.

Besonders denkwürdig wurde in dieser Zeit vor allem das Endspiel der Premier League im Jahr 2010. James Wade bekam es mit Phil Taylor zu tun und kassierte nicht nur einen, sondern gleich zwei 9-Darter. In den folgenden Jahren sollte er dann immer wieder am Board stehen, wenn der Gegner das perfekte Spiel zeigte.

So zum Beispiel gegen Brendan Dolan beim World Grand Prix 2011, gegen Michael van Gerwen, der bei der WM 2013 sogar 17 perfekte Darts gegen ihn warf oder aber auch beim bereits angesprochenen Match im

World Grand Prix 2014 gegen Robert Thornton. Bis heute unvergessen bleibt auch das WM-Halbfinale im Jahr 2012.

James Wade traf auf Adrian Lewis, der als Titelverteidiger in das Turnier ging. Bei diesem Duell gab es den bekannten Windzug. Er führte 5:1 gegen Adrian Lewis und war nur noch einen weiteren Satz von seinem ersten WM-Finale entfernt. Dort wartete, das stand damals bereits fest, mit Andy Hamilton eine für James Wade durchaus lösbare Aufgabe. Doch es sollte anders kommen.

James Wade bekam beim Stand von 5:2 einen Matchdart auf D18, den er allerdings vergab. Adrian Lewis kassierte postwendend das Set und gewann schlussendlich zehn Legs in Folge, sodass der „Jackpot" die Partie noch erfolgreich gedreht hatte. James Wade schied im Gegensatz dazu aus und verpasste das WM-Endspiel erneut.

In der Folge verliefen seine Leistungen sehr schwankend. Er konnte nur noch selten seine Topform abrufen, was ihn sichtlich am meisten frustrierte. Bereits 2011 ging er mit seinem Problem an die Öffentlichkeit. Er leide an einer bipolaren Störung, die dafür verantwortlich sei, dass sich Phasen der Hochstimmung mit depressiven abwechseln. Dabei handelt es sich um eine Krankheit. James Wade setzt sie stark zu, weil sie nicht kontrollierbar ist.

Nicht nur für einen Dartsportler kann das verheerende Auswirkungen haben. Der Ausnahme-Snookerspieler Ronny O'Sullivan leidet ebenfalls darunter. In den depressiven Phasen ereigneten sich bei James Wade immer wieder Wutausbrüche, aufgrund derer er nicht zur Premier League 2013 eingeladen wurde. Er kämpfte sich dennoch zurück und holte sich nach einem 2:9 und 6:10 Rückstand noch die Trophäe beim Masters 2014. Zum Sieg warf er 135 Punkte: Bullseye, T15 und D20. Dafür wurde er für die stärkste Performance des Jahres ausgezeichnet.

Auch wenn James Wade nun nicht mehr zur absoluten Elite zählte und von einigen, jungen Spielern überflügelt wurde, war er immer noch zu Großem imstande. So beendete er 2015 zum Beispiel die 38 Spiele andauernde Siegesserie von Phil Taylor beim World Matchplay. Zudem heiratete er im gleichen Jahr seine Freundin, das ehemalige Walk-on-Girl Samantha Marsh, die ihm privat den Halt gibt, den er braucht.

So schaffte er es 2018, innerhalb einer Woche, zwei weitere große Titel einzuheimsen. Er gewann die Europameisterschaft und die World Series Finals, womit er sein Major-Titel-Konto auf zehn ausbaute.

James Wade hat niemals einen WM-Titel gewonnen, er war niemals die Nummer eins der Welt. Aber er befand sich zeitweise auf dem Niveau, der beste Spieler der Welt zu sein. Und, wer weiß, was er geschafft hätte, wenn er nicht mit seiner Krankheit so zu kämpfen hätte. Auch aus diesem Grunde sind die Erfolge von „The Machine" enorm hoch zu bewerten. Und wir alle erfahren einmal mehr: Der Mensch ist eben keine Maschine!

3.13 TRINA GULLIVER – GOLDEN GIRL, MBE UND FIRST LADY IM DARTS

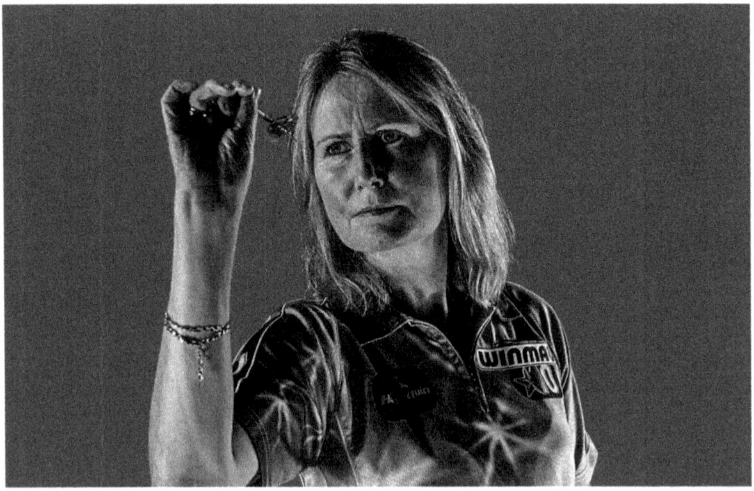

Spitzname	Golden Girl
Geburtstag	30. November 1969
Geburtsort	Spa, Warwickshire, England
Walk-on-Song	„This Is Me " von Greatest Showman and Keala Settle
Spielt Darts seit	1983
Händigkeit	rechts

Wenn du nach der besten Dartspielerin googelst, werden dir promt die besten Dartspieler präsentiert. Na ja! It's a Men's World. Wirklich? Nun gut, beim übernächsten Versuch klappt's besser, und es tut sich eine regelrecht bunte Frauenwelt auf.

Darts1.de offeriert dir unter dem Siegel „WDF Damen Weltrangliste" mit Stand 21. Januar 2020 ein Ranking von 450 Spielerinnen. Darunter sollten auch die Besten zu finden sein.

In den Top Ten stoßen wir in umgekehrter Reihenfolge auf: 10. Corrine Hammond (Australien), 9. Tina Osborne (Neuseeland), 8. Anastasia Dobromyslova (Russland), 7. Laura Turner (England), 6. Mikuru Suzuki (Japan), 5. Paula Jacklin (England), 4. Fallon Sherrock (England), 3. Deta Hedman (England), 2. Aileen de Graaf (Niederlande) und Lisa Ashton (England) als Nummer 1.

Das Ganze versprüht mehr als einen Hauch weltweiter Internationalität und ruft ein kosmopolitisches Echo hervor, das nachhallt. Zehn Spielerinnen aus sechs verschiedenen Nationen, drei verschiedenen Erdteilen – präsentieren imposante Eckdaten. Der 50%ige Anteil an Engländerinnen reicht dem Mutterland des Dartsports zu Ehren.

Irina Armstrong als beste deutsche Akteurin ist auf Position 29 zu finden. Ihr folgen als weitere Spielerinnen aus Deutschland Lisa Zollikofer (50.) sowie Anne Willkomm (56.), um die drei Besten explizit zu benennen. Summa summarum lassen sich 19 deutsche Spielerinnen in diesem Ranking aufspüren. Das ergibt immerhin einen prozentualen Anteil von 4,22!

Die Prima dieser Rangliste, „The Lancashire Rose", alias Lisa Ashton, anno 1970, und zwar exakt dem 27. August entsprossen, hat schon viele blühende Momente in ihrer langen Karriere, die sie seit 2007 als Profi betreibt, erlebt. 2009 empfahl sich Lisa Ashton erstmalig als Spielerin für die BDO World Darts Championship, rückte vor bis ins Viertelfinale, in dem sie jedoch von ihrer Landsfrau Trina Gulliver gestoppt wurde.

2012 same Place, gleiche Platzierung. Schließlich klappte es dennoch mit dem WM-Titel. Zum ersten Mal 2014. Es folgten noch drei weitere Male: 2015, 2017 und 2018! Das erzählt uns ihre beeindruckende Zwischenbilanz, die allerdings auch nicht verschweigt, dass sie sowohl 2019 als auch 2020 ihre Meisterin in Mikuru Suzuki aus dem Land der aufgehenden Sonne fand, die 2019 bereits in Runde eins die Engländerin aus dem Rennen geworfen hatte.

2020 bezwang die Japanerin sie abermals, allerdings erst auf dem finalen Gipfel der WM, die so ihren Titel erfolgreich verteidigen konnte. Noch zwei Sätze zur aktuellen Weltranglistenersten:

2018 klappte es mit der Qualifikation für die PDC World Darts Championship 2019, bei der sie sich jedoch bereits in der ersten Runde dem Niederländer Jan Dekker geschlagen geben musste. Als erste Frau überhaupt sicherte sich „The Lancashire Rose" 2020 eine Card für die PDC Pro Tour.

Mit Anastasia Dobromyslova sind wir vor wenigen Augenblicken bereits einer weiteren Weltmeisterin begegnet, die 2008, 2012 und 2013 als Beste triumphierte. Als dreimalige Weltmeisterin rangiert die Russin zwar hinter Lisa Ashton, aber noch vor Mikuru Suzuki auf Rang drei der Ewigen Bestenliste aller Weltmeisterinnen. Zum exklusiven Club der World Champions zählt ebenfalls noch Francis „The Dutch Crown" Hoenselaar, die 2009 den Rest der Welt hinter sich lassen konnte.

Damit haben wir alle Spielerinnen in ihrer Eigenschaft als Weltmeisterin benannt, bis auf eine, eine Einzige, allerdings die Allerbeste. Unangefochten! Sie hat alle anderen weit übertroffen. Sie hat WM-Titel wie andere Briefmarken gesammelt: 2001, 2002, 2003, 2004, 2005, 2006, 2007, 2010, 2011 und 2016. Lieber noch einmal nachzählen: Zehn! Tatsächlich – da führt kein Weg daran vorbei. Dabei bilden die zehn Titel nur die sportliche Essenz der überragenden, einzigartigen Trina Gulliver.

Catrina Elizabeth „Trina" Gulliver, deren Name wie der von Eric Bristow die Beifügung MBE (Member of the Order of the British Empire) schmückt, wurde am 30. November 1969 in Leamington Spa, in der Grafschaft Warwickshire des Vereinigten Königreichs von Großbritannien und Nordirland, geboren. Ihren ersten WM-Titel gewann das „Golden Girl" im Duell mit Mandy Solomons, ihren letzten 2016 gegen Deta Hedman, beide Landsmänninnen von ihr.

Insbesondere Francis Hoenselaar hatte unter der sportlichen Dominanz von Trina Gulliver zu leiden, gegen die sie nicht weniger als fünfmal (2002, 2004, 2005, 2006 und 2007) in WM-Finals unterlag. Auf der anderen Seite beruhte der WM-Erfolg von Francis Hoenselaar im Jahre 2009 auf einem 2:1-Finalsieg über jene Trina Gulliver.

Als Angstgegnerin von Trina Gulliver entpuppte sich im Laufe der Zeit indes Anastasia Dobromyslova, die 2008 im Endspiel, 2012, 2013 und 2018 im Halbfinale auf die Engländerin traf und alle vier Begegnungen zu ihren Gunsten zu entscheiden wusste und nur ein einziges Set abgeben musste (dreimal 2:0, einmal 2:1).

Die weltmeisterliche Gesamtbilanz der Trina Gulliver beinhaltet nicht nur die zehn Titel, sie werden ferner noch von zwei zweiten Plätzen ergänzt. Darüber hinaus stieß sie zudem je dreimal ins Halb- sowie Viertelfinale vor. Nur 2014 kam sie nicht so weit und schied bereits in der ersten Runde gegen die Niederländerin Tamara Schuur aus. Nach 19 WM-Teilnahmen hintereinander fehlte das „Golden Girl" 2020 zum ersten Mal. Aus gesundheitlichen Gründen hatte sie die WM abgesagt.

Nicht nur bei den Weltmeisterschaften vermochte sich Trina Gulliver erfolg- und siegreich zu präsentieren. Das Durchstreifen ihrer sportlichen Karriere gleicht einem staunenden Lustwandel zu immer wieder neuen und weiteren Highlights.

Um sich nicht zu verlaufen, verfolgen wir diesen Weg nach den Majors in alphabetischer Reihenfolge: Winmau World Masters-Siegerin 2000, 2002, 2003, 2004, 2005 und 2016, WDF World Cup Singles-Gewinnerin 1999, 2003 und 2011, WDF Europe Cup Singles-Winnerin 2000 und 2006, Erste bei der World Darts Trophy 2003, Zuiderduin Masters Titelträgerin 2010; Siege beim BDO Gold Cup 2014 Belgium Open 1999, 2001 und 2012, British Classic 2000, 2001, 2003, 2005, 2008 und 2011, Matchplay 1997, British Open 1997, 1998, 1999, 2000, 2001, 2004, 2008 und 2010, British Pentathlon 2004, 2005, 2006, 2007, 2009, 2011 und 2012 Denmark Open 1999, 2004, 2005 und 2006, Dutch Open 1999, 2007D, 2009, 2011 und 2013, England Open 1997, 1998, 2001, 2002, 2003, 2008 und 2010, England Masters 2009, Finish Open 1999, 2001 und 2002, German Open 1997, 2003, 2005 und 2009, Irish Masters 2000 und 2001, Isle Of Man Open 2004 und 2006, Jersey Open 1999, 2000, 2001 und 2003, Las Vegas Classic 2004 und 2005, Northern Ireland Open: 2005, Norway Open 1999, 2000, 2004 und 2005, Norway Open 1999, 2000, 2004 und 2005, Pacific Masters 1997, Swedish Open 2000, 2002 und 2012, Swiss Open 1997 und 2006, Welsh Classic 2004 sowie Welsh Open 1997, 2002, 2003, 2004, 2005, 2006, 2007 und 2010!

Nach diesem ultralangen Satzgefüge müssten am Ende stattliche 103 fette Ausrufezeichen stehen, um diese einzigartige Erfolgsserie entsprechend zu würdigen.

Heute lebt Trina Gulliver zusammen mit ihrer Lebensgefährtin in Cheddar in Somerset. Wenn du dich nun gedanklich in die Welt des Käses entführt fühlen, dann befindest du dich nicht auf Irrwegen, sondern im Geburtsort des weltbekannten Cheddars, indeed, der in England öfter über die Theke geht als alle anderen Sorten Käse zusammen. Kein Käse!

3.14 FALLON SHERROCK – THE QUEEN ODER ONE-HIT-WONDER

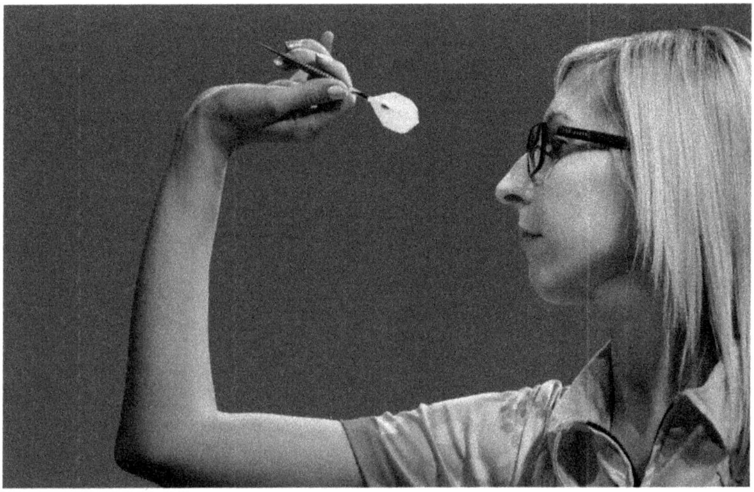

Spitzname	The Queen of the Palace
Geburtstag	1. Juli 1994
Geburtsort	Milton Keynes, England
Walk-on-Song	„Last Friday Night " von Katy Perry
Spielt Darts seit	2010
Händigkeit	rechts

Fallon Sherrock nimmt aktuell in der „WDF Damen Weltrangliste" Rang vier ein. Sie schmückt kein WM-Titel. Dennoch ist sie in aller Munde, dabei hat die deutsche Öffentlichkeit erstmalig anlässlich der PDC-WM 2020 Notiz von ihr genommen.

Die fetten Überschriften, die großzügigen Reportagen nebst großformatigen Bildern hatten die am 1. Juli 1994 in Buckinghamshire geborene und heute in Milton Keynes lebende Engländerin über Nacht als Heroin des Dartsports auserkoren. Sie stand als Frau plötzlich nicht mehr im Schatten der Männerwelt, sondern voll im Rampenlicht.

Fakt: Sie hatte bei ihrem ersten Auftritt am 18. Dezember 2019 im *Alexandra Palace* einen Mann besiegt. Nicht nur London, England und Great Britain standen Kopf, sondern der gesamte internationale Blätterwald, vornehmlich der deutsche.

Man zeigte sich mit Superlativen nicht unbedingt geizig. „Eine Frau verändert die Darts-Welt" offenbarte die *FAZ*, „Mitten ins Schwarze getroffen" und „Fallon Sherrocks Triumph für die Darts-Frauen", titelte die *Süddeutsche Zeitung*.

„Wer ist Fallon Sherrock?", fragte indes die *Allgemeine Augsburger Zeitung* unter dem Epilog „Darts-Sensation im ‚Ally Pally'", „Darterin Fallon Sherrock schreibt Sport-Geschichte", dokumentierte sowohl die *Neue Ruhr Zeitung* als auch die *Westdeutsche Allgemeine*.

Für die *Frankfurter Rundschau* stand dagegen fest: „Fallon Sherrock revolutioniert die Darts-Welt", während sich *Der Spiegel* ein wenig diplomatischer gab: „Die Botschafterin – Historischer Erfolg für Darts-Spielerin Sherrock". Warum *Die Zeit* schlussendlich ausrief: „Endlich modernes Darts", lässt sich nicht unmittelbar nachvollziehen und scheint eher an ihrem Average von 91 und den sechs erzielten 180er-Scores festgemacht worden zu sein.

Warum außerdem „modern"? Weil sie eine Frau ist?! Haben ergo die Damen bis dato antiquiertes Darts demonstriert? Und warum lässt *Die Zeit* zu guter Letzt auch noch das Adjektiv „modern" mit dem im Mittelalter spielenden Tudor-Roman *Das Spiel der Königin* verschmelzen?

Aber – die Gedanken sind frei. Zum Abgleich – auch in den Newspapers auf der Insel lobte man lautstark. So *The Sun*: „Fallon Sherrock makes history – as first woman to EVER beat a man at World Darts Championship with win over Ted Evetts". Klipp und klar: Frau schlägt Mann!

Später titelte der *Daily Mirror*: „Fallon Sherrock's historic PDC World Darts Championship run". Wiederum alles auf Fallon Sherrock!

Fallon Sherrock merkte indes mit neuem Selbstbewusstsein keck an: "We'd beat men more often given the chances" (The Times). Davon bekam sie am 21. Dezember prompt eine weitere, und Bild frohlockte plakativ: „Fallon Sherrock haut Mensur Suljovic raus!" Basta! Die Frau ohne Spitznamen wurde in Lichtgeschwindigkeit zur „Queen of Darts" oder zumindest „The Queen of the Palace" hochgelobt. Sie hatte als erste von vier Frauen, die im Rahmen der PDC-Weltmeisterschaften gegen einen Mann spielten durften, einen Sieg dokumentieren können. Schließlich nicht nur einen, sondern derer zwei.

Da konnten sich auch die Nürnberger Nachrichten nicht mehr zügeln: „Darts und Frauen: Sherrock rockt im Ally Pally"! Der deutsche Fernsehsender Welt, ehemals N24, erläuterte: „Sehnsüchtig warteten die Fans auf den ersten Sieg einer Frau bei der PDC-WM. Sherrock ist dies nun eindrucksvoll gelungen", und applaudierte kräftig.

Ohne Frage hatte sie sich Beifall auf offener Bühne verdient. Die beiden Siege hatten fast allen in dieser über und über von Testosteron durchfluteten Darts-Machowelt gefallen. Den maskulinen Protagonisten jedoch definitiv nicht. Das hatte etwas von David gegen Goliath, aber in höherer Potenz, denn David hieß nicht Fallon und war auch keine Frau. Aua, Mann!

Als sie in der dritten Runde sodann gegen ihren Landsmann Chris Dobey und „nach ihrem geschichtsträchtigen Triumph für die Darts-Welt", wie die dpa formulierte, ausschied, bedauerte die *FAZ* „Das Märchen der Darts-Queen ist zu Ende!" So schnell kann es gehen: Ein vermeintlicher Meilenstein wurde schnell zu einem Märchen degradiert, und wir wissen, die beginnen immer wie folgt: „Es war einmal ...!"

Überhaupt nicht beeindruckt zeigte sich der erfolgreichste Dartspieler der letzten Dekade, Michael van Gerwen, ob Fallon Sherrocks Performance und urteilte rationell: „Sie hat noch nichts gewonnen!" Und da liegt in der Tat der Hund begraben. Fallon Sherrocks BDO World Darts Championship-Bilanz belobigt sie nicht als Champion. Sie stand nur 2015 im Finale und verließ als Runner-up das Board, während ihre Landsmännin Lisa Ashton zur Weltmeisterin gekrönt wurde. 2014, 2017, 2018 und 2019 scheiterte sie bereits jeweils im Viertelfinale, 2016 sogar im Achtelfinale.

Der heiß ersehnte Wunsch, bei der PDC-WM 2019 an den Start gehen zu können, erfüllte sich für Fallon Sherrock nicht, da sie ausgerechnet beim Qualifikationsturnier in ihrer Heimatstadt Milton Keynes im November 2018 nicht über das Viertelfinale hinauskam.

Dafür klappte es 2019 mit dem Startplatz für die WM, den sie sich beim UK-Ladies-Qualifier in Wigan selbst bescheren konnte. Ein Märchen?! Ein One-Hit-Wonder? Durchaus nicht, denn bei ihrem Debüt in der Premier League Darts am 14. Februar 2020 in Nottingham konnte sie gegen den Engländer Glen Durrant mithalten und wurde mit einem Remis belohnt! Darts1 kürte Fallon Sherrock im Dezember 2019 zum Dartspieler des Monats. Ehre, wem Ehre gebührt. Privat: Sie ist alleinerziehende Mutter eines 2004 geborenen Sohnes, arbeitet als Friseurin, ihre Zwillingsschwester Felicia Blay spielt ebenfalls gerne Darts.

PS: Die große Tennislegende, Billie Jean King, die dereinst *The Battle of the Sexes* auf dem Centercourt für die Frauen entscheiden konnte, gratulierte Fallon Sherrock via Twitter.

3.15 MARENE WESTERMANN – SIMPLY THE BEST IN THE E-DARTS-WORLD

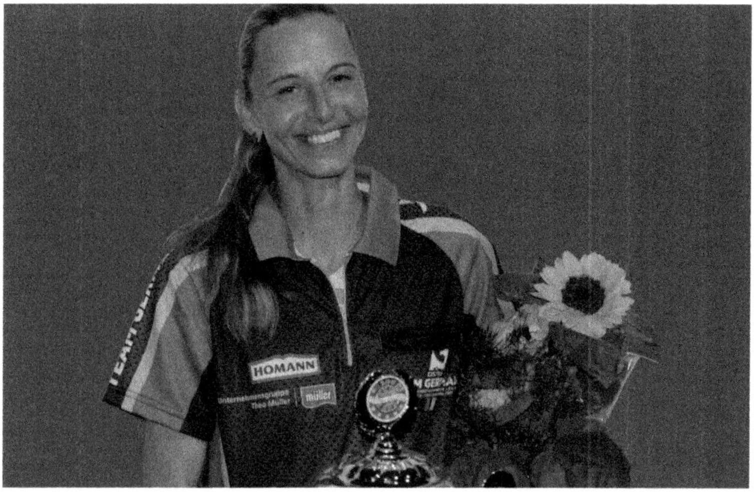

Spitzname	Marene
Geburtstag	12. August 1980
Geburtsort	Schkeuditz, Deutschland
Walk-on-Song	Gibt es im E-Darts nicht
Spielt Darts seit	1995
Händigkeit	rechts

Eine deutsche Dartskarriere. Nicht eine, sondern die deutsche Dartskarriere schlechthin. Keine, keiner ist je erfolgreicher im E-Darts gewesen als sie. Ihre Laufbahn begann in Budapest. Der Name Budapest entstand durch die Zusammenlegung der beiden Städte Buda (westlich) und Pest (östlich) an dem schönen, blauen Fluss, genannt Donau. Und früher hieß die Stadt Pest-Buda. Aber nun zum Wichtigsten:

Marene Racz wurde am 12. August 1980 in Schkeuditz, da, wo sich der Flughafen von Leipzig befindet, geboren. Als sie acht Jahre alt war, fand sie sich in Budapest wieder. Dort ging sie zur Schule, traf sich später als Teenager in ihrer Freizeit mit Freunden in Cafés sowie Bistros und hatte irgendwann drei Pfeile in der Hand, die sie prompt allesamt beim Versuch die Scheibe des E-Dartsgerät zu treffen, am selbigen gekonnt vorbeiwarf.

Dass diese noch heute in einer Umlaufbahn unsere Erde umkreisen, ist nicht bewiesen. Typisch Marene Racz, dass sie diese Schmach nicht auf sich sitzen lassen wollte. Also: Attacke! Sprich: Üben, üben, üben! Und als sie noch vor Vollendung der zweiten Dekade ihres Erdendaseins an einem Team-Wettbewerb teilnahm, gewann ihre Mannschaft zwar nichts, aber ihr Talent fiel auf.

Die Folge? „Ich bekam einen Zwei-Jahres-Vertrag unter der Schirmherrschaft der Firma *Play-System*, die Automaten in der Gastronomie aufstellte!", erinnert sich unsere Protagonistin heute, aus der auf Umwegen des Lebens mittlerweile Marene Westermann geworden ist. „Fünf Mädchen und fünf Jungen wurden in einer Trainingsgruppe zusammengefasst, um unsere Fähigkeiten unter Anleitung zu fördern. Erbarmungslos!"

Von Sommer 1999 bis 2001 war Marene Racz mit Darts beschäftigt. Was heißt das konkret? „Fünf Tage die Woche. Antreten um 8.00 Uhr, Abtreten um 16.00 Uhr!" Acht-Stunden-Tag in Ungarn. Und in diesen paar Stündchen wurden eben Pfeile geworfen. „Immer und immer wieder, erbarmungslos. Unterbrochen von ein paar flotten Liegestützen, wenn die Leistungen an den Dartsgeräten nicht stimmten. Was stimmte und was nicht, entschied nur einer: der Trainer!" Das erinnert an Hochleistungssport!

„Die Trainingsinhalte wurden tagtäglich durch eindeutige Aufgaben bestimmt. Ein gewisser Tarrosi Gàbor hat sich um mich gekümmert und mir täglich personalisierte Trainingspläne verpasst!" Beispiel: Wirf 100 Pfeile auf das 20er-Segment, treffe es möglichst oft! Triffst du es weniger als 95-mal, rücke vor bis auf Los, beginne von vorne, vergiss nicht, deine Ereigniskarte zu ziehen und gleich einzulösen: Liegestütze!

Das nennt man in der Trainingswissenschaft – ohne die Strafrunden in Form von Liegestützen – Grundlagentraining. Auch heute noch setzen bekannte Trainer auf das Prinzip Strafe, während das Grundlagentraining eine sehr bedeutsame Trainingsmethode darstellt, die die notwendige Basis für Hochleistungen bildet. Insbesondere bei Anfängern, aber auch im Hochleistungsbereich. Das stellt größte Anforderungen an die Selbstdisziplin, denn der innere Schweinehund ist stark und muss immer wieder aufs Neue überwunden werden. „Immer wieder und wieder und wieder. Immer wieder!", so das Dartsternchen auf dem Weg nach oben.

Wie im Sport ganz generell spielt die Technik im Darts ebenfalls eine große Rolle. Diese kann hochkomplex, aber auch relativ einfach strukturiert sein. Alle zyklischen Sportarten wie Laufen oder Schwimmen sind technisch nicht so anspruchsvoll wie azyklische, wie beispielsweise Hürdenlauf, Stabhochsprung, Turnen oder Turmspringen. Auch wenn Darts keine zyklische Sporttechnik ist, ist sie weder komplex, noch schwer erlernbar.

Eine ausgefeilte Technik bildet aber auch im Darts die notwendige Basis für spätere Hochleistungen. „Meine Wurftechnik hat mir mein erster Trainer Tar Béla und seine rechte Hand Pàlinkàs Miklos ‚eingeprügelt'. Wie? Stundenlanges Schattendarts, also Darts ohne Pfeile!" Ausgeklammert aus dem alltäglichen Trainingsprozess war das spielerische Moment. „Gegeneinander haben wir so gut wie nie gespielt, also 501 D.O., das durften nur die, mit denen die Trainer am Ende eines Trainings zufrieden waren. Die spielten dann ein Match ‚Best of Seven' gegeneinander. Belohnung! Die anderen machten Liegestütze!"

Die Woche hat bekanntlich jedoch nicht nur fünf, sondern sieben Tage. Oder? „Klar, am Wochenende haben wir dann Turniere gespielt!" Das sieht stark nach Leistungssport und nach wenig bis gar keinem Spaß aus. Aber es hat zum Erfolg geführt.

Man kann Marene Westermann, wie jedem anderen Menschen, vielleicht das eine oder andere vorhalten, aber eins auf gar keinen Fall, dass sie nicht erfolgreich gewesen ist. Will sagen, sie hat ein ganz besonderes

Leistungsplateau erklommen, ihr ganz spezieller USP. Sie selbst ist von sich sportlich am meisten von drei Dingen beeindruckt. Erstens: Ihre ersten Weltmeisterschaften in Lloret de Mar (Spanien) 2000. „Mein erster großer internationaler Auftritt, und ich habe von fünf Disziplinen drei für mich entscheiden können. Das werde ich nie vergessen, das ist ganz tief in mir verankert!" So ist es meist beim sportlichen ersten Mal. Zweitens? „Der Sieg beim 27. Winmau Dortmund Open 2010 und die damit verbundene Qualifikation zu den Embassy-Weltmeisterschaften. Leider habe ich dort nicht so gut abgeschnitten. Viel zu nervös beim Checken!" Und aller guten Dinge sind drei – was kommt jetzt noch? „Meine persönliche Erfolgsbilanz bei der EDU, also den Europa- und Weltmeisterschaften der Europäischen Dart Union!" In ihrer ganzen Länge und Breite!

Aus der Sicht des DSAB hat die Länge der internationalen Performance von Marene Westermann 2008 angefangen und die Breite hat sich zusehends ausgeweitet. Das Ende definitiv noch nicht absehbar. Aber jetzt schon nahezu über-, zumindest megadimensional. In der kürzesten aller Formeln liest sich das so: 48 Podiumsplätze: 21 Titel, 19-mal Runner-up und achtmal Dritte! Das ist einmalig! Hinzu kommt noch Worldcup in Las Vegas: fünfmal Winner, dreimal Runner-up.

Das Gütesiegel „The very Best" passt Marene Westermann auch beim Masters of Master-Wettbewerb wie maßgeschneidert. Fünfmal wurde ihr der Oscar des deutschen E-Dartsports überreicht. Zudem wurde sie drei weitere Male auf dem Siegertreppchen belobigt: Einmal als Zweite, zweimal als Dritte! DLMM-Titel dürfen in dieser Sammlung natürlich nicht fehlen. Tun sie auch nicht. Mit den beiden Teams Tupperparty (einmal) sowie Bull Eye Fighters (sechsmal) gewann sie siebenmal in Geiselwind. Die Titelsammlung bei der Deutschen Meisterschaft sprengt nahezu den Rahmen des „Zumutbaren". Als 28-malige nationale Titelträgerin ist sie die Allerbeste, auch genderneutral. 2006 und 2008 ging sie als Prima im 64er-Feld hervor. Die DSAB Damen-Einzelrangliste entschied sie 2007 und 2009 für sich.

Und last but not least gewann sie den Major Cup Award 2019 im Rahmen des 30-jährigen Jubiläums des DSAB und fuhr von Geiselwind mit einem nagelneuen Ford fort. Das war ihr bisher letzter Coup und hatte etwas von dem großen *Rumble in the Jungle* am 30. Oktober im Jahre 1974 zwischen Muhammad Ali und George Foreman, als Muhammad Ali nach seiner fünfjährigen Zwangspause den körperlich weitaus stärkeren und wesentlich jüngeren, voll im Futter stehenden George Forman in der achten Runde k. o. schlug. Übrigens ein ästhetisch vollendeter Niederschlag. Muhammad Alis Vorteil damals: Er war auf die Sekunde, bei all seinen Sperenzchen, voll konzentriert. Es war ein absoluter Kopfsieg. Ähnlichkeiten mit Marene Westermann am besagten vierten Tag der DM/MoM 2019 in Geiselwind am 7. November sind nicht zufällig. Inklusive Big Lips, ihren ersten Sieg in diesem Wettbewerb gegen die vermeintliche Favoritin konnte man in ganz Geiselwind akustisch wahrnehmen. Und Sperenzchen am Rande gab es gratis! Aber voll motiviert, konzentriert und fokussiert hat sich „The Big Pest-Buda Lip" nochmals als Beste einer großen Competition ausgezeichnet.

Was gibt es noch? „Ich möchte mich zukünftig für den Nachwuchs starkmachen, mit neuen Ideen, Sichtung, Recruiting und Coaching – ja, das würde mir Spaß machen. Und es hat ja auch in dieser Beziehung schon ganz gut geklappt, als das U-18-Team im letzten Jahr in Caorle Europameister geworden ist", so das schmächtige Super-Darts-Schwergewicht. Eine deutsche Dartskarriere, eine einzigartige! Im weltweiten E-Darts! Für ihr Lebenswerk Darts wurde sie bereits 2011 vom DSAB belobigt.

3.16 FRAUENPOWER

Noch ein paar Anmerkungen zur neuen Frauenpower im Darts, denn die Damen hatten es noch nie leicht im Sport, weil das Vergnügen daran dem starken Geschlecht vorbehalten war. „It's a Man's Man's Man's World", soulte schon James Brown, während Aretha Franklin klangvoll einforderte: „Respect!" Ergo kein singuläres Problem des Sports. Sondern ein weltweites und geschichtsträchtiges. Allerdings mit neuen und besten Zukunftschancen. Und nicht nur Aufgabe der Frauen. Sondern auch der Männer.

Männer sind anders, Frauen auch, so hatte der US-Amerikaner John Gray seine Betrachtungen und Erfahrungen über Mars und Venus als Symbole der Geschlechtlichkeit seines 1992 erschienenen Bestsellers betitelt. Unter diesem Motto interessiert uns ganz explizit der Aspekt: Männer erbringen sportliche Spitzenleistungen, Frauen ebenso.

Kurz zum historischen Hintergrund: Sport war und ist Männersache! Schon immer, immer noch: Antike, zwischendurch und in der Neuzeit ebenso! Seit Neustem gleichsam Women's Stuff. Auf der geschichtlichen Weltuhr der Menschheit beträgt der neueste Frauenkram lediglich ein paar Nanosekunden.

Die Männer schwimmen – wie es sich gehört – seit 1908 bei den Olympischen Spielen die längste Beckendisziplin: 1.500 m Freistil! Für die Frauen ging es erst 1968, also über ein halbes Jahrhundert später, mit 800 m Freistil los, die 1.500-Meter-Strecke ist erstmalig für 2020 vorgesehen gewesen, ergo mehr als ein Jahrhundert danach.

Die Herren dürfen seit 1896 die Marathonstrecke laufen, die weibliche Premiere ereignete sich 1984. Selbst der 800-Meter-Lauf ist für die Damen erst seit 1960 fester Bestandteil der Olympischen Leichtathletik.

Wichtig ist in diesem Zusammenhang die Tatsache, dass die feminine Historie des Leistungssports von einem viel, viel kürzeren Zeitraum beseelt ist als die der Männer. Daraus ergibt sich ein eindeutigerer Vorteil für die Schöpfer des Sports, denn die Sozialisation des Frauensports steckt immer noch in den Kinderschuhen.

Während sich lorbeerbekränzte Athleten schon im alten Griechenland höchster gesellschaftlicher Anerkennung erfreuten, als „Profis" lebten und in den höchsten gesellschaftlichen Kreisen verkehrten, kämpfen die Frauen noch gegenwärtig um Respekt, Anerkennung, Wertschätzung, Förderung, mediale Aufmerksamkeit, für entsprechende Präsentation und gegen Machogehabe.

Wir erinnern uns, 1989, also gerade einmal rund 30 Jahre her, belobigte die Altherrenriege des DFB (Deutscher Fußball-Bund) die jungen deutschen Kickerinnen für den Gewinn der Europameisterschaften mit einem Kaffeeservice. Dass wir uns nicht falsch verstehen, natürlich bekam jede eins.

Da waren die US-Tennisspielerinnen den deutschen Fußballerinnen längst in Siebenmeilenstiefeln enteilt. Billie Jean King stritt öffentlich dafür, dass Frauen die gleichen Preisgelder erhielten wie Männer, die damals rund doppelt so hoch dotiert waren. Der Tennisstar Bobby Riggs, ehemalige Nummer 1 der Weltrangliste, damals schon ein bisschen in die Jahre gekommen, forderte Billie Jean King, 20-malige Wimbledon-Siegerin (Einzel, Doppel und Mixed) heraus.

Bei *The Battle of the Sexes* am 20. September 1973 auf dem Centercourt in Houston/Texas zog er den Kürzeren (schöne Metapher!). Vor mehr als 30.000 Zuschauern musste er sich Billie Jean King in drei Sätzen 4:6, 3:6 und 3:6 beugen. Das tat vielen sehr weh, für die anderen war es ein ganz wichtiger Sieg, weniger sportlicher Natur, sondern im Kampf um Gleichberechtigung. Billie Jean King hatte mehr als eine Tennisschlacht gewonnen. Sie hatte es nicht nur dem einen Herrn, sondern allen Herren gezeigt.

Regina Halmich, die deutsche Ex-Box-Weltmeisterin im Fliegengewicht (bis 50,802 Kilogramm) musste erst dem wenig talentierten Stefan Raab, mit Tendenz Schwergewicht, die Nase plätten, um öffentliche Aufmerksamkeit zu erregen. Twice – sie verprügelte „Die Killerplauze" 2001 und sicherheitshalber nochmals 2007 total. Doppelt hält besser.

Bei aller Sportlichkeit schwillt bei solchen Kämpfen der Geschlechter der Kamm, noch mehr allerdings der Rummel drum herum. Wie viel Hallodri, wie viel Sport steckt darin? Per se ist es eine völlig unorthodoxe Fragestellung. Billie Jean King erkannte schon damals: „Es ging nicht um Sport, sondern um Gleichberechtigung!" Bei Regina Halmich drehte sich alles um die Klarstellung, „dass sich Männer nicht alles erlauben dürfen". Ihre Argumente lieferte sie schlagfertig.

Bei den Weltmeisterschaften der PDC durften bisher vier Damen ran. 2019 wirkten die Damen noch sehr deplatziert, 2020 riss die Engländerin Fallon Sherrock das Steuer herum. Wirklich? Oder war es insofern ein ungleicher Kampf, als sie als Underdog mehr oder weniger alle hinter sich wusste? She never walked alone!

Und wir wissen von zahlreichen Sportevents, dass die Unterstützung des Publikums die sportlichen Protagonisten Berge versetzen lässt. Der Hype um Fallon Sherrock sorgte dafür, dass beispielsweise der erste Sieg von Nico Kurz in der schreibenden Zunft in Deutschland kaum auszumachen war, teilweise zum Dreizeiler degradiert wurde, während Fallon Sherrock in Wort und Bild die Gazetten im wahrsten Sinne des Wortes unübersehbar schmückte. Das soll nicht ihren Erfolg schmälern, denn letztendlich konnte sich bis heute kein einziger deutscher Dartspieler besser bei der PDC-WM platzieren als Fallon Sherrock bei ihrem Debüt. Applaus, Chapeau, Glückwünsche!

Stefanie Lück, international erfolgreiche deutsche Steel- und E-Dartspielerin, die bei den Europameisterschaften und der Champions League den DSAB schon siegreich vertreten und auch ein Match gegen Fallon Sherrock in ihrer Laufbahn bestritten hat, das sie 2:4 verlor, zeigt sich von der WM-Performance der Engländerin total begeistert: „Das ist sehr, sehr beeindruckend gewesen, dass sie bis in Runde drei vorrücken und gleich zwei Männer besiegen konnte." Mit dem Österreicher Mensur Suljovic sogar einen absoluten Weltklassespieler, der schon 2017 die Champions League of Darts für sich entscheiden, dabei Raymond van Barneveld im Halbfinale und Gary Anderson im Endspiel bezwingen konnte und beim Match gegen Fallon Sherrock Elfter der PDC-Weltrangliste war. „Alle Achtung – das ist für alle Spielerinnen ein großartiger Erfolg, der beweist, dass wir Frauen durchaus Darts spielen und mit hohem Druck umgehen können!", so Stefanie „Lucky" Lück.

Als Vertreter der männlichen Gilde merkte Sladan Nedic indes an: „Ohne Frage toll gespielt, und wir müssen Fallon Sherrock viel Beifall spenden. Das ist die eine Seite der Medaille. Die andere ist von Ted Evetts geprägt, der in die Geschichte eingehen wird, dass er als erster Mann bei einer PDC-WM gegen eine Frau verloren hat. Mit Sicherheit keine leichte Bürde!"

Natürlich kann man Vergleiche zwischen den absoluten Leistungskennziffern der beiden Geschlechter ziehen. Aber warum? Schon in der Mathematik haben wir alle in der Schule gelernt, Äpfel nicht mit Birnen zu vergleichen. Die drei konditionellen Grundeigenschaften und -fähigkeiten – Ausdauer, Kraft, Schnelligkeit – fallen beim Geschlechtervergleich eindeutig zugunsten der Herren aus.

Beispiele: Der aktuelle Weltrekord im 100-Meter-Freistilschwimmen der Damen, der von der Schwedin Sarah Sjöström gehalten wird, steht bei 51,17 Sekunden. Der bis dato schnellste Mann, César Cielo Filho aus Brasilien, benötigte 46,91 Sekunden. Die Differenz beträgt 4,26 Sekunden, das sind rund neun Meter Abstand. Da liegen Welten dazwischen. Sarah Sjöström wäre als Weltrekordlerin in der deutschen Bestenliste der Herren des Jahres 2019 erst auf Rang 31 aufgetaucht.

Der Kenianer Eliud Kipchoge benötigte als allerbester Läufer für die Marathonstrecke von 42,195 Kilometern 2:01,39 Stunden, seine Landsmännin Birgid Korgel als schnellste Frau 2:14,04 Stunden. Sie käme somit 12,25 Minuten später ins Ziel, in Prozenten ausgedrückt sind das 10,21.

Im 100-Meter-Sprint in der Leichtathletik hält einmal Usian Bolt (Jamaika) mit 9,58, das andere Mal Florence Griffith-Joyner (USA) mit 10,49 Sekunden den Weltrekord, entspricht einem Unterschied von 9,5 Prozent. Ob Schnelligkeit oder Ausdauer, der Mann hängt die Frau ab.

Angesichts der kurzen historischen Spanne des weiblichen Sports sind Leistungsunterschiede, die bei rund 10 Prozent liegen, nur eins: Imponierend! Weil das weibliche Geschlecht bezüglich Ausdauer und Schnelligkeit dem männlichen nicht nur aufgrund sozialhistorischer Aspekte unterlegen ist, sondern zudem aus anatomischen, insbesondere speziell auch aus biochemischen Gründen. Männer sind durchschnittlich nicht nur größer und schwerer, sondern haben auch einen höheren Testosteronspiegel. Herz und Lunge sind bei Frauen kleiner, daraus resultiert weniger Hämoglobin, das für die Menge des Sauerstofftransports verantwortlich zeichnet. Einerseits. Andererseits: Höhere Herzfrequenz, geringeres Schlagvolumen, außerdem liegt der Fettanteil bei Frauen durchschnittlich höher, im Gegensatz verfügen die Männer über eine größere Muskelmasse. Frauen haben mehr Östrogen. Dies ist nur eine Kurz-Kurz-Abhandlung.

Bei der Komponente Kraft machen sich noch wesentlich größere Unterschiede bemerkbar. Beispiel Weltrekorde im Kugelstoßen: Herren 23,12 Meter, Frauen 22,63. Bei den Herren aufgestellt von Randy Barnes (USA), bei den Damen von Natalja Lissowskaja (UdSSR). Der Unterschied beträgt zwar lediglich 49 Zentimeter, also differiert nur um 2,12 Prozent. Allerdings darf man nicht nur keine Äpfel und Birnen miteinander vergleichen, sondern auch nicht vorbehaltlos Kugeln. Denn die Männer stoßen 7,257 kg schwere Kugeln, während die Damen-Kugeln 4 kg auf die Waage bringen.

Nebenbei: Die beiden Weltrekorde entstammen dem Jahre 1990 respektive 1987. Was sagt uns das? Doping in der Hausse!

Noch gravierender fallen die Unterschiede im Gewichtheben auf. 266,0 Kilogramm hat der Gewichtheber Leanid Taranenka (Belarus) bereits 1988 in der höchsten Gewichtsklasse gestoßen, die Chinesin Li Yajuan schaffte bei den Frauen dagegen 150,0. Die Differenz zwischen der stärksten Frau und dem stärksten Mann entpuppt sich mit gewichtigen 116 kg als kolossal – das entspricht einem Plus von 73,33 Prozent.

Unter den Olympischen Sportarten gibt es mit Reiten nur eine einzige, in der Frauen und Männer gemeinsam antreten. Die Deutsche Isabell Werth hat sechs Gold- sowie vier Silbermedaillen gewonnen und ist genderneutral sowie unter Berücksichtigung aller Reitdisziplinen, also neben Dressur noch Springreiten und Vielseitigkeit, die erfolgreichste Reiterin überhaupt. Im Springreiten und in der Vielseitigkeit ist jedoch unter den Tops keine Amazone mehr zu finden.

Selbst im Schießen, wie Darts eine Präzisionssportart, gliedern sich die Wettbewerbe in Frauen- und Männer-Disziplinen. Sinnvoll? Ja, denn prinzipiell kann sich die Menstruation auf die Tagesform von Sportlerinnen stark auswirken. Dafür gibt es keine Formel, sondern sie ist individuell ganz unterschiedlich ausgeprägt. Verursachen „die Tage" Schmerzen, dann wirken sich diese in Bezug auf positive Einstellung, absoluter Siegeswille, Kampfbereitschaft oder Konzentrationsfähigkeit aus.

Das kann marginal sein, reicht im Hochleistungssport jedoch aus, um mit der Konkurrenz nicht mithalten zu können. Nicht nur in Ausdauersportarten, sondern auch dort, wo die Konzentrationsfähigkeit und die Feinmotorik eine ganz entscheidende Rolle spielen.

Bei den letzten Olympischen Spielen in Rio de Janeiro (Brasilien) nahm die chinesische Weltklasseschwimmerin Fu Yuanhui in diesem Zusammenhang kein Blatt vor den Mund und teilte via TV der Welt mit, dass sie ihre Tage bekommen habe und sich müde fühle! Da schwang nicht nur Frust um die verpasste Medaille mit, sondern enthielt zudem viel gepfefferte Kritik in Richtung des verantwortlichen Trainerstabes.

Ein solcher „Fauxpas" darf im Hochleistungssport einfach nicht passieren. Steuerung ist hier kein Hexenwerk! Viele Hochleistungssportlerinnen bekommen allerdings ihre Regel nur unregelmäßig oder so gut wie gar nicht. Und schon wird es schwieriger, das zu regeln.

Ganz unabhängig davon ist der weibliche Zyklus nicht nur von diesen besagten Tagen bestimmt, sondern ein immerwährender Kreislauf zwischen Menarche und Menopause, der für hormonelle Schwankungen sorgt und sich damit in puncto Leistungsfähigkeit manifest auswirken kann.

Nochmals zurück in den *Ally Pally* – im Fokus keine andere als Fallon Sherrock. Ihre drei Matches endeten 3:2, 3:1 und 2:4. Sie spielte Averages von 91,60:91,33 sodann 90,33:92,31 und schließlich 90,45:101,09. Die Unterschiede in den ersten beiden Begegnungen sind marginal (+0,27 sowie -1,98), im verlorenen Match hinkte sie dagegen mit -10,64 signifikant hinterher.

Die Checkoutquoten beliefen sich auf 40,74:34,48 im ersten, 54,55:33,33 im zweiten und 52,94:35,00 im dritten Match. In der

Checkoutquote zeigte sie sich sogar in allen Spielen den Männern überlegen +6,25, +21,00 beziehungsweise +17,94. In der Anzahl der 180er-Scores sahen die Relationen so aus: 6:4, 4:4 und 8:11. Alles in allem bewies sich Fallon Sherrock als konkurrenzfähig, nur gegen den als Nummer 22 gesetzten Chris Dobey lag sie bezüglich zweier Parameter zurück und schied in der Folge auch aus.

Wenn man sich noch einmal auf den Average fokussieren will und dazu den Durchschnitt der drei deutschen Vertreter in ihren insgesamt sechs Matches ermittelt, ergibt dies einen Wert von 93,21, den in Relation mit dem von Fallon Sherrock von 90,79 gesetzt, entspricht das einer Differenz von 2,24 – in Prozenten ausgedrückt, hat die deutsche Crew einen höheren Average von 2,56 erzielt als Fallon Sherrock.

Da ist kein wirklicher Klassenunterschied auszumachen, während der Average im Finale zwischen Peter Wright und Michael van Gerwen deutlich höher ausfiel: 103,22 für den neuen Weltmeister sowie 102,88 für den Runner-up, und das Mittel beider beläuft sich auf 103,05. Da liegt die Differenz im Vergleich zu Fallon Sherrock bei 12,26 und zum deutschen Trio bei 9,84. Das ist ohne Frage ein Klassenunterschied.

Zur absoluten Spitze reicht es für Fallon Sherrock nicht, Gleiches gilt für die deutschen Männer. Das führt die schnell medial dahingetrickste These, dass Frauen bei den Männern mithalten können, ad absurdum. Auf jeden Fall ist sie zu viel des Guten. Eine Schwalbe macht noch keinen Sommer, und eine Fallon Sherrock stellt den Dartsport nicht einfach auf den Kopf.

Aber noch einmal: Der Vergleich als solcher ist nicht zielführend, außer, er hilft den Frauen auf dem Weg zur sportlichen Gleichberechtigung, was nicht inkludiert, dass Damen und Herren gegeneinander um Siege, Platzierung und Preisgelder kämpfen sollen.

Tatsache ist auch, dass wesentlich mehr Männer als Frauen Sport treiben. Ein Verhältnis von 30:70 ist schon grenzwertig hoch, was die Frauenpower angeht. Rund zehn Prozent und teilweise noch weniger sind eher das Normalmaß.

„Bei unseren Turnieren können wir mit dem Frauenanteil sehr zufrieden sein, der sich im Durchschnitt um 20 Prozent bewegt, manchmal sogar an die 30-Prozent-Marke herankommt. Ein konkretes Beispiel: Am ersten Tag der Deutschen Meisterschaften werden drei vergleichbare Einzeldisziplinen bestritten: Deutschland-Cup Damen 301 M.O. auf der einen sowie Deutschland-Cup Amateure 301 M.O. und Deutschland-Cup Masters 501 D.O. auf der anderen Seite. Summa summarum ergab das bei den letzten Deutschen Meisterschaften 1.004 Akteure, davon sind 213 Frauen und 791 Männern gewesen, was einem Frauenanteil von exakt 21,22 Prozent entspricht!", berichtet Stefan Reichert als 1. Vorsitzender des DSAB und Turnierleiter der DM. „Im Vergleich zu zahlreichen anderen Sportarten ist das viel!"

Zusammengefasst besagt das, dass Frauen gerne Darts spielen, dass Frauen in ihrer Sozialisation im Dartsport Zugewinne verzeichnen, dass Frauen mit genauso viel Respekt für ihre Leistungen belohnt werden müssen wie Männer, dass der direkte sportliche Vergleich zwischen Frauen und Männer nicht immer sinnvoll ist, denn Männer sind anders. Frauen auch!

Der mediale Push von Fallon Sherrock muss auch unter Marketingaspekten bewertet werden, denn die WM 2020 war eher arm an wirklichen Highlights: Da kam neben dem Sieg von Peter Wright im Vorfeld eine Fallon Sherrock gerade recht. Deswegen wurde sie von den Veranstaltern gnadenlos gehypt. Für alle deutschen Fans ist die tolle Performance von Nico Kurz ein Höhepunkt gewesen. Aber auch er kam selbst in seinem Vaterland nicht gegen die Lady aus dem Mutterland des Dartsports an.

3.17 GERMAN POWER

Die PDC-WM aus deutscher Sicht: Bisher haben bei den PDC-Weltmeisterschaften 14 deutsche Herren teilgenommen. In alphabetischer Reihenfolge sind dies: Jyhan Artut, Gabriel Clemens, René Eidams, Max Hopp, Dragutin Horvat, Nico Kurz, Robert Marijanovic, Kevin Münch,

Bernd Roith, Michael Rosenauer, Martin Schindler, Thomas Seyler, Sascha Stein und Andree Welge.

Die bisher beste Platzierung war das Erreichen der dritten Runde. Dies gelang bis heute lediglich sowohl Max Hopp als auch Nico Kurz. Erstgenannter scheiterte dabei 2019 an Michael van Gerwen (Niederlande) sowie 2020 an Darius Labanauskas (Litauen), Letztgenannter 2020 an Luke Humphries (England). In die zweite Runde vermochten Jyhan Artut 2010 gegen Robert Thornten (Schottland), Gabriel Clemens 2019 gegen John Henderson (Schottland), Max Hopp 2015 gegen Vincent van der Voort (Niederlande) und 2019 gegen Kim Huybrechts (Belgien), Kevin Münch 2012 gegen Steve Farmer (England) und 2018 gegen Adrian Lewis (England), Tomas Seyler 2006 gegen Roland Scholten (Niederlanden) vorzustoßen.

Nicht weniger als siebenmal und damit öfter als jeder andere deutsche Spieler war Max Hopp (2013-2017, 2019 und 2020) mit von der Partie, fünfmal indes Andree Welge (2006, 2010, 2011, 2013 und 2014) sowie Jyhan Artut (2010-2012, 2015 und 2016), viermal Tomas Seyler (2006, 2007, 2010 und 2014) und dreimal Robert Marijanovic (2013, 2015 und 2019).

★ 4 ★

DARTS-TURNIERE

4.1 DIE TURNIERE DER PROFESSIONAL DARTS CORPORATION

Bei der Professional Darts Corporation wird grundsätzlich zwischen den sogenannten *Major-Turnieren* und den Wettbewerben der Professional Tour, kurz *Pro Tour*, unterschieden. Zurzeit gibt es insgesamt zwölf Major-Turniere. Diese werden in der Regel im Fernsehen übertragen und finden vor Publikum statt. Des Weiteren ist das Preisgeld bei diesen Events signifikant höher als bei den anderen Turnieren.

Nicht alle Major-Turniere werden aber in der *Order of Merit* berücksichtigt. Die Premier League Darts, der World Cup of Darts, The Masters, die Champions League of Darts und das Finale der World Series of Darts sind Einladungsturniere. Damit Spielern, die nicht daran teilnehmen, kein Nachteil daraus erwächst, zählen die eingesammelten Preisgelder der genannten Turniere nicht für die Rangliste.

Zu den Turnieren der Pro Tour gehören die 30 Players Championship-Events sowie die 13 Turniere im Rahmen der European Tour. Daneben gibt es innerhalb der PDC noch die Turnierserien der *Challenge Tour* und der *Development Tour*.

An der *Challenge Tour* nehmen die Spieler teil, die sich zu Beginn des Jahres keine Tour-Card sichern konnten. Die *Development Tour* bietet Platz für Spieler zwischen 16 und 23 Jahre, die in der großen *Order of Merit* der PDC nicht unter den Top 32 stehen. Bei beiden Turnierserien gibt es eigene Ranglisten, wobei die besten Akteure mit Tour-Cards für die folgenden zwei Jahre belohnt werden.

Zudem tragen die besten Spieler der Development Tour zusammen mit einigen Qualifikanten die Junioren-Weltmeisterschaft der PDC aus. Diese Serie dient als Talentschmiede der PDC. Junge Spieler sollen hier erste Erfahrungen sammeln, um den Sprung in den Profibereich so klein wie möglich zu halten.

Unter dem Dach der PDC gibt es noch weitere Verbände, die ihre eigenen Turnierserien veranstalten. So existiert in Nordeuropa die PDC Nordic and Baltic (PDCNB), Nordamerika hat den Championship Darts Circuit (CDC), in Asien wird die PDC Asian Tour gespielt und die Darts Players Australia (DPA) hat ihre Heimat, wie es der Name schon sagt, in Australien.

Auch über diese Wege ist es für ansässige Spieler möglich, sich für Major-Turniere der PDC, in erster Linie die Weltmeisterschaft, zu qualifizieren, ohne große Reisen auf sich nehmen zu müssen.

4.1.1 World Darts Championship

Sie ist das mit Abstand größte Event im Dartsport: die Weltmeisterschaft. Unter der Schirmherrschaft der PDC wird sie seit 1994 ausgetragen. Sie beginnt jedes Jahr im Dezember und zieht sich über Weihnachten und den Jahreswechsel, sodass an einem der ersten Januartage der Weltmeister feststeht.

Dies wurde zu Beginn so festgelegt, um vor dem großen Rivalen, der British Darts Organisation (BDO), einen Weltmeister zu küren. Die Weltmeisterschaft beginnt dort erst im Januar. Was aus Konkurrenzdenken entstand, wurde schnell zu einer nicht mehr wegzudenkenden Tradition. So verbinden viele Fans mit der Weihnachtszeit auch automatisch die Darts-WM.

Von 1994 bis 2007 wurde die Weltmeisterschaft der PDC in der *Circus Tavern* in Purfleet, in Großbritannien ausgetragen. Die Zeit dort endete mit dem vermeintlich besten Match aller Zeiten, dem Finale zwischen Phil Taylor und Raymond van Barneveld. Der Niederländer war erst zu Beginn des Jahres von der BDO zur PDC gewechselt, und beide Protagonisten galten zuvor als Aushängeschilder ihres Verbandes.

Seit 2008 findet die PDC-WM im *Alexandra Palace* in London statt. Dieser hat eine größere Kapazität und erlaubt somit noch mehr Zuschauern den Besuch der Spiele. Der erste Weltmeister dort war der Kanadier John Part, der sich gegen das sogenannte *One-Hit-Wonder*, den Qualifikanten Kirk Shepherd, durchsetzte. Rekordweltmeister ist Phil Taylor mit insgesamt 14 Titeln. Seinen letzten WM-Triumph feierte er im Jahr 2013.

„The Power" war damit der erste Spieler, der die sogenannte *Sid-Waddell-Trophy* gewann. Der Pokal wurde ab dieser Auflage nach dem englischen Kommentator benannt, der auf der Insel als Legende gefeiert wird. Er verstarb im August 2012 und galt als Freund von Phil Taylor.

Seit der Weltmeisterschaft 2019 nehmen insgesamt 96 Spieler an diesem Turnier teil. Die besten 32 Spieler der *Order of Merit* sind automatisch für die zweite Runde gesetzt. Die besten 32 Akteure der Pro Tour-Rangliste, die nicht zu den besten 32 Spielern der Welt gehören, nehmen an der ersten Runde teil. Hinzu kommen 32 Qualifikanten, die sich die Teilnahmeberechtigung über Turniere auf dem gesamten Erdball erspielt haben. Seit 2019 sind darunter auch zwei Damen. Gespielt wird im Satzmodus.

4.1.2 World Matchplay

Neben der Weltmeisterschaft ist das World Matchplay das älteste und wichtigste Turnier der PDC. Seit jeher wird es im *Empress Ballroom* des *Winter Gardens* von Blackpool ausgetragen. 2020 war dies aufgrund der Sars-CoV-2-Pandemie nicht möglich. Das World Matchplay musste ohne Zuschauer inszeniert werden, und die Professional Darts Corporation entschied deshalb einmalig, in die *Marshall Arena* von Milton Keynes zu wechseln.

Für das World Matchplay sind die 16 besten Spieler der *Order of Merit* gesetzt. Ihnen werden die 16 besten, noch nicht qualifizierten Spieler der *Pro Tour Order of Merit*, entgegengestellt.

Gespielt wird hier im Legmodus, eine Besonderheit stellt aber die sogenannte *Two-Clear-Leg-Regel* dar. Die Spieler müssen also nach der rundenabhängigen Distanz mindestens zwei Legs Vorsprung haben. Ist dies nicht der Fall, geht es in eine Verlängerung, bis nach maximal vier weiteren Legs ein Entscheidungsleg gespielt wird.

Die erste Auflage dieses Events gewann der Amerikaner Larry Butler durch einen Sieg über Dennis Priestley. Dieser stand bei den ersten drei Auflagen immer im Finale, konnte den Titel jedoch niemals erringen. Auch diesem Turnier drückte vor allem Phil Taylor seinen Stempel auf. Er ist mit 16 Titeln der Rekordsieger dieses Events.

Im Jahr 2002 warf er im Viertelfinale gegen Chris Mason zudem den ersten 9-Darter, der live im britischen Fernsehen übertragen wurde. Nach seinem letzten Titelgewinn im Jahr 2017 wurde der Pokal nach Phil Taylor benannt.

2020 gewann der vor Turnierstart mit 1:101 gehandelte Außenseiter Dimitri Van den Bergh nach seinem finalen 18:10 Erfolg über den Schotten Gary Anderson dieses renommierte Dartsmeeting. Für den Winner waren 150.000 Pfund Sterling ausgelobt, die den Belgier und ehemaligen Junioren-Weltmeister von 2017 und 2018 auf Rang zwölf der Weltrangliste katapultiert haben. Dimitri Van den Bergh scorte im Endspiel 80-mal dreistellig, dokumentierte einen Average von 98,31 und eine Checkoutquote von 45,0 Prozent.

4.1.3 World Grand Prix

Im Jahr 1998 entschied sich die PDC, ein drittes Major-Turnier ins Leben zu rufen. Es entstand der World Grand Prix. Auch bei diesem Event hat sich der Veranstalter etwas Besonderes einfallen lassen: Beim World Grand Prix heißt der Modus: Double In/Double Out! Das bedeutet, die Legs müssen mit einem Treffer im Doppelfeld eröffnet werden. Erst jetzt, inklusive dieses Treffers im Double, werden die Punkte gezählt.

Beendet wird das Leg, wie gehabt, durch einen Wurf in das entsprechende Doppel. Der World Grand Prix ist neben der WM das einzige Major-Turnier der PDC, das im Satzmodus gespielt wird.

Zunächst wurde der Wettbewerb im englischen Rochester ausgetragen. Nach zwei Jahren entschied man sich aber, das Event nach Irland zu verlegen. Nach einem Jahr in Rosslare findet der World Grand Prix seit 2001 im *Citywest Hotel* in Dublin statt. Im Jahr 2011 war dies auch der Ort, an dem Geschichte geschrieben wurde.

Aufgrund des schwierigen Modus kommt es nur selten vor, dass einem Spieler das perfekte Spiel glückt. Brendan Dolan aus Nordirland gelang es in seinem Halbfinale gegen James Wade. Es war für ihn ein entscheidender Punkt in seiner Karriere. Nachdem er vorher eher ein Spieler war, der gerne mal übersehen wurde, hatte er fortan den Spitznamen „History Maker" und konnte in den Folgejahren einige gute Resultate einfahren.

Ein weiterer großer Moment trug sich 2014 zu, als James Wade und Robert Thornton im Duell gegeneinander je ein 9-Darter gelang. Es war das erste Mal, dass beide Teilnehmer eines Matches das perfekte Spiel zeigten.

Für den World Grand Prix qualifizieren sich, wie auch beim World Matchplay, die Top 16 der *Order of Merit* sowie die noch nicht qualifizierten 16 besten Spieler auf der Pro Tour. Allerdings sind hier nur die besten acht Akteure der Welt gesetzt. Phil Taylor ist auch hier mit elf Turniersiegen der Rekordhalter. 2020 war die PDC aufgrund der Sars-CoV-2-Pandemie gezwungen, den World Grand Prix ohne Zuschauer abzuhalten und wechselte deshalb einmalig nach Coventry.

4.1.4 UK Open

Das teilnehmerstärkste Turnier der PDC wurde im Jahr 2003 ins Leben gerufen. Die große Besonderheit bei den UK Open: Es wird ohne Setzliste durchgeführt. Qualifiziert sind die 128 Inhaber der Tour-Card sowie 16 Qualifikanten und die Top 16 der Challenge Tour. Je nach Platzierung greifen die Spieler erst im Verlauf des Turniers ein.

Die besten 32 der Welt starten demnach erst in Runde vier. Doch schon dort kann es so zu einem Duell zwischen der Nummer eins und zwei der Welt kommen, da ohne Setzliste gelost wird. So entstanden immer wieder Konstellationen, bei denen sich etablierte Spieler frühzeitig aus dem Turnier verabschieden mussten und eher unbekannte weit kamen.

Zunächst waren die UK Open in Bolton zu Hause. Im *Reebok Stadium* wurden die ersten elf Auflagen gespielt. Im Jahr 2014 erfolgte dann aber der Umzug ins *Butlins Minehead Ressort*. Aufgrund der großen Teilnehmeranzahl fliegen die Pfeile zeitgleich auf bis zu acht Boards. Der Rekordsieger mit fünf Triumphen heißt auch hier Phil Taylor.

4.1.5 Premier League Darts

Die Premier League ist eine der prestigeträchtigsten Veranstaltungen der PDC. Die vermeintlich besten Player nehmen teil und treffen sich im Wochenrhythmus jeden Donnerstag an einem anderen Ort. Die Wettkämpfe werden in Arenen in Großbritannien, Irland, den Niederlanden und seit 2018 auch in Deutschland ausgetragen. Zu den Spieltagen kommen bis zu 12.000 Zuschauer.

Angefangen hatte die Premier League im Jahr 2005 mit sieben Aktiven. Damals wurde noch alle zwei Wochen gespielt. Inzwischen nehmen zehn Protagonisten an dieser Veranstaltung teil. Die besten vier Wettkämpfer der Welt sind gesetzt. Die restlichen sechs werden durch sogenannte *Wildcards* nach Absprache zwischen der PDC und dem britischen Pay-TV-Sender *Sky* hinzugefügt.

Die Teilnehmer werden traditionell im Anschluss an das WM-Finale bekannt gegeben. Ein außergewöhnliches Merkmal besteht darin, dass bei der Premier League auch Unentschieden möglich sind. Die Premier League dauert von Februar bis Mai.

Nach der Aufstockung auf zehn Sportler wurde eine sogenannte *Judgement Night* ins Leben gerufen. Nach neun Spieltagen, nachdem also jeder der Teilnehmer einmal auf jeden getroffen ist, scheiden die beiden Letztplatzierten aus. Bei der Auflage von 2019 musste Gary Anderson kurzfristig seine Teilnahme wegen Rückenproblemen absagen. Hierfür wurden für die entsprechenden ersten neun Spieltage sogenannte *Contender*, englisch für Herausforderer, berufen, die ins Spielgeschehen eingriffen. Diese sollten einen Bezug zum Land des jeweiligen Austragungsortes besitzen. Punkte zählten in den Duellen nur für die festen Teilnehmer, die *Contender* erhielten für Unentschieden oder Siege eine Geldprämie. Nach dem großen Erfolg dieser Lösung wurde sie beibehalten. Die *Contender* wurden in *Challenger* umbenannt, und nach der *Judgement Night* schied lediglich ein regulärer Spieler aus dem Wettbewerb aus.

Phil Taylor war in den ersten Jahren der Premier League unbesiegbar. Erst im vierten Jahr konnte er erstmals bezwungen werden. Direkt am ersten Spieltag der Saison 2008 kassierte er eine knappe 6:8-Niederlage gegen den damaligen Premier League-Newcomer James Wade.

4.1.6 Grand Slam of Darts

Seit 2007 gibt es unter dem Fähnlein der PDC den Grand Slam of Darts. Er war ein eindeutiges Zeichen dafür, dass sich die konkurrierenden Verbände der PDC und der BDO wieder annäherten, denn es ist das einzige Turnier, an dem Spieler beider Verbände teilnehmen. Der Großteil der Akteure wird allerdings von der PDC gestellt. Von den 32 Teilnehmern treten 24 aus der PDC, acht aus der BDO, an.

Gespielt wird zunächst in acht Gruppen mit je vier Aktiven. Die beiden Gruppenbesten erreichen die K.-o.-Runde. Weisen zwei Spieler die gleiche Punkteanzahl und Legdifferenz auf, dann wird zwischen diesen ein *Nine Dart Shootout* ausgetragen. Beide Spieler werfen neun Darts auf das Board, der mit der höheren Gesamtpunktzahl kommt in die nächste Runde.

Von der ersten Auflage an wurde der Grand Slam of Darts in der *Civic Hall* in Wolverhampton ausgetragen. Mit Scott Waites konnte erst ein Spieler der BDO das Turnier gewinnen. Scott Waites erreichte das Endspiel gleich zweimal in Folge. Rekordsieger des Grand Slam ist mit sechs Titeln allerdings Phil Taylor.

Eine weitere Spezialität des Grand Slam of Darts ist die Einladung von jungen Spielern. So erhalten die Finalisten der Junioren-WM der PDC einen Startplatz. Die weiteren Teilnehmer setzen sich aus den Siegern von PDC-Major- und European Tour-Events, acht Qualifikanten sowie den BDO-Major-Siegern und ranglistenstärksten Spielern zusammen.

Die Top Eight der PDC-Weltrangliste sind dabei als Gruppenköpfe gesetzt, die acht Akteure der BDO werden als vierte Teilnehmer einer jeden Gruppe gesetzt, sodass sie nicht vor der K.-o.-Runde aufeinandertreffen. 2020 wurden aufgrund der Sars-CoV-2-Pandemie nur wenige BDO-Turniere ausgetragen, sodass sich der Veranstalter entschied, lediglich die beiden BDO-Weltmeister einzuladen. Die übrigen 30 Teilnehmer stammten aus der PDC.

4.1.7 European Darts Championship

Die European Darts Championship oder auch Europameisterschaft ist keine klassische EM, wie man sie aus anderen Sportarten wie beispielsweise dem Fußball kennt. Teilnehmen können auch Spieler, die nicht in Europa geboren sind. Grundlage für den Namen ist die European Tour. Die gewonnenen Preisgelder dieser Turnierserie fließen in eine eigene Rangliste.

Die besten 32 Wettbewerber dieser Rangliste qualifizieren sich für das Finalturnier. Die Matches werden hierbei nicht ausgelost. Es gibt einen festen Turnierbaum, in dem der Erstplatzierte auf den 32. der zugehörigen *Order of Merit* trifft. Platz zwei bekommt es mit Platz 31 zu tun und so weiter.

Das Turnier wurde im Jahr 2008 in Frankfurt/Main aus der Taufe gehoben. Der Austragungsort wechselte dann mehrere Male. Mit drei Auflagen wurde es am häufigsten in Mülheim an der Ruhr sowie Hasselt in Belgien ausgetragen. Neben Deutschland und Belgien waren auch die Niederlande schon Ausrichter der Europameisterschaft.

Bei der Auflage von 2018 fiel Max Hopp besonders auf. Er war der erste Deutsche, der sich bei einem Major-Event der PDC bis in ein Halbfinale vorkämpfen konnte. Er hatte gegen den späteren Sieger James Wade sogar Matchdarts auf der Hand, konnte diese aber nicht verwandeln.

4.1.8 Players Championship Finals

2009 wurde auch ein Finalwettbewerb für die Players Championship-Turniere realisiert. Zunächst traten dort die 32 besten Spieler der eigens für diese Serie angelegten Rangliste gegeneinander an. 2016 wurde die Teilnehmerliste auf die besten 64 erweitert.

Zu Beginn wurde das Turnier auf den Anfang des Jahres datiert. Die ersten beiden Auflagen fanden noch in der *Circus Tavern* statt, ehe 2011 in den *Doncaster Dome* gewechselt wurde. In dem Jahr wurde dann auch entschieden, das Turnier vorzuverlegen, sodass es 2011 ein zweites Mal zu diesem Wettbewerb kam, erneut im *Doncaster Dome*.

Seitdem gelten die Players Championsip Finals als Generalprobe für die Weltmeisterschaft, da es das letzte Turnier vor dem größten Event des Jahres ist. 2012 wechselte die PDC dann erneut den Austragungsort und zog nach Minehead um.

Gespielt wird bei den Players Championship Finals im Legmodus. Immer wieder kam es bei diesem Turnier zu Überraschungen. So erreichten Spieler wie Kim Huybrechts, Mark Webster und Jonny Clayton ihr bislang einziges Major-Finale. Kevin Painter und Paul Nicholson holten hierbei sogar ihren einzigen großen Sieg.

4.1.9 World Cup of Darts

Im Jahr 2009 unterbreitete PDC-Präsident Barry Hearn der BDO ein Übernahmeangebot in Höhe von zwei Millionen Pfund. Ziel war es, nach Aussage des Sportpromoters, den Dartsport zu vereinen und in diesem Zuge den Nachwuchs besser zu fördern. Die BDO lehnte indes ab. Die PDC sattelte so im Gegenzug ihren Turnierzirkus mit drei zusätzlichen Veranstaltungen auf.

Neben der PDC Women's World Championship und der Junioren-WM entstand auch der World Cup of Darts. Dieses Event ist das einzige PDC-Turnier, bei dem die Spieler in Teams antreten. Jede Nation wird von zwei Spielern vertreten, Grundlage ist die Platzierung in der *Order of Merit*. Insgesamt nehmen 32 Länder teil.

Die Premiere gab es 2010. Ausgetragen wurde sie in Houghton-Le-Spring, im Norden Englands. Bei der Auftaktveranstaltung setzte sich die Mannschaft der Niederlande gegen England durch. Nach einem Jahr Pause wird der World Cup seit 2012 jährlich in Deutschland ausgetragen. 2020 wechselte der Veranstalter aufgrund der Sars-CoV-2-Pandemie kurzfristig nach Graz/Premstätten, Österreich.

Der World Cup gilt auch als Bühne für Amateurspieler, die sich vor großem Publikum präsentieren können. Nach einem Duell im Doppel geht es mit Einzelmatches weiter, und nur bei Gleichstand wird ein Doppel zur Entscheidung herangezogen. Die Preisgelder werden auf die beiden Teilnehmer der jeweiligen Nation aufgeteilt.

4.1.10 The Masters

Das Masters ist ein Einladungsturnier und wurde im Jahr 2013 kreiert. Die Auflagen eins und zwei wurden Ende des Jahres in Edinburgh (Schottland) ausgetragen, ehe 2015 der Umzug nach Milton Keynes folgte. Damit wurde das Turnier auch auf den Beginn des Jahres verlegt, sodass es sich als erstes PDC-Major-Event des Jahres präsentiert. Die besten 16 Spieler der *Order of Merit* empfehlen sich für dieses Turnier. Sie werden je nach Ranglistenposition gesetzt.

Nach einer Weltmeisterschaft ist der Januar für die Topspieler eher ruhig. Die erste Standortbestimmung findet damit bei diesem Major-Event statt. Hier holen sich die Spieler Selbstvertrauen für das anstehende Dartsjahr. Gespielt wird beim Masters im Legmodus.

4.1.11 World Series Finals

Die World Series of Darts-Turniere haben den Zweck, den Dartsport weltweit populärer zu machen. Den Auftakt machten im Jahr 2013 die Dubai Masters. Zu den World Series of Darts-Events werden acht der besten Spieler der Welt eingeladen. Zudem qualifizieren sich acht aus der Region des jeweiligen Wettbewerbs und treffen dann auf die Profis.

Nach Dubai wurde vor allem der Raum um Singapur, Australien und Neuseeland erschlossen. Über die Jahre kamen Turniere in Japan, China, den USA und Deutschland hinzu. 2018 wurde in der *Veltins-Arena* auf Schalke mit 20.210 Zuschauern nach Angaben des Veranstalters ein neuer Zuschauerweltrekord aufgestellt.

Seit 2015 gibt es neben diesen Turnieren mit den World Series Finals auch ein Endturnier. Nach drei Jahren in Glasgow (Schottland) wurde es 2018 in Österreich und 2019 in den Niederlanden ausgetragen. Am Endturnier nehmen insgesamt 24 Spieler teil. Die Top Eight der eigenen *World Series of Darts Order of Merit* sind hierbei für die zweite Runde gesetzt. Die Top Four der *PDC Order of Merit*, die noch nicht qualifiziert sind, vier Qualifikanten und acht eingeladene Spieler duellieren sich in der ersten Runde im Legmodus.

Bei den Auckland Masters im Jahr 2017 gelang es mit dem späteren Winner Kyle Anderson und Corey Cadby zwei ungesetzten Spielern, ins Finale einzuziehen. Beide hatten aber zuvor schon ausreichend Erfahrungen in der PDC gesammelt, waren bereits Teilnehmer bei Weltmeisterschaften gewesen. Der erste Erfolg eines krassen Außenseiters gelang im Jahr 2019 dem Australier Damon Heta. Er konnte sich den Sieg bei den Brisbane Masters sichern.

4.1.12 Champions League of Darts

Das jüngste Major-Event in der PDC ist zugleich das kleinste. 2016 wurde die Champions League of Darts gestartet. Lediglich acht Spieler nehmen teil. Seit der zweiten Auflage ist der Titelverteidiger gesetzt, hinzu kommen die sieben bestplatzierten Akteure der *Order of Merit*.

Ihr markantes Charakteristikum besteht darin, dass es ein Zuschauerpreisgeld gibt. Sollte einem Spieler im Turnierverlauf ein 9-Darter, also das perfekte Spiel, gelingen, wird durch den Sponsor unter dem Publikum ein Preisgeld in Höhe von 100.000 britschen Pfund aufgeteilt.

Gespielt wird die Champions League über zwei Tage. Zunächst werden die Spieler je nach Platzierung in zwei Vierergruppen aufgeteilt. Dort spielt jeder gegen jeden im Legmodus, die beiden Gruppenbesten erreichen das Halbfinale. Anschließend geht es über Kreuz weiter, die beiden Gruppenersten treffen also auf den jeweiligen Gruppenzweiten. Die daraus resultierenden Gewinner ermitteln schließlich den Turniersieger.

2017 bestach Mensur Suljovic. Der Österreicher bezwang im Endspiel den favorisierten Gary Anderson und war damit der erste Spieler aus dem deutschsprachigen Raum, der ein Major-Turnier für sich entscheiden konnte. 2020 wurde die Champions League of Darts wegen der Sars-CoV-2-Pandemie aus dem Turnierkalender gestrichen.

4.1.13 Weitere Dartsturniere

Die Players Championship-Events gehören hinsichtlich ihres Preisgeldes zu den kleineren Turnieren. Diese Veranstaltungen finden ohne Zuschauer statt, werden inzwischen aber live im Internet gestreamt. Insgesamt 128 Spieler nehmen an diesen Events teil. Ein Turnier wird dabei an einem Tag ausgetragen, insgesamt gibt es im Jahr 30 Players Championship-Events. Die Preisgelder fließen in die *PDC Order of Merit* sowie die *Pro Tour Order of Merit* mit ein. Darüber hinaus gibt es auch eine eigene Players Championship-Rangliste. Gespielt wird hierbei im Legmodus.

Die European Tour-Events ziehen sich über drei Tage. Nachdem zunächst Deutschland und die umliegenden Staaten die geografische Plattform gebildet hatten, expandierte sie inzwischen auch in Länder wie Gibraltar oder Ungarn. Das Teilnehmerfeld der 13 Events umfasst jeweils 48 Spieler. In der ersten Runde treffen die Qualifikanten aufeinander. Im jeweiligen Land gibt es ein „Host Nation Qualifier", um sicherzustellen, dass auch lokale Spieler am Turnier teilnehmen. Außerdem sind seit 2020 die beiden besten Spieler des Gastgeberlandes automatisch mit von der Partie.

Ab der zweiten Runde greifen die gesetzten Spieler ins Turniergeschehen ein. Dies sind die 16 besten Akteure der *Pro Tour Order of Merit.* Die Preisgelder werden in die *Order of Merit* mit einbezogen, zudem gibt es für diese Tour eine eigene Rangliste, die die Teilnehmer der European Darts Championship bestimmt. Wie bei den Players Championship-Turnieren sind die Prämien auch Teil der *Pro Tour Order of Merit.*

Am Anfang eines jeden Jahres wird die sogenannte *PDC Qualifying School* ausgetragen. Daran nehmen Spieler teil, die keine Tour-Card besitzen. Diese berechtigt zur Teilnahme an den Pro Tour-Events. Es gibt lediglich 128 Tour-Cards, sodass diese sehr begehrt sind. Sie gelten für zwei Jahre.

Die Top 64 der *Order of Merit* erhalten automatisch eine Tour-Card. Vier weitere gehen an die beiden Besten der Development Tour und der Challenge Tour. Die restlichen Karten werden bei der Qualifying-School, kurz *Q-School*, ausgespielt. Seit 2018 ist diese in *UK Q-School* und *European Q-School* gegliedert.

Die Tagessieger erhalten ihre Karte sicher, nach den vier Spieltagen bekommen zudem die Besten in der dafür angelegten Rangliste ebenfalls ihre Tour-Card.

Bei den Spielern, die in der Q-School erfolgreich sind, werden die Einnahmen in der *Order of Merit* auf null gesetzt, auch wenn sie bereits in den Jahren zuvor mit einer Tour-Card unterwegs waren und Preisgeld gewonnen hatten.

Auch für den Nachwuchs gibt es einige Turniere. So können sich junge Spieler, die noch keine Tour-Card haben, bei der Challenge Tour ausprobieren. Spieler zwischen 16 und 23 Jahren dürfen zudem auch an der Development Tour teilnehmen. Darüber und über Qualifikationsevents werden die Starter für die Junioren-WM ermittelt.

Zunächst wird dort in 32 Gruppen mit je drei Spielern jeder gegen jeden gespielt. Der Gruppensieger zieht in die K.o.-Runde ein. Dort werden dann alle Spiele bis einschließlich der beiden Halbfinals ausgetragen.

Von 2010 bis 2014 wurde das Endspiel im Vorfeld des Premier League-Finales ausgetragen, seit 2015 findet es im Rahmen der Players Championship Finals statt. Die beiden Endspielteilnehmer werden mit einer Tour-Card für zwei Jahre belohnt und starten beim Grand Slam of Darts sowie bei der Weltmeisterschaft.

Michael van Gerwen konnte den Titel trotz zweier Finalteilnahmen nie gewinnen. Dimitri Van den Bergh ist der einzige Spieler, dem es gelang, seinen Titel zu verteidigen.

4.2 DIE TURNIERE DES DEUTSCHEN DART-VERBANDS (DDV)

Der Deutsche Dart-Verband (DDV) verfügt über ein breit gefächertes Turnierangebot, das natürlich auf die nationalen Belange zugeschnitten ist, was aber nicht heißt, dass der DDV international isoliert ist, sondern sich vielmehr über die Grenzen von Deutschland hinaus in der BDO beziehungsweise WDF verzweigt.

4.2.1 DDV-Ranglistenturniere

Alljährlich veranstaltet und richtet der DDV eine Reihe von Ranglistenturnieren aus. Die Events sind „offen", das heißt, es gibt keine Qualifikationskriterien. Die Saison der Ranglistenturniere beginnt im September und endet im darauf folgenden Jahr mit dem Einladungsturnier German Masters im Juni.

4.2.2 DDV-Ranglisten

Für die zuvor genannten Ranglistenturniere führt der DDV Ranglisten für Herren, Damen, Junioren und Juniorinnen. Die Ranglisten dienen außerdem als Auswahlkriterium für die Nominierungen der Nationalmannschaften für die Bereiche Damen, Herren sowie Jugend.

4.2.3 German Masters

Die besten Spielerinnen und Spieler der jeweiligen Ranglisten sind für die sogenannten *German Masters* qualifiziert, die einmal im Jahr im Juni ausgetragen werden.

4.2.4 Deutsche Meisterschaften

Neben den German Masters plant der DDV ab 2021 ferner eine Deutsche Meisterschaft.

4.2.5 Weltranglistenturniere

Die größten und wichtigsten nationalen Turniere sind nach den Deutschen Meisterschaften und den German Masters die drei Weltranglistenturniere Bull's German Open (Bochum), German Gold Cup (Bremen) und Dortmund Open. Die Bull's German Open gehören mit knapp 1.600 Teilnehmern im Einzel (Senioren und Junioren) zu den größten Dartsturnieren der Welt.

4.2.6 Paradartspieler

Im Zusammenhang mit den Ranglisten zeichnet sich der DDV dadurch aus, dass er seit 2019 zudem eine Rangliste für Paradartspieler ins sportliche Leben gerufen hat.

4.2.7 Hall of Fame

Im Jahr 2015 hat der DDV seinen Grundstein für eine Hall of Fame gelegt. Als Erste sind Heike Jenkins und Colin Rice in diese virtuelle Ruhmeshalle berufen worden, während der Rekordnationalspieler Andy Kröckel die Laudation für beide hielt.

4.3 LIGEN UND WETTBEWERBE IM E-DARTS

4.3.1 DSAB-Liga

Das erste E-Darts-Feld, das die Kombination VFS/DSAB zu beackern begann, war die Liga. Löwen S.P.O.R.T. hatte hier schon fruchtbare Vorarbeit geleistet, insbesondere Dieter Heuer, der spätere DSAB-Bundessportwart, hatte sich bei seiner vielen Kleinarbeit unendlich viele Lorbeeren verdient.

Auch wenn E-Darts in Bingen am Rhein das Licht der Welt erblickt hatte, wuchs das Ligawesen zunächst im Raum Frankfurt und sodann in den anliegenden Regionen auf – und mit der Hilfestellung von Dieter Heuer auch an diversen anderen Orten in Deutschland.

Wie viel Mühe es oftmals bereitet hat, den Einstieg in die Liga überhaupt bewerkstelligen zu können, daran kann sich beispielsweise Michael Hümpfner, ein Mann der ersten Stunde, nur zu gut erinnern.

„Über ein Jahr hat es gedauert, bis wir in der Region Unterfranken endlich die ersten sechs Teams zusammengebracht hatten, um die erste Liga zu aktivieren. Das war nervenaufreibend, reinste Sisyphusarbeit. Die zweite Liga kam schon schneller zusammen, und so begann dann langsam, aber sicher der Boom!"

Der DSAB/VFS diente in allerersten Linie als Auffangbecken. Dann folgte eine flächendeckende Strukturierung der Liga. Aus dem Model C-B-A ist bis heute ein großes Räderwerk entstanden, in dem die einzelnen Teile C, B, A, BZ, BZO, Regional- und Bundesliga geschmeidig ineinandergreifen.

Im Jahr des 30-jährigen Jubiläums des DSAB sind insgesamt rund 15.000 Teams an den Start, sprich an die Boards, gegangen. So verfügt der DSAB zusammen mit der NDA über den größten E-Darts-Spielbetrieb in der Welt.

4.3.2 DLMM

Im Zuge des geordneten Ligaaufbaus wollte der VFS/DSAB darüber hinaus sein erstes Highlight etablieren. Eines war von vornherein klar: Es sollte weder eine Kopie noch ein Abklatsch eines bereits existierenden Dartswettbewerbs sein, sondern etwas ganz Neues.

Die beiden Eckpfeiler des Seelenlebens dieses Events sollten von sportlichem Wettkampf auf der einen sowie viel Spielspaß auf der anderen Seite bestimmt sein. Dabei heraus kamen schließlich die Deutschen Liga Mannschafts-Meisterschaften, heute kurz und bündig als DLMM in aller Munde.

Der Startschuss fiel 1990 in Fulda. Der VFS/DSAB-Vorstand baute eigens ein Großzelt auf, der gesamte organisatorische Aufbau lag nicht nur in den Händen des Vorstandes, sondern wurde auch eigenhändig von den Betreffenden geleistet, selbst die Bewirtung und der gesamte Service war original VFS/DSAB-Handarbeit.

Wie alles hat es auch mit den DLMM ganz klein begonnen. Es wurden drei Wettbewerbe ausgetragen. Insgesamt 72 Teams waren mit von der Partie. „Ein voller Erfolg", waren sich die Verantwortlichen nach zwei Tagen einig. Die Spielerschaft stimmte vorbehaltlos zu. Von da an fanden die DLMM alljährlich statt.

Der Umfang des Wettkampfangebots hat sich seitdem allerdings verdoppelt. Aus den ursprünglich drei Wettbewerben C-, B- und A-Liga sind im Laufe der Zeit mit der zusätzlichen BZ-Liga seit 1994 vier, anschließend durch eine eigene Damenkonkurrenz seit 1995 fünf und seit 2006 mit der aufgesattelten Bundes-/BZO-Liga aktuell sechs geworden.

Die Entwicklung der DLMM ist sehr rasant verlaufen. Den vorläufigen Höhepunkt bildete das Jahr 2000 mit 837 Teams – damals waren die DLMM vor dem Hintergrund des 10-jährigen Bestehens des DSAB allerdings ausnahmsweise dreigeteilt, das heißt, eine DLMM an drei verschiedenen Orten. Bei den eingleisigen und damit „normalen" DLMM ragte das Jahr 2006 mit 659 Teams heraus.

Bis heute sind 177 Titel – 25 bei den Damen sowie 152 bei den Herren – dementsprechend auch 531 Podiumsplätze – 75 bei den Frauen sowie 456 bei den Männern – vergeben worden. 289 verschiedene Teams haben bereits den Sprung aufs DLMM-Podium geschafft – 32 Damen- sowie 257 Herren-Mannschaften. 125 verschiedene Crews sind zu Meisterehren gekommen, 112 Herren- sowie 13 Damen-Mannschaften.

Jahrelang befanden sich die Mac Leods Dettelbach an der Spitze der Ewigen Bestenliste aller DLMM-Teams. Im Jahr 2019 wurden sie jedoch von den Dart Haien - „Das Original" Nidderau vom Thron gestoßen. Beide Mannschaften haben bis jetzt acht Titel erringen können. Der Unterschied macht sich erst bei den Vizemeisterschaften bemerkbar.

Einmal Zweite wurden die Mac Leods, dreimal allerdings die Dart Haie. Die Auswahl rund um Holger Kurz verkörpert heute das Superteam, das aus 30 Jahren DLMM hervorgegangen ist. Die Dart Haie haben nicht nur die meisten Meisterschaftsschalen sammeln können, sondern haben insgesamt nicht weniger als 15 Podiumsplätze in ihrem sportlichen Gepäck, derer haben die Mac Leods zehn.

Die Anzahl drei hat das Grenzlandteam Eschweiler potenziert: Drei Siege, drei zweite sowie drei dritte Plätze ergeben in Summe neun Podiumsplätze und Rang drei in der Ewigen Bestenliste. Diese Crews präsentieren stolz das Super(lative)spitzentrio der DLMM. Mit gleichfalls drei Meisterschaften folgen Mulack Fighter Berlin und das Team Niederlausitz Dresden. Evolution of Dart Chemnitz, EDC Pinocchio Sprendlingen, Flying Darts Neunkirchen, The Boys are back in Town München, Ghostdarters Stuttgart, Master of Disaster Ginsheim, DSC Number One Aachen, DC Weinheim und Wild Lions München vervollständigen die Top Ten. Aufgrund der Tatsache, dass sich gleich fünf Teams Rang zehn teilen, sind es effektiv 14. Allein die Liste der zehn Besten spiegelt nachhaltig das volle Spektrum des „Raum-Zeit-Kontinuums" einer völlig neuen bundesweiten Sportlandschaft über drei Dekaden wider.

Bei den Damen heißt das Megateam Bull Eye Fighters Drensteinfurt, das sich durch sechs Siege, drei zweite Vizemeisterschaften sowie einen dritten Rang auszeichnet. Summa summarum zehn Podiumsplätze. Master of Disaster Wiesbaden belegt Rang zwei mit neun Podiumsplätzen, inklusive dreier Titel. Bienen Berlin, die sich ebenfalls mit drei Titeln schmücken können, folgen an dritter Stelle.

Drei Siege hat noch Tupperparty Rheda-Wiedenbrück und derer zwei Hexenalarm Joy Heppenheim für sich reklamieren können. Chicken Run Heppenheim, Sella's Ladies Hövelhof, Die galoppierenden Schnecken Aachen, Die Ladies München und Mix Max Oldenburg, die aktuellen DLMM-Siegerinnen, komplettieren die Top Ten.

655 verschiedene Akteure, 76 Damen und 579 Herren, sind bis heute als Siegerinnen beziehungsweise Sieger aus den DLMM hervorgegangen.

Genderübergreifend heißt die DLMM-Queen Dominique Rhaesa. Sie hat bisher zehnmal die DLMM gewonnen, und zwar mit den Teams Sella's Ladies, Tupperparty und Bull Eye Fighters. Marene Westermann und Sabine Bilderl, beide mit Tupperparty und Bull Eye Fighters verbandelt, sowie Sabrina Spörle, das Shirt von Bull Eye Fighters und Hexenalarm tragend, folgen auf den Rängen zwei beziehungsweise vier.

Bei den Herren gebührt die Einzelspieler-Krone Holger Kurz, der mit den Teams Dart Haie, Schwarzer Rand und Dart Haie – „Das Original" zu acht Meisterehren kam. Sieben Siege vereinigen Frank Mast, Marcus Schulte, beide als Teil von DC Ketsch, DC Sandhausen, Time Out, DC Weinheim und Stilbruch Weinheim, sowie Stephan Wusch, der mit DC Sandhausen, Time Out, DC Weinheim, Stilbruch Weinheim und Dart Haie – „Das Original" Erfolge feiern durfte, auf Platz zwei der Ewigen Bestenliste.

181 Teams haben sich bis heute für den Worldcup in Las Vegas empfohlen. Übrigens darf jede DSAB-Ligamannschaft an den DLMM teilnehmen, wenn sie vor den jeweiligen DLMM an zwei kompletten Saisons aktiv im DSAB-Ligaspielbetrieb teilgenommen hat. Für die C-Liga gilt eine andere Regelung, hier muss es sich lediglich um eine neue Equipe handeln, die aber bereits aktiv in der Liga unterwegs ist. Die DLMM haben sich nicht nur das Prädikat „besonders wertvoll" verdient, sondern zeichnen sich darüber hinaus mit dem Attribut „größte E-Darts-Competition Europas" aus.

4.3.3 Bundesliga-Finale

So wie die DLMM durch und durch von Volkssportcharakter geprägt sind, so elitär geht es beim DSAB-Bundesligafinale zu. Die zehn Finalisten werden aus den fünf Bundesligadivisionen rekrutiert, sodass ein Club der bundesweiten Top Ten entsteht. Was die beiden Wettbewerbe verbindet, ist der Preis für den jeweiligen Sieger, denn auch der Gewinner des Bundesligafinales empfiehlt sich wie die DLMM-Sieger der Damen- sowie der B-, A, BZ-, BZO/Bundesliga-Klasse für den Worldcup, der Jahr für Jahr in Las Vegas in den USA ausgerichtet wird.

Das „Buli"-Finale wurde erstmalig im Jahre 2005 aus der Taufe gehoben, anschließend folgte alljährlich ein weiteres, sodass es bis heute 15-mal inszeniert worden ist. Der erste Meister heißt Räuberstüber'l Stockheim, der bisher letzte Demolition Darts Paderborn, dazwischen vermochten sich weitere acht Crews als Meister zu profilieren. Mit vier Siegen, zwei Vizemeisterschaften sowie zwei dritten Plätzen führen die Dart Haie – „Das Original" (Nidderau) als Super-Team wie bei den DLMM die Ewige Bestenliste an, denn sie haben sich nicht nur die meisten Titel erkämpft, sondern insgesamt mehr Podiumsplätze als alle anderen Klubs erobern können, nämlich acht.

Die zweite Stelle in diesem Ranking nimmt Demolition Darts ein, die viermal auf der Endspielbühne agierten, diese zweimal als Winner und zweimal als Runner-up verließen.

Die Mac Leods Dettelbach schmücken gleichfalls zwei Titel, haben aber nur eine Vizemeisterschaft gewinnen können, wurden auf der anderen Seite allerdings sage und schreibe insgesamt siebenmal auf dem Podium für ihre Leistungen honoriert und rangieren so auf Platz drei.

Weiterhin als Titelträger haben sich die Dart Wölfe Sennfeld, Hexenarena Joy Heppenheim, Number One Lünen, Ideal Oftersheim, Undercover Waibstadt sowie White Caps Dortmund in Szene setzen können.

4.3.4 Deutsche Meisterschaften

In der nunmehr 30 Jahre andauernden Geschichte der Deutschen Meisterschaften des DSAB wurden 551 Wettbewerbe ausgetragen. Aufgrund der Doppel- und des ehemaligen Triple Mixed-Wettbewerbs sind bisher summa summarum 784 Siegerinnen und Sieger sowie insgesamt 2.348 Akteure auf dem Podium geadelt worden. Exakt 441 verschiedene Spielerinnen und Spieler wurden als Meisterinnen beziehungsweise Meister belobigt.

Mit 28 Titeln führt Marene Westermann (Reken) den Reigen der erfolgreichsten Akteure an. Alexander Köhler (Würzburg) ist mit 16 Titeln der beste Mann und Zweitbester in der genderneutralen Bestenliste. Ihm folgen mit 15 Masterpieces Manfred Bilderl (Ahlen) und Maik Langendorf (Hameln) gemeinsam auf Rang drei und vervollständigen das Spitzenquartett. Auf Rang fünf mit 13 Titeln ist Stefan Stoyke (Weißenthurm) zu finden.

Zweistellige DM-Bilanzen vermochten noch Bianca Strauch (Frankfurt/Main) sowie Anja Piecuch (Hövelhof) und der Münchner Dieter Schutsch mit elf respektive zehn Titeln zu ziehen. Die erfolgreichste Spielerin der jüngsten Vergangenheit heißt indes Silvia Dolores Keller (Niederfischbach), die innerhalb der letzten vier DM-Auflagen nicht weniger als achtmal die DM-Bühne als Beste verlassen konnte.

2019 wurden vom 31. Oktober bis 3. November 2019 auf dem Autohof Strohofer in Geiselwind, auf dem seit nahezu zwei Dekaden die Deutschen Meisterschaften ausgetragen werden, zusammen mit dem Masters of Masters Wettbewerb 4.817 Startnennungen abgegeben. Eine neue Rekordmarke. Die alte aus dem Vorjahr wurde um 227 Einschreibungen überboten, das entspricht nicht nur einer Steigerungsrate von 4,95 Prozent, sondern ist außerdem die fünfte Steigerung in Folge und unterstreicht, wo es im E-Darts langgeht.

4.3.5 Das 128er- und 64er-Feld

Die sportliche Ehre zu genießen, einmal bei den Deutschen Meisterschaften auf dem Podium zu stehen, ist bereits ein großer Triumph. Einen Titel zu gewinnen, ist mit noch mehr Wertschätzung und Anerkennung verbunden. Aber einmal im 64er-Feld der Damen die Erste zu werden beziehungsweise im 128er-Feld der Herren den letzten Pfeil geworfen zu haben, ist wie ein Ritterschlag.

48 verschiedene Spielerinnen haben bis heute den Sprung aufs Podium im 64er-Feld der Damen geschafft – 19 von ihnen sind mit Meisterehren geschmückt worden. Die Prima unter ihnen heißt Sabine Lischka-Kurz, die diesen Titel viermal und damit öfter als alle anderen gewinnen konn-

te. Ihr folgen mit drei Titelgewinnen Silvia Dolores Moos/Keller, Petra Rice/Röder sowie Marene Racz/Csepeli/Westermann. Zweimal zu Meisterehren kamen Anja Piecuch, Michaela Ohm, Stefanie Richter und Sabrina Schrimpf.

Auf der anderen Seite stand keine öfter als Marene Westermann auf dem Podest, nämlich siebenmal. Sechsmal aufs Podium sprang Anja Piecuch, viermal präsentierten sich dagegen Sabine Lischka-Kurz, Stefanie Richter, Petra Röder, Sabrina Schrimpf und Janine Wagener sowie je dreimal Sabine Bilderl/Schorn, Kerstin Engbers, Deborah Schleich und Anke Wenig auf dem Treppchen der Besten. 47 verschiedene Frauen standen bis heute auf diesem DM-Podest.

Bei den Herren verläuft die Kurve noch flacher. Bisher wurden insgesamt 58 verschiedene Spieler auf dem Siegertreppchen ausgezeichnet. Die 32 Titel verteilen sich auf 25 Akteure. Nur fünf Spieler vermochten sich mehr als einmal auf der Ehrentafel der Meister zu verewigen. Dieter Jooß, Alexander Köhler, Dirk Cormann und Mario Masurka gewannen je zweimal. Nur Dragutin Horvat tat sich als Triple-Winner hervor.

Trotz dieser ungeheuren Dichte ragt der leider schon verstorbene Dieter Jost mit sieben Podestplatzierungen und sechs Finalteilnahmen heraus. Dragutin Horvat häufte fünf Podiumsplätze an, während sich Manfred Bilderl und Stefan Stoyke viermal auf dem Podest zeigten. Je dreimal wurden Dirk Cormann, Nico Kurz, Maik Langendorf, Alexander Köhler, Patrick Nunes y Amor/Esper, Michael Rosenauer und Christian Soethe zur Zeremonie aufgerufen.

4.3.6 Masters of Masters

Ein weiteres Juwel in der DSAB-Schatzkiste ist das Masters of Masters, kurz auch MoM genannt, insbesondere seitdem es als Doppel-Wettbewerb ausgetragen wird. Ein wichtiges Kriterium zur Teilnahmeberechtigung am MoM ist der Nachweis, im Liga-Spielbetrieb innerhalb der letzten vier zurückliegenden Saisons aktiv gewesen zu sein. Das Gesamtpreisgeld beträgt derzeit 46.900 Euro. 38.200 werden im Herren-, 8.700 Euro im Damen-Wettbewerb ausgeschüttet. Allein im Finale geht es um 15.000 beziehungsweise 4.500 Euro.

57 Damen verleihen dem Gesamtpodium im Masters of Masters während der Jahre 2007 bis 2019 ein überaus buntes Gepräge. Das Prädikat „erfolgreichstes Doppel" haben sich gleich drei Duos verdient: Marene Westermann/Sabrina Spörle, Sabrina Spörle/Stefanie Richter sowie Marene Westermann/Morena Wolf. Allesamt haben je zweimal das MoM gewonnen. So findet man bei den 13 Auflagen insgesamt zehn verschiedene Siegerinnen.

Das Gütesiegel „The very Best" passt Marene Westermann wie maßgeschneidert, die insgesamt fünfmal den Oscar des E-Darts entgegennehmen durfte. Viermal hieß die Gewinnerin Sabrina Spörle, zweimal sowohl Ramona Berger und Morena Wolf als auch Stefanie Richter. Marene Westermann wurde insgesamt achtmal auf dem Podium belobigt, Stefanie Richter siebenmal, fünfmal Sabine Bilderl, viermal Ramona Berger, Sabrina Spörle, Morena Wolf und Dominique Rhaesa.

Bei den Herren zeichnet sich zunächst ein ähnliches Bild ab. Zehn verschiedene Doppel zeigten sich erfolgreich, drei von ihnen siegten zweimal. Das „They never come back" durchbrachen zuerst Kevin Heinecke/Andreas Schneider, die sowohl bei der Premiere als auch bei der sechsten Auflage nicht zu schlagen waren. Karsten Koch/Jörg Mitterlehner gelang dieses sportliche Kunststück ebenso, erster Titel 2017, zweiter 2019. Das Gespann Manfred Bilderl/Christian Soethe entpuppt sich bis heute dagegen als einziges, das seinen Titel verteidigen konnte (2013/2014).

Auch in der Ewigen Bestenliste Masters of Masters Herren gab es im Jubiläumsjahr eine Wachablösung. Erstmalig heißt der erfolgreichste MoM-Player Jörg Mitterlehner, der es viermal ins Endspiel schaffte und je zweimal als Winner und Runner-up die Bühne wieder verließ. Er verdrängte Christian Soethe auf Platz zwei, zu dem nun Karsten Koch aufschließen konnte. Manfred Bilderl und Kevin Münch teilen sich Rang vier, Kevin Heinicke und Andreas Schneider dagegen Platz sechs.

Keiner wurde jedoch so oft zur Siegerehrung aufgerufen wie Maik Langendorf, der fünfmal wertgeschätzt wurde. Viermal gaben sich Karsten Koch, Jörg Mitterlehner und Christian Soethe die Ehre, während dies Manfred Bilderl, Thomas Klein und Kevin Münch dreimal taten. 70 verschiedenen Spielern wurden bis jetzt im feierlichen Rahmen Pokale überreicht.

4.3.7 DSAB-Ranglisten

In die bis zum heutigen Tag 30-mal ausgetragenen Ranglisten im DSAB Damen-Einzel sind mit Anja Fischer, Sabrina Grafweg, Heike Grahl, Sabine Lischka/Lischka-Kurz, Nina Mitterlehner, Petra Rice/Röder, Stefanie Richter, Jana Riemann, Corinne Schneider, Sabine Schorn/Bilderl, Karin Schäfer, Manuela Steinke und Janine Wagener dreizehn Frauen dokumentiert, die sich je einmal als Gewinnerin durchsetzen konnten.

Sogar zweimal als Nummer eins vermochten sich Kerstin Engbers, Dominique Koch/Rhaesa, Christine Mörsdorf, Isabella Savelsberg, Brigitte Thiele, Marene Csepeli/Westermann und Morena Wolf hervorzutun. Silvia Dolores Moos/Keller präsentierte sich sogar über drei Spielzeiten hinweg als die Beste: 2017, 2018 und 2019. Lupenreiner Hattrick!

In der Ewigen Bestenliste der Damen-Einzel-Rangliste hat nach 20 Jahren Morena Wolf in der Saison 2019 Dominique Rhaesa an der Spitze mit 171 und damit sechs Punkten Vorsprung abgelöst. Den dritten Rang teilen sich Brigitte Thiele und Marene Westermann mit jeweils 115 Zählern, während Kathrin Reddmann und Isabella Savelsberg mit je 107 gemeinsam auf Position fünf rangieren. Christine Mörsdorf beschließt mit 101 den Club der „100-erinnen".

Sabine Lischka-Kurz (96), Kerstin Engbers (95) und Silvia Dolores Keller (75) folgen auf den Rängen acht bis zehn, wobei Letztgenannte alle Punkte in den letzten drei Spielzeiten von 2017-2019 eingesammelt hat. Dieses Ranking umfasst 93 Spielerinnen.

Mario Curschmann, Uli Emonds, Patrick Esper/Nunes y Amor, Klemens Gros, Thomas Kreutzer, Maik Langendorf, Willi Lerndorfer, Mario Masurka, Sadik Rakel, Frank Schuh, Sascha Stein, Alexander Tauber, Claus Weidner und Dietrich Westermann – sie alle zählen zu den exponierten Dartspielern, die die DSAB Herren-Einzel Masters Rangliste zumindest einmal in ihrer Karriere zu ihren Gunsten entscheiden konnten.

Michael Rosenauer und Stefan Stoyke (2015 und 2019) gehören zu den zwei Akteuren, denen dieser sportliche Coup zweimal gelang, wobei Michael Rosenauer als erster Titelverteidiger in die Geschichte eingegangen ist (1995 und 1996). Dreimal gewann Manfred Bilderl wiederum (1998, 2009 und 2010). Dirk Cormann zeichnete sich sogar als viermaliger Gewinner aus (1997, 1999, 2004 und 2005) und war der erste Akteur, der in der Lage war, das „They never come back“ zu durchbrechen (1997 und 1999).

Getoppt werden sie jedoch allesamt von Jörg Mitterlehner, der nicht weniger als fünfmal der Beste gewesen ist, und zwar 2013 bis 2016 sowie 2018. Viermaliger Ranglistengewinner hintereinander ist zudem einmalig.

4.3.8 Europa- und Weltmeisterschaften

Während die Europa- und Weltmeisterschaften der FECS (Fédération European Compact Sports) aus genau sechs Wettbewerben bestanden hatten, und zwar Damen- und Herren-Einzel, Damen- und Herren-Doppel, Mixed und Team, umfassen die Meisterschaften der EDU nahezu 50 verschiedene Disziplinen und erstrecken sich über eine ganze Woche, derweil die FECS-Events gerade einmal ein Wochenende andauerten.

267 verschiedene DSAB-Spielerinnen und -Spieler wurden in der nunmehr 30-jährigen Geschichte der Welt- und Europameisterschaften auf dem Siegertreppchen gekürt. Kein anderer europäischer E-Darts-Verband kann auch nur annähernd auf solch eine stolze Bilanz verweisen. Darunter sind nicht weniger als 169 Siegerinnen und Sieger zu finden. 145 haben mehr als einmal das Podium bestiegen, 92 mindestens dreimal,

53 sogar fünfmal und mehr. 21 Akteure konnten sogar zehn und mehr Podiumsplätze erringen.

Nun wird die Luft jedoch zusehends dünner, aber nichtsdestotrotz haben drei 20 und mehr Podiumsplätze für sich reklamieren können: Marene Westermann, Morena Wolf und Stefan Stoyke. Die beiden Letztgenannten 27 beziehungsweise 20. Marene Westermann ist als Einzige nicht nur in die 30er-Dimension vorgedrungen, sondern hat nahezu schon die 40er durcheilt. Sie befindet sich mit nicht weniger als 48 Podiumsplätzen ganz dicht an der 50er-Grenze. Ganz allein!

Separiert man Damen und Herren und nimmt den Medaillenspiegel als Bewertungsgrundlage des Rankings, dann führt Marene Westermann selbstredend die Parade der Allerbesten an. Ihr folgen Morena Wolf und Dominique Rhaesa auf Platz zwei und drei. Vierte ist Sabrina Spörle, Fünfte Kerstin Engbers, Sechste Silvia Dolores Keller und Anja Piecuch gemeinsam, Achte Michaela Mc Clain, Neunte Anke Wenig und Zehnte Kathrin Reddmann.

Bei den Herren sieht es so aus: An erster Stelle liegt Andreas Schneider, Manfred Bilderl ist der Zweitbeste vor Sascha Stein. Die Plätze vier bis sieben haben Michael Sommerfeld, Stefan Stoyke, Christian Soethe und Dietrich Westermann inne. Dirk Cormann rangiert an achter, Jörg Mitterlehner an neunter und Dragutin Horvat an zehnter Position.

Bei den letzten EM 2019 in Caorle dominierte der DSAB mehr als jemals zuvor und behauptete sich ein weiteres Mal als Nummer eins in der Nationenwertung mit 71 Punkten vor Kroatien (54) und Tschechien (50,5) und errang 37 Podiumsplätze. Nicht weniger als 57 DSABler standen auf dem Podium, 26 davon sogar als Sieger.

In der Nationenwertung folgten Russland (27), das überwiegend seine Erfolge im Jugendbereich rekrutiert, allerdings ist auch die Profispielerin Anastasia Dobromyslova auf der Suche nach weiteren Titeln schon sehr eifrig gewesen, sowie die Türkei (19), die ausschließlich in den Wettbewerben U18 beziehungsweise U15 repräsentiert ist. Slowenien (15,5) reiht sich an sechster Stelle vor der Slowakei (14) und dem Gastgeber Italien (10) ein. Auf dem Podium präsentierten sich außerdem noch die Schweiz (6,5), Ungarn (5), ferner Frankreich, Österreich und Spanien mit je drei Zählern und, schließlich Finnland (1,5).

Mit insgesamt 37 Podiumsplätzen verdiente sich die DSAB-Crew Bestnoten, sprang öfter als alle anderen Verbände aufs Podest und liegt damit im Nationenvergleich eindeutig vor Tschechien und Kroatien, die 26- beziehungsweise 23-mal das Siegertreppchen beehrten. So hat sich der DSAB im Vergleich zum Vorjahr um zwei Podiumsplätze gesteigert.

Die DSAB-Führung legt – wie hinreichend bekannt – immer einen besonderen Fokus auf die Teamwettbewerbe, von denen bei der EM acht auf dem Programm standen: Champions League, Eurocup der Damen, A, B und C sowie die Nationencups Damen, Herren und Jugend. Der DSAB holte sich genau die Hälfte der möglichen Siege.

Das war aber noch längst nicht alles, denn die deutschen Vertreter warteten darüber hinaus noch mit sechs weiteren Podiumsplätzen auf – zweimal Rang zwei, viermal Platz drei. Zehn Podiums summa summarum, was in diesem Fall 20 Punkten entspricht.

Lediglich im Medaillenspiegel musste Deutschland den Kroaten den Vortritt lassen, die einen Sieg mehr feiern durften.

4.3.9 Worldcup

Der American Darts-Dream heißt: Las Vegas! Und es ist nicht nur ein US-Amerikanischer, sondern ein weltweiter, denn der Worldcup in der Hauptstadt des Gamblings magnetisiert die Dartsszene. „Kein anderer Ort auf der Welt empfiehlt sich für solch ein Event wie Las Vegas, wo 24 Stunden am Tag etwas los ist, man aus dem Staunen nicht mehr herauskommt, wo die Sonne nahezu jeden Tag hochgradig vom Himmel lacht, wo alle gut drauf sind und alles einfach nur Spaß macht!", weiß Stefan Reichert zu berichten, nunmehr seit fast zwei Jahrzehnten der Delegationschef des DSAB, wenn es nach Las Vegas geht.

Seit 1991 besucht der DSAB die Sin City. Zuerst fand die Veranstaltung im Sahara, dann im Riviera, anschließend im Bally's und nunmehr im Westgate statt. Der DSAB ist dort stets gern gesehen, und die deutsche Spielerschaft liebt es, in Las Vegas zu weilen, auch wenn hier die große Scheibe den Dartsport bestimmt. Nichtsdestotrotz hat der DSAB auch in Las Vegas große Erfolge feiern können.

Im National Cup hat sich der DSAB nicht weniger als 35-mal strahlend auf dem Podium präsentiert, 13-mal als Winner, siebenmal zeichneten die Damen und sechsmal die Herren dafür verantwortlich. Jeder nicht amerikanische Erfolg tut den Gastgebern richtig im Herzen weh, denn bei aller Deutsch-Amerikanischer Dartsfreundschaft fühlen sich die Girls und Boys verletzt, wenn sie in dieser für sie so überaus wichtigen Disziplin nicht dominieren.

Das sportliche Herzstück bilden in Las Vegas jedoch die Worldcups für Klubteams, die sowohl im 501 D.I./D.O. als auch im Cricket ausgetragen werden, das heißt, bei den Damen hat man diese Wettbewerbe 2017 mangels Masse und deutscher Extraklasse eingestellt. Das „Fräuleinwunder" hat sich innerhalb von 22 Jahren 14-mal als Siegerin feiern lassen und gefiel insgesamt 20-mal auf dem Podest.

Die Herren verbreiteten „German angst" mit 24 Siegen sowie jeweils 19 zweiten und dritten Plätzen. Ergibt in der Addition 62 Podiumsplätze. Total macht das 82 DSAB-Podestplatzierungen. Die drei erfolgreichsten Damen-Crews heißen Bull Eye Fighters (5 Siege), Master of Disaster (3) und Galoppierende Schnecken (3), ebenfalls auf dem Podium waren noch Tupperparty (2) und Sella's Ladies (1) zu finden. Das „Frank Mast/ Stephan Wusch & Co-Team" feierte unter den Label DC Sandhausen, Time Out, DC Weinheim und Stilbruch Weinheim, sagenumwobene neun Worldcupsiege und insgesamt 17 Podiumsplätze. Mit fünf ersten und insgesamt zehn Podiumsplätzen folgen die Dart Haie - „Das Original" sowie die Mac Leods als dreifache Sieger und Runners-up.

★ 5 ★

AUSRÜSTUNG

5.1 DARTBOARDS

London Manchester Quadro

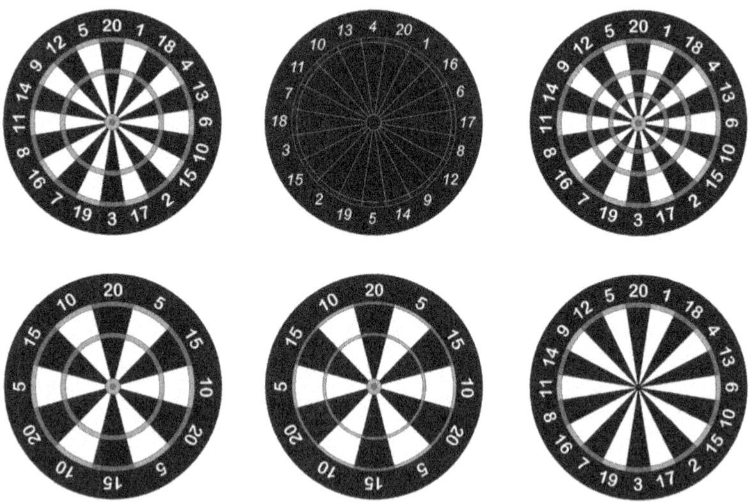

Wide Fives Narrow Fives Yorkshire

Das *London Board*, oder auch *Clock Board* genannt, ist das Standard-Board im Darts. Es wurde erstmals in den 1920er-Jahren genutzt und entstand aus dem *Yorkshire Dartboard*, das aber noch keinen Triple-Ring aufwies.

Beide wurden zunächst aus Ulmenholz gefertigt, bis Ted Leggatt und Frank Dabbs 1931 auf die Idee kamen, Dartboards aus Sisalfasern herzustellen. 1935 ließen sie sich diese Erfindung als Bristleboard für die Firma Nodor patentieren.

Durch den Triple-Ring konnten höhere Punktzahlen erzielt und dadurch das Spiel schneller beendet werden. Gleichzeitig stieg damit die Schwierigkeit.

Darüber hinaus gab es weitere regionale Dartboards, die sich bezüglich der Anordnung der Zahlen und teilweise auch Größe vom London Board unterschieden. Die unterschiedliche Zahlenanordnung erforderte andere Regeln. So wurde beim kleineren *Manchester Dartboard*, auch *Log End* genannt, auf die Zahlen 1 bis 20 der Reihe nach sowie mindestens ein Doppel und das Bull gespielt.

Beim *Ipswich Fives* und *London Fives* aka *Wide Fives* und *Narrow Fives* wird von 505 anstatt von 501 auf null gespielt.

Im Laufe der Jahrzehnte kamen weitere Varianten auf den Markt. Das zuvor abgebildete *Quadro Board* der Firma Harrows steht hierfür exemplarisch. Es weist einen zusätzlichen, inneren Ring auf, in dessen Bereich alle Treffer vierfach zählen. Mit völlig neuen Designs trumpften Boards zum Snooker oder Poker auf, die nach ganz eigenen Regeln bespielt werden.

5.2 MONTAGE DES LONDON DARTBOARDS

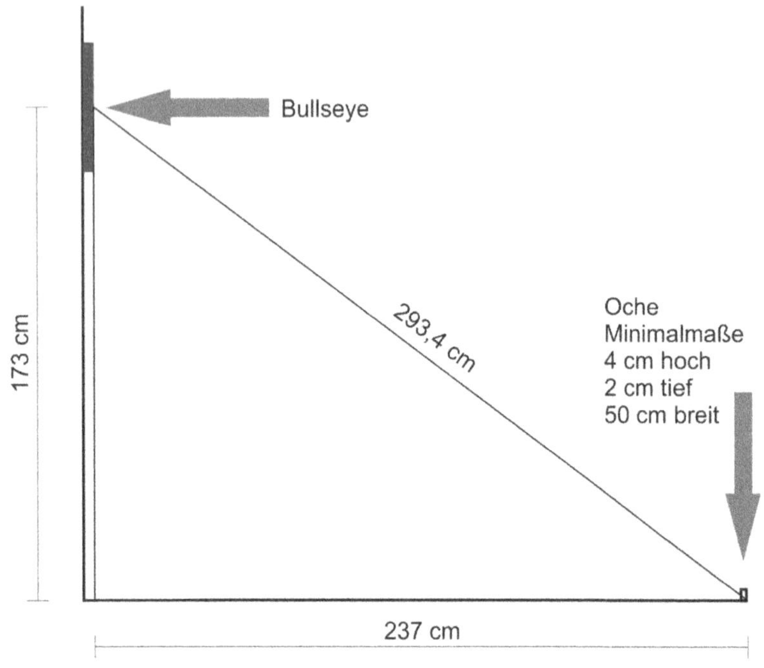

Das London Board wird in einer Entfernung von 237 Zentimetern von der Abwurflinie, genannt *Oche*, aufgehängt. Die Höhe vom Boden bis zur Mitte der Dartscheibe, dem Bullseye, beträgt 173 Zentimeter. Daraus ergibt sich vom Oche zum Bullseye eine Diagonale von 293,40 Zentimeter.

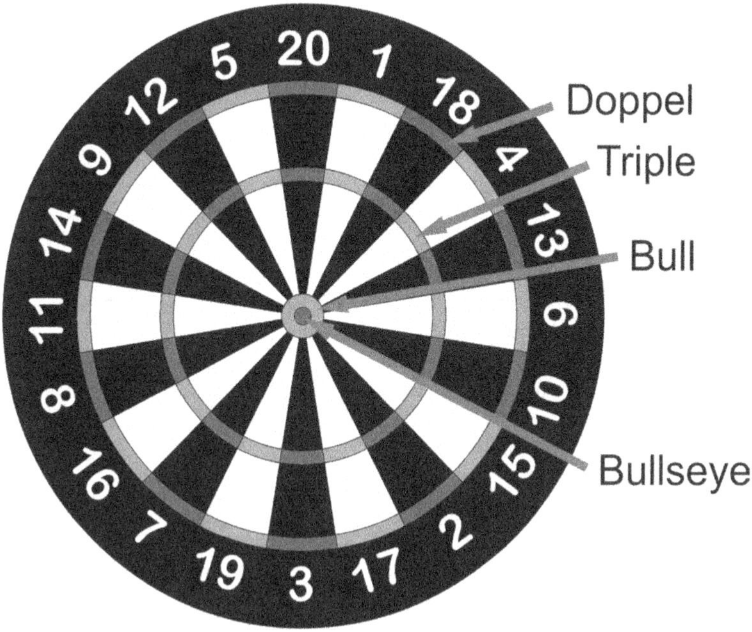

Das London Board unterteilt sich in 21 Bereiche – in der Wertigkeit von 1 bis 20 und dem Mittelpunkt Single Bull = 25 und Double Bull = 50 Punkte.

Der innere Ring ist das Triple. Trifft ein Pfeil in dieses Segment, verdreifacht sich der Wert des Feldes. Der äußere Ring verdoppelt die Punktzahl.

5.3 WARUM SIND DIE ZAHLEN AUF EINEM LONDON BOARD SO ANGEORDNET?

Diese Frage ist wahrscheinlich eine der am häufigsten gestellten im Darts. Wer war der schlaue Mensch, der die Segmente des Boards auf eine so merkwürdige Weise angeordnet hat?

Der Mann, dem die Erfindung dieser Anordnung auf dem modernen Dartboard zugeschrieben wird, heißt Brian Gamlin. Er war ein Zimmermann aus Bury, in der englischen Grafschaft Lancaster. Er hatte sich diese Zahlenfolge 1896 mit 44 Jahren ausgedacht. Brian Gamlin starb jedoch, bevor er die Idee patentieren lassen konnte.

Zu dieser Zeit stellten viele berufstätige Männer, vor allen Dingen Tischler und Zimmerleute, Boards aus Ulmen- und Pappelholz nebenberuflich her. Diese Heimwerkertätigkeit war später vor allem im Norden Englands, den Midlands und dem Südosten weit verbreitet, als Darts ab Mitte der 1920er-Jahre zunehmend populärer wurde.

Um das Familieneinkommen aufzubessern, stellte man die Boards vor allem zu Hause, in der Gartenlaube, her und verkaufte sie an die örtlichen Pubs. Oft genug fanden diese Einnahmen nicht den Weg nach Hause. Boards wurden gegen ein Guthaben im Pub eingetauscht oder dies gleich wieder an der Theke ausgegeben.

Die Zahlenfolge auf dem Standard Board soll die Häufigkeit von „Glückswürfen" beschränken und das Element des Zufalls einschränken. Die Zahlen sind so angeordnet, dass sie Treffsicherheit einfordern. Das ist das ganze Geheimnis. So einfach ist das.

Die Anordnung von niedrigen neben hohen Werten, so wird die 20 von der 1 und 5, die 19 von 3 und 7, die 18 von 4 und 1 sowie die 17 von 3 und 2 eingebettet, und bestraft mangelnde Zielgenauigkeit. Auf diese Art und Weise handelt man sich, wenn man auf die 20 wirft, für mangelnde Treffsicherheit oder Konzentration eben eine 5 und sogar nur eine 1 ein.

Die 20 Zahlen auf dem Board bieten bei einem Wurf mit drei Pfeilen 2.432.902.008.176.640.000 verschiedene Treffermöglichkeiten, und so muss man Brian Gamlins Anordnung als genialen Streich werten.

Brian Gamlin selbst gibt uns Rätsel auf. Wie bei den abhandengekommenen Gerichtsakten im Falle William „Bigfoot" Annakin fehlt auch in der Geschichte von Brian Gamlin ein wesentlicher Abschnitt. Trotz gründlichster Nachforschungen konnten keine Aufzeichnungen zu seinem Tod im Jahre 1903 gefunden werden.

Auch wenn man die Unterlagen in Lancashire und Suffolk bis drei Jahre vorher und drei Jahre nachher durchsucht, stößt man auf keinen Nachweis über seinen Tod. Eine logische Erklärung könnte sein, dass er sich auf Wanderschaft befand. Aber nichts Genaues weiß man nicht.

Im *Daily Mirror* wurde 1992 die Frage gestellt: „Wer beschloss, dass die Zahlen auf dem Dartboard so durcheinander angeordnet sind und warum?"

Die Antwort lautete:

„Brian Gamlin aus Bury in Lancastershire führte dieses ungewöhnliche Zahlensystem 1896 auf unseren Festplätzen ein!" Und er behauptete weiter: „Es werden keine besonderen Fähigkeiten benötigt. Betrunkene hatten keine Chance, es ist ein Test für Nüchternheit, das Dartspiel ‚Around the clock' (bei dem die Zahlen in nummerischer Reihenfolge getroffen werden müssen) wurde ein großer Erfolg."

Wahrscheinlich kann man deshalb nichts Näheres über seinen Tod erfahren. Wenn Brian Gamlin ein Schausteller war, dann war er sicherlich mindestens sechs Monate im Jahr unterwegs. Es ist auch sehr glaubhaft, dass die Idee ursprünglich vom Rummelplatz kam. Dort wurde auch „French Darts" eingeführt, das später als „Vergnügungsplatz-Darts" bezeichnet wurde.

Darts war seit Mitte des 19. Jahrhunderts auf den Jahrmärkten bekannt. Wer anders als ein Schausteller auf der Suche nach einer neuen Attraktion, um Kunden anzuziehen, konnte mit einer solch hinterhältigen Anordnung der Zahlen daherkommen?

Anmerkung

Allen Neulingen in diesem Sport sei die linke Seite des Boards empfohlen, da dort verhältnismäßig mehr höhere Zahlen angeordnet sind, so 16, 8, 11, 12, 9. Diese Taktik garantiert zwar nicht unbedingt höhere Scores, aber wenigstens trifft man keine 5 oder 1 (zumindest theoretisch!). Diese Seite des Boards wird auch als Seite der verheirateten Männer bezeichnet, weil diese immer auf Sicherheit spielen!

5.4 DIE STEELDARTS

Darts bestehen aus drei Teilen: Dem *Barrel* (mit eingelassener Stahlspitze) und dem *Shaft*, an dem wiederum der *Flight* befestigt wird. Barrels werden heutzutage aus „Tungsten", englisch für Wolfram, hergestellt. Sie bestehen aus einer Legierung von drei Grundmaterialien: Wolfram, Nickel und Kupfer.

Der Wolframanteil wird bei den Barrels in Prozent angegeben: 65, 70, 80, 90 oder 95 Prozent. Je höher die Prozentzahl ist, desto dünner kann der Barrel bei gleichem Gewicht hergestellt werden, was wiederum eine engere Gruppierung auf dem Board ermöglicht. Die Rohlinge werden bei 1.100 bis 1.500 Grad Celsius gesintert.

Bei der Auswahl des Barrels sind in erster Linie die Form und das Gewicht entscheidend. Um die richtige Form zu finden, sollte man verschiedene Barrels probewerfen. Man könnte beispielsweise die Darts der Teamkollegen versuchen oder in einem Dartsgeschäft verschiedene Varianten testen.

Schwere Darts sind anfangs etwas einfacher zu spielen als leichte. Die meisten Spieler bevorzugen ein Gewicht zwischen 21 und 24 Gramm. Neben den festen Spitzen gibt es außerdem einfache Schraubspitzen, mit denen ein E-Dart zum Steeldart umgebaut werden kann. Außerdem sind noch bewegliche Spitzen (Powerpoint, Hammerhead) erhältlich, welche Bouncer (Abpraller) vermindern sollen.

Bewegliche Spitzen passen nur in dafür hergestellte Barrels, da sie ein besonders tief geschnittenes Gewinde erfordern. Neben den normalen Barrels gibt es außerdem die sogenannten *M3-Barrels*, bei denen die Gewinde außen liegen. Dies erzeugt ein höheres Gewicht, der Barrel kann damit noch dünner gefertigt werden. Für *M3-Barrels* gibt es spezielle Shäfte und Spitzen (bei denen das Gewinde innen liegen muss).

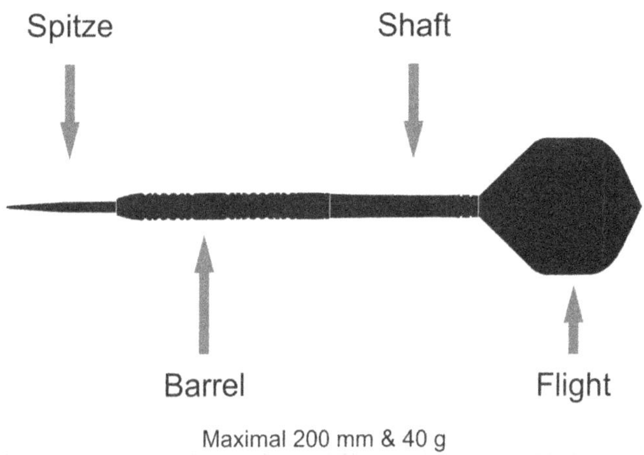

Schäfte sind in verschiedenen Materialien erhältlich. Die meisten Spieler bevorzugen entweder Nylon oder Aluminium.

Besonders wichtig bei der Zusammenstellung des Darts ist jedoch die Länge des Shaftes. Je länger jener ist, desto eher hängen die Darts im Board nach unten, was im Übrigen gewollt sein kann.

Sowohl Phil Taylor als auch Raymond van Barneveld werfen mit langen Shäften, damit die Darts im Board hängen und sie die nachfolgenden auf die erstgeworfenen drauflegen können. Bei den Shäften gilt das Gleiche wie bei den Barrels: am besten verschiedene Arten und vor allem Längen ausprobieren.

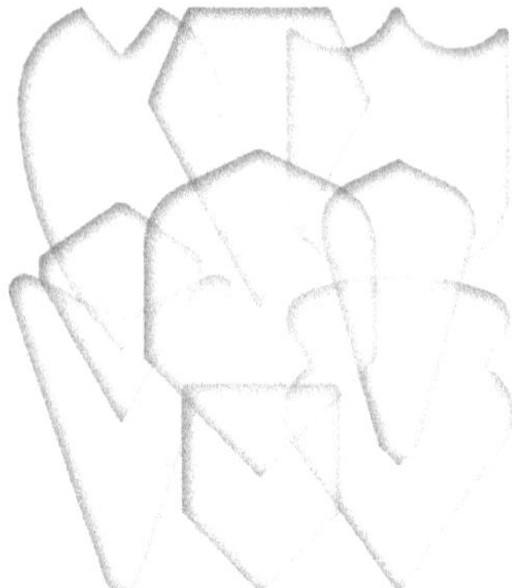

5.5 FLIGHTFORMEN UND EIGENSCHAFTEN MIT VAX-KENNZAHL

Es gibt insgesamt über 100 verschiedene Flightformen.

Wenn man bedenkt, dass schon beim Durchkombinieren aller weltweit vorhandenen Schaftarten und Griffstücke locker eine siebenstellige Zahl zustande kommt und all diese Kombinationen in Abhängigkeit vom Wurfstil ihren idealen Flight „suchen", dürfte klar sein, dass auch alle diese Flightformen eine Daseinsberechtigung haben.

Schon lange ist Profis und aufmerksamen Spielern bekannt, dass die Flügelgröße allein nicht vollständig darüber Auskunft gibt, wie sehr eine Flightform den Dart im Flug stabilisiert. Zudem sind für viele im Handel erhältliche Flights diese Angaben überhaupt nicht zugänglich. Deshalb wurde der *Vossberg Aero Index* entwickelt, der das Flächenmaß mit der Position des geometrischen Flächenschwerpunkts verrechnet. Am Ende steht ein simpler Wert zwischen 1,0 und 5,0 und eine Einteilung in neun Gruppen von XXS bis XXL.

Auf den folgenden Seiten finden sich 12 Beispiele für Flügelformen und kurze Anekdoten, wann sie von welchem Spieler erfolgreich genutzt wurden.

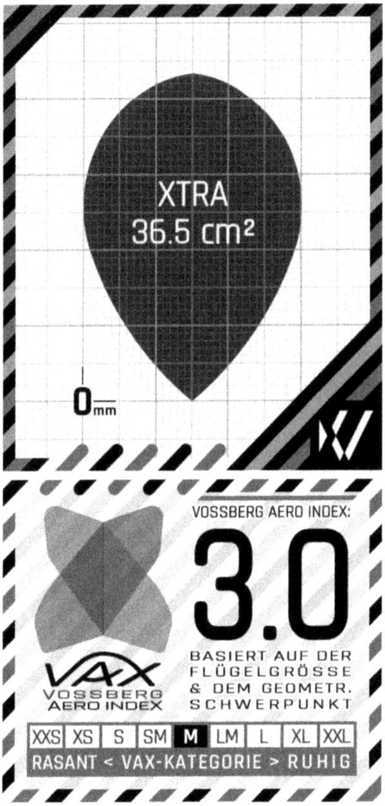

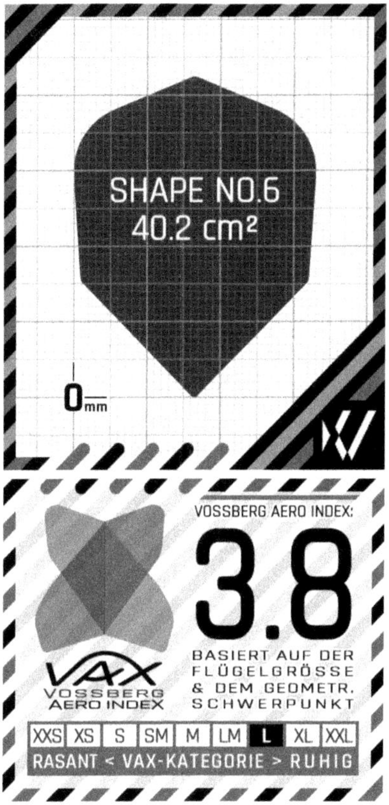

BDO World Matchplay 13.10.1984 in Slough

John Lowe wirft gegen den Vorjahresweltmeister Keith Deller im Viertelfinale das erste im Fernsehen (als MAZ) gezeigte Nine-Dart-Finish der Dartsgeschichte. Er erhält als Prämie 102.000 £. Für den späteren Erfolg im Finale des Turniers bekommt er hingegen nur 12.000 £.

BDO Weltmeisterschaft 11.01.1986 in Frimley Green

Eric Bristow ist der erste Spieler überhaupt, der bei seinem letzten WM-Sieg im Endspiel gegen Dave Whitcombe zum fünften Mal Weltbester wird. Nur sein Protegé Phil Taylor (legendär: 16 Titel) und Raymond van Barneveld (ebenfalls 5 Titel) konnten vorbei- bzw. gleichziehen.

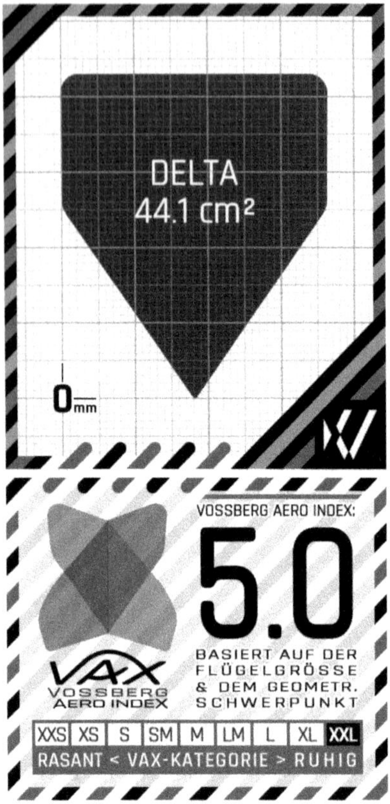

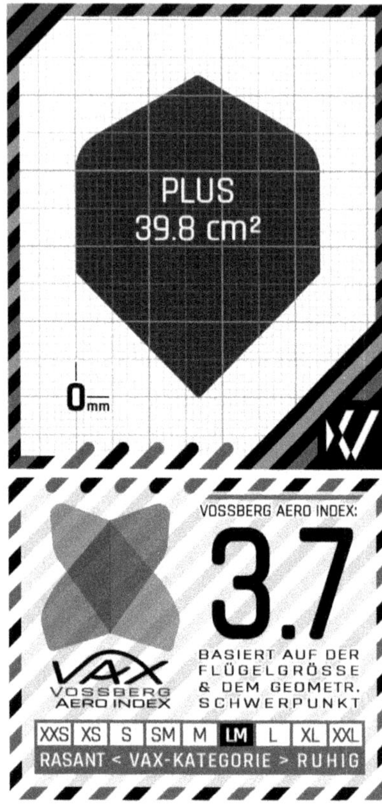

News of the World Turnier
17.05.1986
in London

Bobby George erringt seinen zweiten Titel beim sehr prestigeträchtigen Turbowettbewerb, bei dem jedes Kräftemessen in maximal drei Legs entschieden wurde. Beim ersten Erfolg 1978/1979 hatte er im zehnmonatigen Turnierverlauf alle Spiele zu null gewonnen.

BDO Weltmeisterschaft
09.01.1990
in Frimley Green

Paul Lim zaubert gegen Jack McKenna den ersten 9-Darter in der Geschichte aller Weltmeisterschaften in das Sisalboard. Knapp 28 Jahre später gelingt ihm beinahe bei der PDC-WM das perfekte Spiel: beim Wurf auf die Doppel 12 fehlen „The Legend" 3 mm.

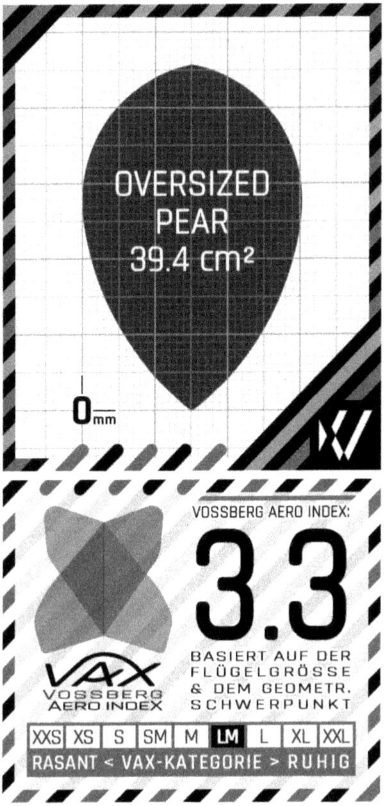

BDO Weltmeisterschaft
07.01.1996
in Frimley Green

Steve Beaton wirft den letzten Dart des Turniers gegen Richie Burnett und stößt diesen vom Thron. Schon 1997 bekommt man als Weltmeister der WDC mehr Geld als bei der BDO. Ende 2019 zieht „The Bronzed Adonis“ mit „The Power“ gleich: 29 WM-Teilnahmen in Folge.

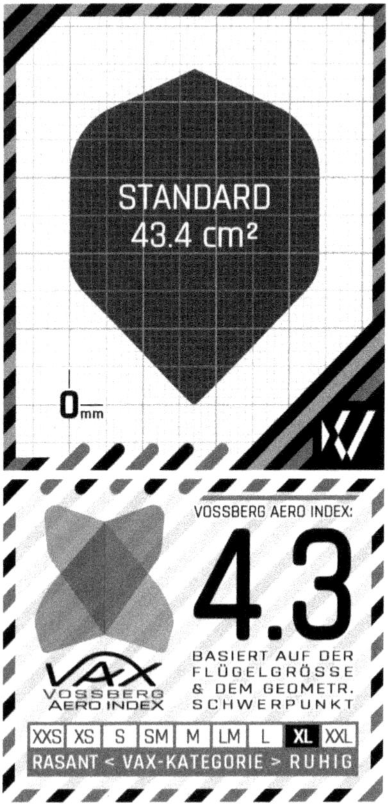

BDO (NDB) Dutch Open
03.02.2002
in Veldhoven

Shaun Greatbatch macht seinem Namen alle Ehre: Ihm glückt beim Sieg im Finale gegen Steve Coote das erste perfekte Leg im Live-TV. Er checkt T20, T15, D18. Das ist (s)ein großer Moment! Phil Taylor wird es ihm lediglich ein halbes Jahr später im britischen Abofernsehen gleichtun.

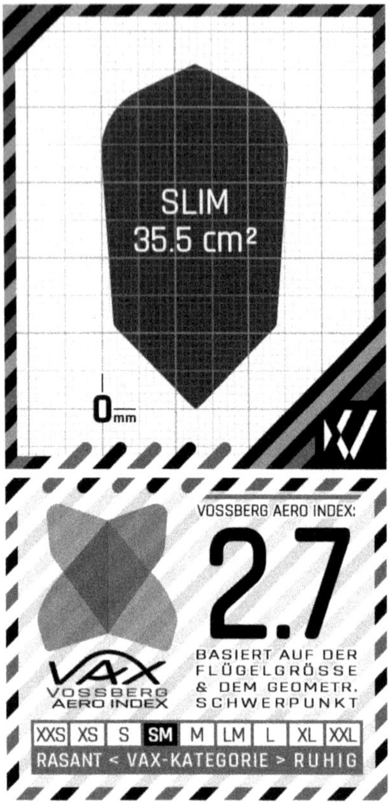

PDC Weltmeisterschaft
01.01.2007
in Purfleet

Raymond van Barneveld kann im ersten Jahr nach seinem Wechsel zur PDC das bisher wahrscheinlich beste WM-Finale für sich entscheiden. Sowohl er als auch der Vorjahressieger Phil Taylor erzielen mehr als 100 Punkte im Durchschnitt mit drei Darts. Das gab es zuvor noch nie.

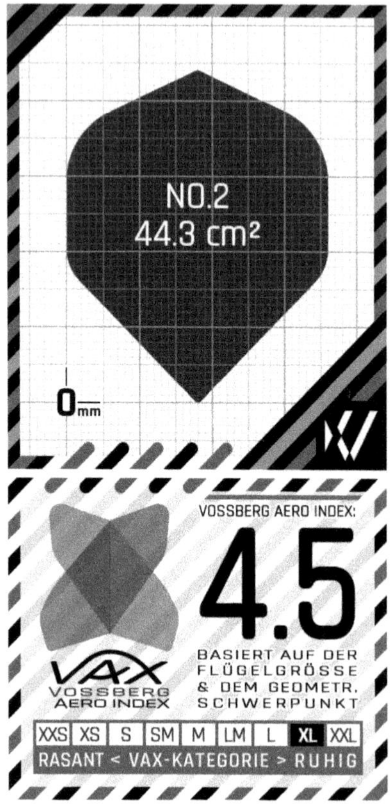

PDC BDO Masters of Darts
17.02.2007
in Hengelo

Michael van Gerwen ist im Alter von 17 Jahren der jüngste Spieler, dem ein 9-Darter vor Fernsehkameras gelingt. Knapp sechs Jahre später wirft „MvG" – ebenfalls mit NO.2-Flights – im Halbfinale der PDC-WM gegen James Wade 17 perfekte Darts in Folge. Absoluter Wahnsinn!

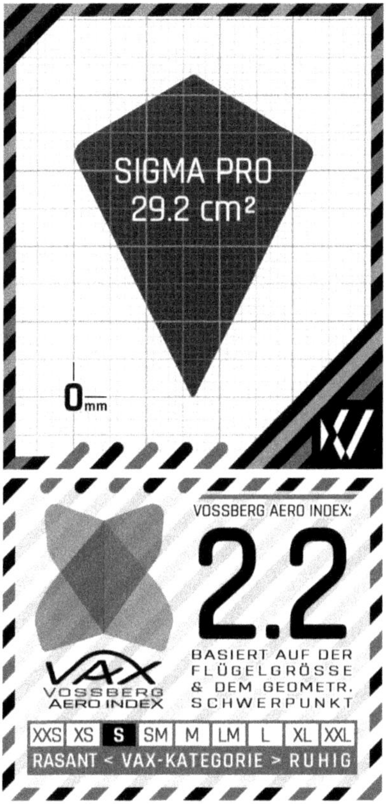

PDC Weltmeisterschaft
28.12.2009
in London

Raymond van Barneveld kann bei seinem Triumph über Brendan Dolan den zweiten 9-Darter der WM-Geschichte vollenden. Ein Jahr zuvor hatte er bereits den ersten geworfen. Damit ist er einer von zwei Spielern, denen das mehr als einmal bei den Welttitelkämpfen gelingt.

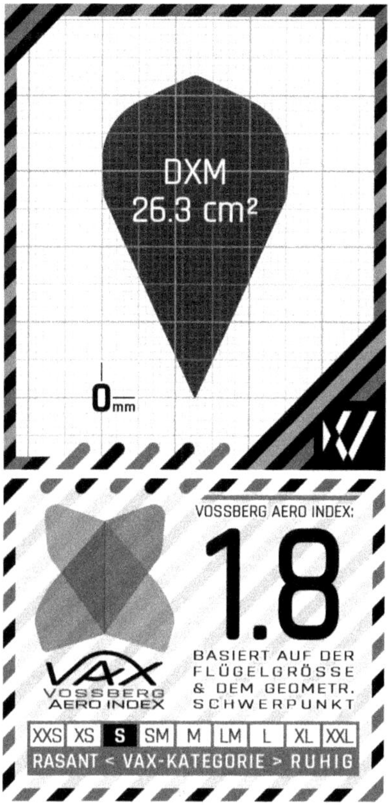

PDC Premier League
24.05.2010
in London

Phil Taylor gewinnt das Finale gegen den Titelverteidiger James Wade und erreicht dabei etwas bis heute Einmaliges: Zwei fehlerfreie Legs in einem TV-Match! Die zwei Wege unterscheiden sich: T20, T19, T19, T20, T20, T20, T20, T17, D18 sowie T20, T20, T20, T20, T20, T20, T20, T19, D12.

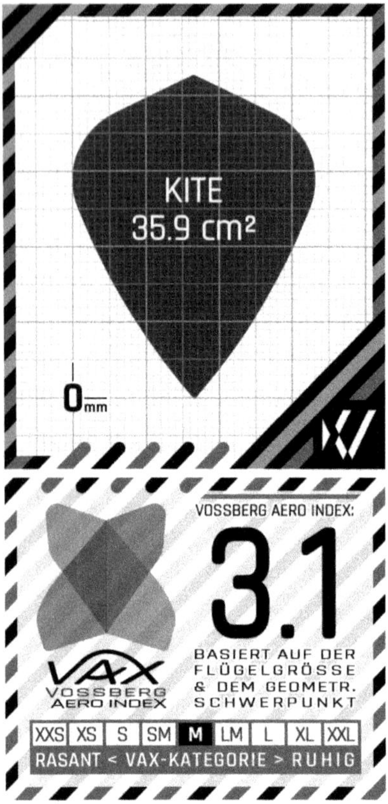

PDC World Grand Prix
08.10.2011
in Dublin

Brendan Dolan schreibt Geschichte, als er in der Vorschlussrunde nicht nur über den Vorjahressieger James Wade triumphiert, sondern auch als Erster in einem Turnier im Modus „Double In/ Double Out", 501 Punkte mit lediglich neun Darts auf exakt null bringt. Das Finale verliert er jedoch.

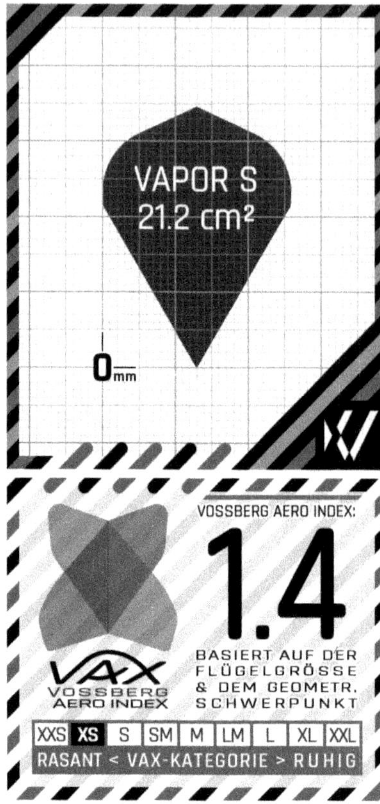

PDC World Matchplay
30.07.2017
in Blackpool

Phil Taylor stemmt zum letzten Mal in seiner einzigartigen Profikarriere einen großen Pokal in die Luft. Selbst der besiegte Peter Wright ist ergriffen. Seit 2018 trägt die Trophäe den Namen ihres Rekordhalters. 16-mal gewann „The Power" sein Lieblingsturnier.

5.6 DAS E-DARTSGERÄT

Im DSAB-Spielbetrieb, ob Liga oder Turniere, sind nur Löwen Dartsgeräte zugelassen. Die Maße des Boards entsprechen denen im Steeldarts, wobei allerdings aufgrund der verwendeten Materialien für den Spider und die damit verbundene, wenn auch marginal, aber dennoch effektiv, differenzierende Breite, die Flächen der einzelnen Segmente auf dem E-Dartboard etwas kleiner ausfallen.

Während im Steeldarts ein Caller die Scores registriert, diese auf einer Tafel schriftlich fixiert und sodann die Resultate ausruft, erledigt im E-Darts das Zählen indes das Dartsgerät, das die jeweiligen Werte unmittelbar über ein Display anzeigt, und zwar jeweils nach jedem geworfenen Dart.

Auch wenn die Zählweise bei beiden Varianten im Großen und Ganzen identisch ist, ergeben sich nichtsdestotrotz ein paar wenige Abweichungen. Den wesentlichsten Unterschied stellt der sogenannte *Bouncer* dar, auch als Bounce Out Dart definiert, also ein Pfeil, der vom Board abprallt oder wieder herausfällt. Dieser wird im Steeldarts nicht gezählt, im E-Darts dagegen sehr wohl, allerdings muss dieser Bouncer das E-Dartboard so kontaktiert haben, dass er von der Matrix registriert worden ist.

Ein weiterer Unterschied fällt beim Ausbullen auf. Sowohl der DDV als auch DSAB verfahren dabei so: Entscheidend ist der Abstand vom Zentrum des Boards. Wessen Pfeil näher am Mittelpunkt liegt, beginnt das Match. Das heißt, ein Pfeil muss nicht unbedingt im Bullseye landen, um gewertet zu werden. Diese Regelung kommt den schwächeren Spielern entgegen. Denn Darts ist nicht nur der Sport einiger, weniger Profis, sondern insbesondere auch Volkssport.

Zu beachten ist noch: Treffen beide Spieler ins Double beziehungsweise Single Bull, erfolgt ein weiterer Durchgang in umgekehrter Reihenfolge. Dieses Szenario wird so lange fortgesetzt, bis sich ein entsprechender Unterschied ergibt, indem der eine Akteur Double Bull, der andere nur Single Bull oder der eine Spieler Bullseye und der andere gar kein Bull trifft oder sich sein Pfeil näher am Mittelpunkt befindet.

Wenn der Pfeil eines Spielers im Double Bull gelandet ist, wird er entfernt, um Chancengleichheit zu wahren. Adäquates gilt laut Reglement auch für Pfeile, die im Single Bull stecken. In der Praxis verzichten die Kontrahenten allerdings mehrheitlich darauf, sodass schließlich bis zu sechs Darts das Bullseye vollstopfen können und es gegebenenfalls aufs Neue losgehen muss.

Bei der PDC werden indes nur Pfeile gewertet, die effektiv im Bull oder Bullseye landen. Aus dem Gewinn des Ausbullens resultiert ein bedeutsamer Vorteil. Scoren die Akteure in dem anschließenden Spiel ähnlich gut, hat der Vorleger die ersten Checkdarts auf der Hand und kann in Führung gehen. Das Gewinnen eines Ausbullens hat schon Weltmeisterschaften entschieden – bekanntestes Beispiel ist der WM-Finalsieg von Raymond van Barneveld über Phil Taylor.

In den USA ist fürs Ausbullen der Ausdruck *Diddle for the Middle* landläufig gebräuchlich, in England wird es auch als *Bull off*, *Out for Bull* oder *Corking* bezeichnet.

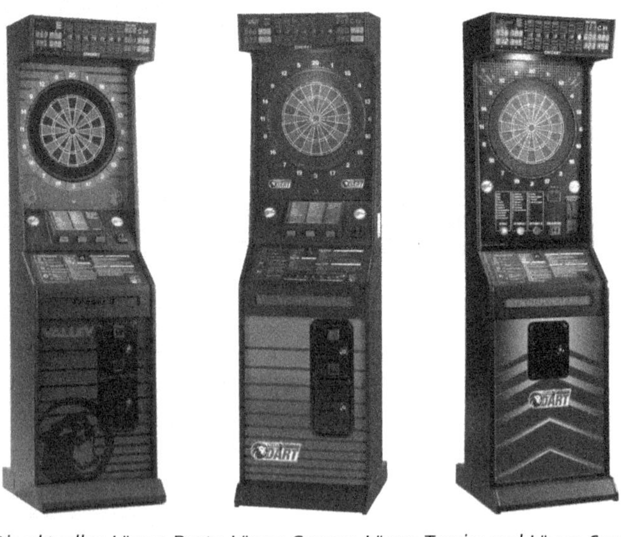

Die aktuellen Löwen Darts: Löwen Cougar, Löwen Turnier und Löwen Sport

★ 6 ★

DARTS-TECHNIK

Wie stehe ich vor dem Dartboard? Wie halte ich den Dart? Wie werfe ich? Fragen über Fragen, die sich wohl jeder stellt, der mit dem Dartsport beginnt. Um es vorwegzunehmen, die eine, richtige Antwort gibt es nicht. Einige Vorgaben haben sich bewährt, einige Tipps können hilfreich sein, doch am Ende muss es sich für den Spieler selbst natürlich und einfach richtig anfühlen. Es werden teilweise Techniken angewendet, bei denen man nicht verstehen kann, dass sie zum gewünschten Ergebnis führen. Die einen werfen die Darts wie einen Schlagball, andere schleudern die Pfeile regelrecht zum Board.

Gerade im Anfängerbereich sind viele solcher „exotischen" Wurfstile zu finden. Doch auch einige Profis nutzen Techniken, die man in dieser Form sicherlich nicht empfehlen würde. John Henderson wippt beispielsweise beim Werfen mit dem gesamten Körper. Das birgt allerdings viele Gefahren in sich, einen Fehler zu machen.

Der Dart sollte möglichst immer am gleichen Punkt losgelassen werden. Wippt ein Spieler, vermehrt sich die Möglichkeit enorm, dass eben dies nicht gelingt. Doch der genannte Schotte gefiel so schon als Halbfinalist eines Major-Turniers und konnte sogar auf großen Bühnen gegen Akteure wie Michael van Gerwen gewinnen. Ricky Evans wirft indes seine Darts unter enormem Tempo. Zielen scheint bei seinem Wurfstil in der kurzen Zeit gar nicht möglich zu sein, doch für die schnellste 180 reicht es dennoch. Nur 2,16 Sekunden benötigte der Engländer für alle drei blitzschnell geworfenen Pfeile bei der WM 2017. Andere, wie Justin Pipe beispielsweise, lassen sich dagegen für jeden einzelnen Wurf enorm viel Zeit. Diese drei Spieler haben sich bislang nicht in der absoluten Weltspitze etablieren können. Es bieten sich daher einige grundsätzliche Tipps an, die die Basis für eine wiederholbare, später automatisierte und damit erfolgreiche Dartstechnik bilden können.

6.1 DER GRIP

Es gibt verschiedenste Arten, einen Dart zu halten, so wie es auch unterschiedliche Arten gibt, einen Stift in die Finger zu nehmen. Als Kind greift man den Stift einfach und hält ihn, wie es sich für einen selbst richtig anfühlt. Das ist die eigene, natürliche motorische Handhabung. Später im Kindergarten und in der Schule bekommt man Tipps, wie man dies optimieren kann. Im Dartsport ist es nicht anders. Dein Grip kann bei verschiedenen Barrels, das sind die „Dartskörper", unterschiedlich sein: Bei einem kurzen Barrel verwendest du eventuell weniger Finger, um den Dart zu stabilisieren als bei einem langen. Die meisten Spieler halten den Dart mit drei Fingern: dem Daumen, Zeige- und dem Mittelfinger. Beim Abwurf verlassen der Daumen und der Zeigefinger den Dartskörper zuletzt, unabhängig davon, wie viele Finger zuvor verwendet wurden. Daumen und Zeigefinger sind für die Richtung zuständig, die restlichen Finger halten den Dart lediglich in seiner Position und dienen als Stütze.

Für alle Arten, einen Dart zu halten, gibt es Vor- und Nachteile. Benutzt man weniger Finger, resultieren daraus weniger Fehlerquellen, und so können Fehlwürfe minimiert werden. Nutzt man mehr Finger, hat man wiederum eine größere Stabilität und ergo mehr Kontrolle. Dies ist im

Mental- und Präzisionssport Darts durchaus wichtig. Das gibt ein Gefühl der Sicherheit, die vor allem in Drucksituationen Gold wert sein kann.

Der Daumen wird vorzugsweise an den Schwerpunkt, dem Masseschwerpunkt des Darts oder kurz dahinter gelegt, nie jedoch davor. Die anderen Finger berühren den Barrel auf der gegenüberliegenden Seite. Der Schwerpunkt eines Darts ist sehr leicht herauszufinden. Der komplette Pfeil, das heißt, mit Shaft und Flight, muss dabei auf einem Finger balanciert werden. An dem Punkt, an dem sich der Dart in der Waage befindet, ist der Schwerpunkt. Daraus ergibt sich, dass ein Dart in Tropfenform, wie ihn Phil Taylor benutzt, weiter vorne gegriffen wird, während der Schwerpunkt eines geraden Barrels sich tendenziell weiter hinten befindet. Hierbei ist es wichtig, dass der gesamte Pfeil dem eigenen Griff entsprechend aufgebaut ist. Wenn es sich also besser anfühlt, weniger Finger zu verwenden, dann wäre ein kürzeres Setup vermeintlich besser geeignet. Hast du eher das Gefühl, mehr Finger verwenden zu wollen, so empfiehlt sich ein längerer Dartskörper.

Für die Auswahl des Dartsets ist der Besuch eines Dartshops hilfreich, insbesondere, wenn dort die Möglichkeit besteht, die Pfeile zur Probe zu werfen. Dabei können die verschiedenen Arten des Grips erfühlt und die unterschiedlichen Flugeigenschaften begutachtet werden. Schon eine leichte Veränderung des Grips kann einen großen Einfluss auf das Ergebnis haben. Eine kontinuierlich gleiche Platzierung der Finger auf dem Barrel ist besonders wichtig, um konstante Ergebnisse zu erzielen. Dementsprechend solltest du den Grip nicht mehr verändern, wenn du den richtigen gefunden hast. Helfen können hierbei Rillen, Mulden, Noppen oder andere markante Stellen auf dem Barrel, sodass die richtige Stelle leicht zu erfühlen ist. Das weitere Experimentieren ist dann kontraproduktiv.

Neben der immer gleichen Platzierung des Grips ist auch die immer gleiche Position am Oche sowie die gleiche Neigung des Körpers wichtig. Es gibt Spieler, die kleine Rituale haben, um dies zu gewährleisten. Dort ist die Positionierung bereits Teil des gesamten Wurfrhythmus.

Zudem sollte man den Barrel nicht zu fest ergreifen. Weniger Druck ist hierbei mehr. Unterbewusst neigt man besonders in vermeintlich wichtigen Situationen dazu, den Barrel fester zu halten und damit automatisch den Wurf und somit das Ergebnis zu verändern.

Zusätzlich ist es von großer Bedeutung, Vertrauen in das Sportgerät zu gewinnen. Gerade zu Beginn neigen Anfänger dazu, immer wieder die Darts zu wechseln, weil die Ergebnisse nicht den Vorstellungen entsprechen. Dies kann sich jedoch als fataler Fehler herausstellen.

Das kognitive System gewöhnt sich an den Barrel und das Gewicht des Darts. Das frühzeitige Wechseln verwirrt und bringt oftmals kurzfristigen Erfolg. Durch Täler sollte man sich mit einem Set Darts durcharbeiten und diesen mit Training entgegenwirken.

6.2 DER STAND

Die Grundlage für einen guten Wurf ist ein stabiler Stand. Wie eingangs erwähnt, halten einige Spieler das für nicht so wichtig und wippen oder hüpfen. Die Bewegung des Oberkörpers sollte hingegen auf ein Minimum reduziert werden, im Optimalfall sogar gänzlich ausgeschlossen sein. Denn sobald sich der Oberkörper bewegt, bekommt man automatisch ein bewegliches Ziel, welches schwieriger zu treffen ist.

Der Stand sollte sich bequem anfühlen und wiederholbar sein. Der Wurf selbst wird ausschließlich durch den Arm, das Handgelenk und die Finger ausgeführt.

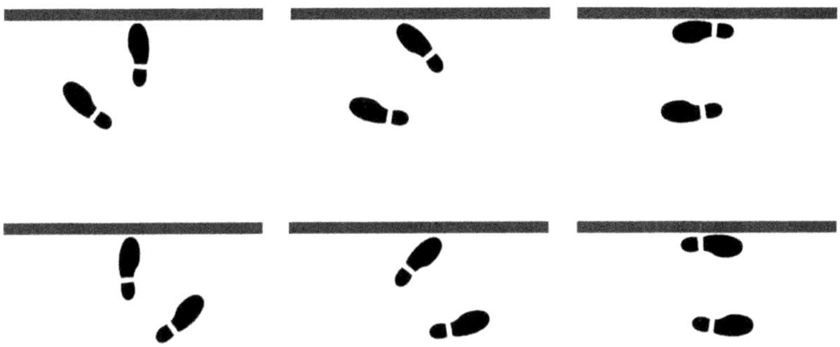

Der Fuß der Wurfhandseite kommt nach vorne. Rechtshänder stellen also das rechte Bein ans Oche. Es gibt verschiedene Möglichkeiten, den Fuß zu platzieren. Ob nun gerade, leicht angewinkelt oder in einem 90-Grad-Winkel. Das Körpergewicht wird hauptsächlich auf dieses Standbein verlagert. Der andere Fuß steht dahinter, dient der Balance, und mindestens die Fußspitze berührt dauerhaft den Boden. Es ist davon abzuraten, beide Fußspitzen nach vorne ans Oche zu stellen. In diesem Fall kann der Dart ohne Zuhilfenahme des Oberkörpers kaum zur Scheibe befördert werden. Und schon gar nicht zielgerichtet. Ein Stand parallel zum Oche hat den Vorteil der immer gleichen Fußstellung. Ein Nachteil ist jedoch der mögliche Verlust der Stabilität. Zudem muss in diesem Fall der Oberkörper gedreht werden, um den Wurf auszuführen. Dies kann auf lange Distanzen anstrengend sein.

6.3 DAS ZIELEN

Anders als in vielen anderen Sportarten geht es beim Darts nicht darum, etwas besonders hart oder weit zu katapultieren, sondern ausschließlich um Präzision. Außerdem gibt es weder Kimme noch Korn, sodass ein Zielen im Sinne des Sportschützen nicht möglich ist. Das Zielen beim Darts kann eher mit einem Ballwurf verglichen werden, bei dem man in Richtung des Ziels blickt. Dafür muss zunächst das dominante Auge ermittelt werden. Zeige mit einem Finger auf das Bullfeld, während du beide Augen geöffnet hast. Nun schließt du einfach eines deiner Augen. Schließt du das rechte Auge und zeigst noch immer auf das Bullfeld, ohne den Finger bewegen zu müssen, so ist das linke Auge das dominante. Falls nicht, probiere es andersherum und schließe das linke Auge. Zeigst du nun, durch das rechte Auge geblickt, noch immer nicht genau auf das Bullseye, dann ist keines deiner Augen deutlich dominant. In dem Fall ziele über beide Augen.

Die Mitte der Dartscheibe sollte sich in einer Linie mit dem Wurfarm befinden. Und diese Position sollte stets die Gleiche sein, es sei denn, das Zielfeld ist durch die bereits platzierten Pfeile derart verbaut, dass es keine andere Möglichkeit gibt, als seinen Standort leicht zu verändern. Dabei muss ein Dart in der Nähe des Zielfeldes nicht unbedingt ein Hindernis, sondern kann sogar eine Hilfe sein. Der Spieler kann den Pfeil als Bande benutzen und anwerfen oder ihn einfach als optische Unterstützung einsetzen. Eine Veränderung der Position bedeutet aber immer auch, dass sich die Entfernung zum Ziel verändert. Dementsprechend ist dann, je nach Ausgangsposition, mehr oder weniger Kraft beim Wurf erforderlich als üblich. Nun sucht man sich einen Punkt im Zielfeld, das kann ein Loch sein, den ein zuvor geworfener Dart hinterlassen hat, ein Schatten oder eine kleine Unebenheit im Sisal. Während der gesamten Wurfbewegung konzentriert man sich auf diesen kleinen Zielpunkt, nicht auf den Dart und überlässt den Rest seinem Unterbewusstsein.

6.4 DER WURF

Der eigentliche Wurf lässt sich in sechs Phasen gliedern:

1. **Ausgangsstellung:** Der Spieler bringt sich in seine angestammte Wohlfühlposition und macht sich für den Wurf bereit.
2. **Zielen:** Hierbei fokussiert der Spieler das Dartboard und visiert in dieser Antizipationsphase sein gewünschtes Feld an.

3. **Rückführung:** Der Wurfarm des Spielers führt den Dart flüssig entgegen der folgenden Wurfrichtung bis zu einem bestimmten Punkt, der sich von Spieler zu Spieler unterscheidet, in Richtung des eigenen Körpers, vorzugsweise in Kopfhöhe und idealerweise immer im Blickkorridor, zurück. In dieser Phase wird nicht nur Schwung geholt, sondern sie bereitet die folgende Phase vor. Fehler in dieser Bewegungsphase setzen sich als Fehler in der nächsten fort.
4. **Beschleunigung/Vorwärtsführung:** Der Wurfarm ändert nun die Richtung, und zwar gen Board. Die Bewegung bleibt flüssig, wird allerdings etwas dynamischer.
5. **Abwurf:** Hierbei wird der Dart endgültig auf die Reise geschickt. Der Spieler versucht, den Pfeil immer genau am gleichen Punkt seiner Bewegung loszulassen.
6. **Nachwurfbewegung/Follow Through:** Der Arm wird dabei völlig ausgestreckt, ohne Unterstützung der Schulter, geschweige denn des Oberkörpers oder gar der Beine, und die Hand bzw. die Finger zeigen schließlich in Richtung des Ziels, die Finger klappen dabei durchaus nach unten ab.

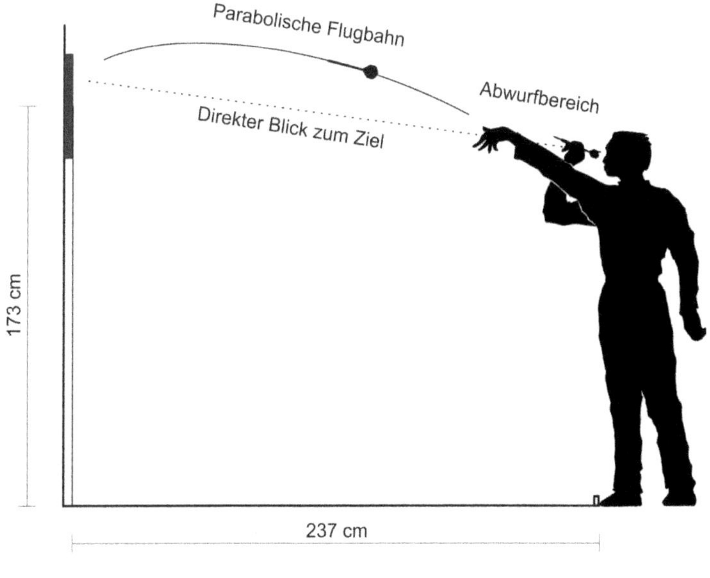

Eine immer gleiche Grundstellung ist das Fundament für einen guten Wurf. Man kann sich die Wurfbewegung sehr gut anhand eines Gummibandes vorstellen: Bei der **Rückführung** wird das Band leicht gespannt, das heißt, die Muskeln, in diesem Fall der Unterarmbeuger, bekannt als Bizeps, bereiten die entscheidende gesamte Vorwärtsbewegung vor.

Bei der Vorwärtsbewegung wird diese Anspannung aufgelöst und der Antagonist des Bizeps, der Trizeps, der Unterarmstrecker, übernimmt die Bewegungsführung. Diese Phase sollte flüssig und ohne jegliche Unterbrechung ausgeführt werden. Das heißt ohne zucken oder ruckeln.

Spieler, die an *Dartitis* leiden, berichten oft von einem unkontrollierbaren Zucken. Sie können den Arm nicht sanft in Richtung des Dartboards bewegen und lassen den Pfeil an unterschiedlichen Positionen los. Für einen sauberen Wurf ist eine flüssige Bewegung unabdingbar, um über einen längeren Zeitraum erfolgreich die gewünschten Ziele zu treffen.

Eine wichtige Rolle bei der Wurfbewegung spielt der Ellbogen. Er sollte während der gesamten Wurfbewegung an einer Stelle verbleiben und sich weder horizontal noch vertikal bewegen. Dies führt sonst dazu, dass die Darts das Ziel verfehlen.

Eine vollständige Nachwurfbewegung ist beim Darts wie in jeder Ballsportart natürlich und notwendig. Ein vorzeitiger Abbruch der Nachwurfbewegung führt schnell dazu, dass der Pfeil die Hand in verschiedenen Momenten verlässt, sodass sich unweigerlich eine erhöhte Streuung ergibt, aus der ungenaue Würfe resultieren und so ein entsprechendes Trefferbild mit vermehrten Fehlwürfen entsteht. Mit Beendigung des ersten Wurfs startet automatisch der zweite, mit der Übergabe des zweiten Pfeils in die Wurfhand. Alle drei Würfe sind in einem Guss und als zusammenhängender Ablauf durchzuführen. Der Rhythmus sollte möglichst immer gleich bleiben, damit Kontinuität erreicht werden kann. Hierbei ist die fehlerlose Übergabe und der sofortige, richtige Grip von großer Bedeutung, um den Flow nicht zu verlieren.

Auch wenn man sein Ziel in einer geraden Linie anvisiert, so beschreibt die Flugbahn des Darts eine parabolische Kurve. Eben dieser Winkel der Flugbahn, zusammen mit der Wurfgeschwindigkeit, und die Position des Darts zum Zeitpunkt des Abwurfs entscheiden über den Landepunkt. Diese drei Dinge unterbewusst zu kontrollieren, ist das ultimative Ziel im Dartsport. Wer den Abwurfpunkt kontrollieren kann, kontrolliert das Spiel. Die rein physische Kontrolle ist schwierig, es geht mehr um ein Gefühl. Man muss den richtigen Wurf fühlen.

Noch eines: Auch wenn der Dart nur um einen Millimeter das Ziel verfehlt, ist dies kein Pech. Der Spieler allein ist für seine Fehlwürfe verantwortlich. Bewertungsparameter wie Glück oder Pech sind nicht angebracht. Wenn ein Elfmeterschütze im Fußball immer wieder den Pfosten und nicht ins Tor trifft, dann hat er kein Pech, sondern ist dafür verantwortlich, dass der kleine Ball nicht im riesengroßen Tor landet. Dass es im Fußball noch zusätzlich einen Torwart gibt, sei in diesem Zusammenhang geschenkt.

Es kann eine Weile dauern, bis man den perfekten Wurf gefunden hat. Auf dem Weg dorthin gibt es viele Möglichkeiten, abzuweichen: Einmal ist die Nachwurfbewegung zu lang, einmal zu kurz, einmal die Rückführung nicht weit genug, einmal zu weit, mal der Abwurfpunkt zu früh, mal zu spät, mal dreht sich das Handgelenk beim Abwurf und lässt die Darts schräg im Board landen.

Erst mit einer großen Anzahl an Wiederholungen bildet sich der perfekte Wurf heraus, den im Idealfall das kognitive System unbewusst steuert. Man konzentriert sich nur auf sein Ziel, antizipiert und vertraut auf sich selbst. Wer jeden Wurf im Vorfeld bewusst überdenken und kontrollieren will, kommt nie ans Ziel, beziehungsweise seine Pfeile fliegen nicht ins selbige. Das heißt aber nicht, wenn es in einem Match gar nicht läuft, dass man seine Fehlerquellen nicht analysieren sollte. In solch einer Phase ist das unbedingt notwendig. Ansonsten gilt: Kopf frei und lass es fliegen. Denn wenn's läuft, dann läuft's.

6.5 DARTS-MENTAL

Darts ist eine Präzisionssportart. Die motorische Leistung wird nicht so sehr von den üblichen Leistungskomponenten Ausdauer, Kraft und Schnelligkeit bestimmt, sondern vielmehr von Feinmotorik sowie Bewegungsintelligenz und -gefühl. Ein wichtiger Faktor ist zudem die mentale Stärke. Der Glaube an die eigenen Fähig- und Fertigkeiten ist von enormer Wichtigkeit wie auch die Selbstregulierung des psychischen Aktivierungsniveaus, das heißt, sowohl der neuromuskulären als auch der psychischen Erregbarkeit. Das bedeutet, Spannung aufzubauen, diese aber auch wieder abzubauen, was sich in vollster Konzentration einerseits und Jubel anderseits äußern kann. Wie der Name mentales Training schon ausdrückt, sind solche Parameter durch gezielte Übungen trainierbar. Man darf auf keinen Fall die Nerven verlieren, denn dann hat man oftmals auch schon das sportliche Duell verloren. Dies kann in Ausnahmesituationen vielen Sportlern passieren, denke nur an Mike Tyson, der Evander Holyfield im Boxring ein Stück vom Ohr abgebissen, Michael Schumacher der Damon Hill absichtlich auf der Formel 1 Piste gerammt oder Frank Rijkaard der bei der Fußball-WM 1990 Rudi Völler angespuckt hat. Übrigens haben alle drei nicht nur die Contenance, sondern auch den sportlichen Vergleich verloren.

Formeln wie: „Darts ist zehn Prozent Technik und 90 Prozent Kopfsache" sind indes aberwitzig. Denn mit einem niedrigen Technikniveau hat man per se keine Chance gegen einen technisch voll ausgebildeten Athleten. Die Stärke des mentalen Systems wird dann entscheidend, wenn gleich starke Gegner aufeinandertreffen.

Was alle großartigen Dartspieler indes verbindet, ist dieses Gefühl des richtigen Wurfs und das Vertrauen in den Instinkt. Der perfekte Bewegungsablauf kann nicht mit den Augen gesteuert oder physisch kontrolliert werden, er kann lediglich gefühlt werden. Entspannte Konzentration ist der Schlüssel zum Erfolg.

Stehe bequem, lenke die Aufmerksamkeit auf das gewünschte Ergebnis, visiere das Zielfeld an und vertraue der großartigen Präzision des Unterbewusstseins.

Um im Training Veränderungen am Bewegungsablauf bzw. Wurf herbeizuführen, konzentriere dich auf das Element, das korrigiert werden soll, ohne zu urteilen. Bewusste physische Veränderungen führen nicht zum gewünschten Resultat, Kontrolle kann so nicht erlangt werden.

Allein die intensive Konzentration auf eine Komponente des Wurfs veranlasst den Körper, dort eine Veränderung herbeizuführen. Das Unterbewusstsein zieht automatisch seine Lehren aus guten und aus schlechten Würfen. Arbeit an der Technik ist ausschließlich im Training sinnvoll, im Wettkampf tabu.

Ein Verlust des Gefühls für den perfekten Wurf im Wettkampf geht oftmals mit Selbstzweifeln einher. In dieser Situation hilft es, den Fokus weg vom Ziel des Spiels und seinen Erwartungen hin zu reiner Aufmerksamkeit zu lenken. Aufmerksamkeit auf den Bewegungsablauf, ohne bewusst Einfluss darauf nehmen zu wollen.

Nach dem Wettkampf kann man im Training an möglichen Problemen arbeiten. Hier gilt es wieder, die Aufmerksamkeit und Konzentration voll auf dieses Problem zu richten und dem Unterbewusstsein zu vertrauen, Korrekturen herbeizuführen.

6.6 DARTITIS

Dartitis, dart-eye-tis ausgesprochen, ist ein Zustand, der es Spielern erschwert, den Dart loszulassen, es in der schlimmsten Form sogar unmöglich macht. Der Begriff wurde vom Redaktionsleiter des *Darts World Magazines*, Tony Wood, im Jahre 1981 erstmals benutzt. 2007 wurde er ins *Oxford English Dictionary* mit folgender Erklärung aufgenommen:

„Ein Zustand der Nervosität, der einen Spieler davon abhält, den Dart während des Wurfes zum richtigen Zeitpunkt loszulassen."

Dartitis wurde in erster Linie durch den fünffachen Weltmeister Eric Bristow bekannt, der 1987 während der Swedish Open feststellen musste, dass er den Dart nicht mehr richtig loslassen konnte. Eric Bristow konnte Dartitis überwinden, aber nie mehr zu alter Form zurückfinden, obwohl es ihm 1990 gelang, die Spitzenposition in der Weltrangliste zurückzuerobern.

Sowohl Mervyn King als auch Mark Walsh hatten ebenfalls mit Dartitis zu kämpfen, präsentierten sich nach der Bezwingung des Problems allerdings stärker als jemals zuvor.

Auch in anderen Sportarten gibt es dieses psychologische Phänomen. Im Golfsport wird es als *Yips* bezeichnet, ein mentaler Zustand, in dem die Spieler unfähig sind, ihre Bälle aus kurzen Distanzen einzuputten. Im Bogenschießen gibt es das *Goldfieber*, auch als *Schusshitze* oder *Schussangst* bezeichnet, bei dem der Schütze die Mitte der Scheibe nicht mehr anvisieren kann oder nicht mehr in der Lage ist, den Pfeil loszulassen.

★ 7 ★

DARTS-REGELN

7.1 501 DOUBLE OUT

Wenn man vom Dartspiel spricht, ist meistens von 501 die Rede. Es ist sozusagen das Standardspiel, wird sowohl in der Steel- als auch E-Darts-Bundesliga gespielt und bei allen Weltmeisterschaften verwendet. Weiterhin sind kürzere Varianten, 101 und 301, möglich und, vor allem im Team (Doppel) die Spiele mit höherem Score, sprich 701 oder 1001.

Anleitung X01

Ziel:

Die Punkte (101, 301, 501, 701, 1001) als Erster genau auswerfen.

Wenn nicht anders angegeben wird bei allen Wettkämpfen „Straight In" (Start mit jedem Feld möglich) und „Double Out" (das Spiel muss mit einem Doppelfeld beendet werden) gespielt. Das Bullseye zählt ebenfalls als Doppelfeld (50 Punkte). Erzielt ein Spieler mehr Punkte, als er Rest hat, so hat er sich überworfen und beginnt die nächste Runde erneut mit dem vorherigen Score.

Zunächst wirft jeder Spieler einen Dart auf das Bullfeld. Derjenige, der näher an die Mitte herangeworfen hat, beginnt das Spiel.

Ein Wurf besteht aus drei Darts, es sei denn, ein Leg, Satz oder Spiel kann mit weniger Darts beendet werden. Jeder Dart, der aus dem Board fällt oder abprallt, darf nicht wieder geworfen werden. Der erste Spieler oder das erste Team, der (das) die Punktzahl durch Treffen des benötigten Doppels auf null reduziert, ist Sieger des Legs, Satzes oder Spiels.

Wirft ein Spieler, nachdem er das benötigte Doppel schon getroffen hat, irrtümlich noch einen Dart nach, zählen diese Punkte nicht, wenn der Spieler durch den zuvor geworfenen Dart Leg, Satz oder Spiel beendet hat.

Die geworfenen Punkte sowie die Restpunktzahl werden wie auf der Abbildung notiert. Zu beachten ist dabei, dass sobald ein Spieler in den Finishbereich (der Bereich, ab dem das Spiel beendet werden kann <= 170 Punkte) gelangt, sowohl die geworfene Punktzahl als auch der vorige Rest zur besseren Verdeutlichung durchgestrichen werden.

Spieler 1		Spieler 2	
	501	501	
26	475	456	45
100	375	316	140
85	~~290~~	~~235~~	81
~~140~~	150	55	~~180~~

Strategie:

Das Scoren sollte beim 501 über die höchstmöglichen Felder, sprich Triple 20, 19 oder 18, erfolgen. Sollte bei einem Triplefeld die Sicht versperrt sein, ist es sinnvoll, auf eines der anderen zuvor genannten Segmente zu gehen und damit einen sogenannten *Cover-Shot* auszuführen.

Um die möglichen Auswurfwege zu lernen, sollte man sich mit einer Outchart-Tabelle (im Anhang) beschäftigen. Grundsätzlich kann man sagen, dass die Doppelfelder, die sich häufiger halbieren lassen, eher verwendet werden sollten:

D16, D8, D4, D2, D1
D20, D10, D5
D12, D6, D3
D18, D9
D14, D7
D11, D13, D15, D17, D19

X01-Varianten
Straight In: Start mit jedem Feld möglich.
Double In: Start nur mit einem Doppelfeld möglich.
Straight Out: Auswurf mit jedem Feld möglich.
Double Out: Der letzte Dart muss ein Doppelfeld treffen.
Master Out: Das Spiel kann mit Triple oder Doppel beendet werden.

7.2 CRICKET

Cricket dürfte nach dem 501-Klassiker zu den beliebtesten Spielen überhaupt gehören. In den USA steht es sogar an erster Stelle.

Anleitung Cricket
Ziel:
Die vorgegebenen Felder als Erster dreimal treffen und die höchste Punktzahl besitzen.

Jeder Spieler versucht, die Segmente 20, 19, 18, 17, 16, 15 und das Bull möglichst schnell dreimal zu treffen. Sobald ein Feld, entweder durch dreimal ein Singlesegment, je einmal ein Single- und Doppelsegment oder einmal das Triplesegment, getroffen wurden, ist es geschlossen. Jeder weitere Treffer wird als Punktzahl notiert, sofern der Gegner es noch nicht abgedeckt hat.

Beispiel: Erster Spieler beginnt, trifft Single 5 (Fehlwurf), Single 20 (ein Treffer) und Triple 20 (drei Treffer), so hat er das 20er-Segment geschlossen und bekommt weitere 20 Punkte als Guthaben notiert. Der zweite Spieler ist an der Reihe und trifft Single 19 (ein Treffer), Doppel 19 (zwei Treffer = Feld geschlossen) und Triple 18 (Feld ebenfalls geschlossen).

Das Spiel gewinnt derjenige Spieler, der alle Zahlen und das Bull abgedeckt und die meisten Punkte erzielt hat. Haben zwei Spieler die gleiche Punktzahl, dann gewinnt der Spieler, der als Erster alle Zahlen und das Bull abgedeckt hat.

Spieler 1			Spieler 2	
20	~~XX~~	20	X	19
	X	19	~~XX~~	
		18		
		17		
		16		
		15		
		Bull		

Strategie:

Da es beim Cricketspiel von zentraler Bedeutung ist, die höchste Punktzahl zu besitzen, endet nicht selten ein Spiel in einer wahren Punkteschlacht. Auch wenn das 20er-Feld nur einen Punkt mehr als das 19er-Feld zählt, so bedeutet es dennoch, dass es einen Treffer mehr wert ist.

Der Gegner muss also zweimal die 19 treffen, um dies auszugleichen. Man sollte beim Cricket dennoch vermeiden, dem Gegner hinterher zu werfen, sondern vielmehr selbst Druck aufbauen, um so dem Gegenüber sein Spiel aufzuzwingen.

Startet der Gegner beispielsweise mit vier 20ern, so ist es sinnvoll zu versuchen fünf 19er zu treffen und dann erst das 20er-Feld zu schließen oder sogar mit der 18 das nächste Feld zum Punkten zu eröffnen.

7.3 TAC TICS

Beim Tac-Tics-Spiel handelt es sich um eine Erweiterung des Cricket-Spiels um die Felder 14, 13, 12, 11 und 10. Es ist in einigen deutschen Regionen sowie den Niederlanden sehr verbreitet.

Anleitung Tac Tics
Ziel:
Die vorgegebenen Felder als Erster dreimal treffen und die höchste Punktzahl erzielen.

Der größte Unterschied zum Cricketspiel besteht darin, dass es durch die zusätzlichen Felder 14/11 und 15/10 zwei Segmente gibt, die direkt übereinanderliegen und als „Doppelfelder" bezeichnet werden.

Dadurch ergibt sich auch eine etwas andere Strategie, bei der die 15/10- und die 14/11-Kombinationen oftmals dem 17er- und 16er-Feld vorgezogen werden. Durch das länger andauernde Spiel ist es darüber hinaus eher möglich, eine schon verloren geglaubte Partie noch einmal zu drehen.

★ 8 ★

DARTS-TRAINING

Während es in den allermeisten Sportarten selbstverständlich ist, seine Fähig- und Fertigkeiten durch Training zu verbessern und sich auf den Wettkampf vorzubereiten, ist im Darts ein nicht unerheblicher Spieleranteil davon überzeugt, dass dies nicht nötig sei. Selbst der eine oder andere Profi ließ in Interviews verlauten, dass er überhaupt nicht trainiere.

Vollzeitprofis mit ihren vollgepackten Turnierkalendern und Show-Veranstaltungen, sogenannten *Exhibitions* oder *Galas*, erachten oftmals die Wettkämpfe selbst als Training. Für ambitionierte Amateure ist es hingegen unerlässlich, sich einen Trainingsplan zu erarbeiten. Insbesondere dann, wenn der Wurf noch nicht völlig ausgebildet ist. Hier gilt die allgemeine Regel: je häufiger, desto besser.

Es gibt hier zwei verschiedene Gruppen. Zur ersten Gruppe gehören Spieler, die in erster Linie Spaß am Spiel haben wollen. Sie sollten Trainingsspiele nutzen, die ihnen Freude bereiten und quasi nebenbei den eigenen Wurf perfektionieren.

Spieler der zweiten Gruppe möchten so gut werden, wie sie nur können. Sie nutzen das Training, um einzelne Bereiche, in denen Handlungsbedarf besteht, zu optimieren. Hier helfen maßgeschneiderte Übungen,

z. B. für das Warmwerfen, Gruppieren der Darts, Scoring, Zielen auf Doppelfelder oder Ausbullen.

8.1 WARMWERFEN

Für das Einwerfen vor dem Training oder Wettkampf gibt es zwei Möglichkeiten:

1. **Gruppieren** – der erste Dart wird in Richtung eines beliebigen Segments geworfen, z. B. der Triple 20. Dieser Dart dient nun als Vorgabe für die folgenden beiden Pfeile, und zwar unabhängig davon, wo er gelandet ist. Ziel ist nun, die beiden folgenden Pfeile möglichst nah an den ersten heranzuwerfen und die Darts so dicht wie möglich zu gruppieren.
2. **Alle Segmente treffen** – es wird der Reihe nach so lange auf alle Felder geworfen, bis sie jeweils einmal getroffen wurden. Reihenfolge: große Singlefelder 1-20, dann Bull, kleine Singlefelder, dann Bull, Doppelfelder, Bullseye und schließlich der Reihe nach Triplefelder.

8.2 SCORE-TRAINING

100 x 20

Es werden 100 Darts auf das 20er-Segment geworfen. Single 20 zählt einen Punkt, Doppel 20 zählt zwei Punkte und Triple 20 zählt drei Punkte.

Für einen Anfänger werden 100 Punkte ein herausforderndes Ziel sein, Fortgeschrittene sollten die 100 Punkte nicht unterschreiten und bis zu 140 Punkte schaffen können, Profis erreichen bis zu 200 Punkte. Übergänge zwischen Anfängern, Fortgeschrittenen und Profis sind selbstverständlich fließend und sollen nur als Orientierung dienen.

Round the World Punkte

63 Darts stehen für dieses Spiel zur Verfügung und somit drei Darts für jedes Feld. Geworfen wird der Reihe nach von der 1 bis zum Bullseye. Treffer im Triple zählen drei, im Doppel zwei und im Single jeweils einen Zähler. Anfänger schaffen rund 40, Fortgeschrittene rund 80 und Profis über 100 Punkte.

180er Training

Dieses Trainingsspiel soll „die Angst des Versagens" vor dem dritten Dart nehmen, nachdem die ersten beiden bereits im Triple 20-Feld gelandet sind. Es wird auf die Triple 20 geworfen. Sobald der erste Dart dort landet, verbleibt er im Triplefeld, und es wird nur noch mit zwei Darts weitergeworfen. Ist der zweite Dart im Triplefeld untergebracht, bleibt auch er dort stecken, und es wird nur noch mit einem Dart gespielt.

Das fühlt sich zwar nicht ganz wie eine „echte 180" an, es entsteht jedoch ein Gewöhnungseffekt, sodass im richtigen Spiel der Druck nach dem zweiten Dart abnimmt, wenn man es mit diesem Spiel häufiger trainiert hat. Eine gute Projektion, dass es sich um einen einzigen Wurf handelt, unterstützt die Sache gewaltig.

8.3 DOPPEL-TRAINING

Präzision

Wähle einige, beliebige Doppelfelder aus und zwar vorzugsweise diejenigen, die du häufig verwendest, z. B. D16 und Tops oder/und, auf die du trainieren möchtest. Die Anzahl der ausgewählten Doppelfelder richtet sich nach der Trainingszeit, die dir zur Verfügung steht. Fortgeschrittene Spieler schaffen rund zehn Felder in einer Stunde.

Ziel der Übung ist, jedes dieser Doppel fünfmal zu treffen. Und du wirfst maximal fünf Darts hintereinander pro Runde auf das Doppel, welches an der Reihe ist.

Nehmen wir an, du hast die D16 als erstes Doppel ausgewählt. Die ersten fünf Darts gehen in Richtung dieses Doppels, und jeder Treffer wird notiert. Der sechste bis zehnte Dart wird auf das nächste ausgewählte Doppel gezielt und so weiter. Wenn das Ende der Liste erreicht ist, kehrst du zum ersten ausgewählten Doppel, in diesem Fall die D16, zurück, und versuchst, die insgesamt fünf Treffer zu vervollständigen.

Auch in dieser Runde stehen dir maximal fünf Darts zur Verfügung. Zum Ende hin bleiben diejenigen Doppelfelder übrig, die dir am meisten Schwierigkeiten bereiten. Diese solltest du beim nächsten Präzisionstraining unbedingt wieder ins Training aufnehmen.

Round the World Doppel

Die Doppelfelder von 1 bis 20 + Bullseye werden einfach der Reihe nach anvisiert. Hier gibt es nun verschiedene Varianten:

Anfänger: Drei Darts auf jedes Doppel werfen – die Anzahl der getroffenen Doppel wird notiert.
Fortgeschrittene: Solange auf jedes Doppel werfen, bis jedes Feld getroffen wurde.
Fortgeschrittene: Immer einen Dart auf jedes noch nicht getroffene Doppelfeld werfen, Beispiel: 1. Runde D1 daneben, D2 getroffen, D3 daneben, nächste Runde geht dann auf D1, D3 und D4.
Profis: Solange auf jedes Doppel werfen, bis jedes Feld zweimal getroffen wurde, und zwar in einer Runde.

Black Belt

Weltmeister John Part verleiht demjenigen den imaginären Schwarzen Gürtel, der es schafft, ohne Fehlwurf jedes Doppelfeld einschließlich Bullseye mit drei Darts der Reihe nach zu treffen. Trifft man das Doppelfeld mit dem ersten oder zweiten Dart, so gelten die in der Hand verbleibenden Darts als Bonusdarts. Trifft man ein Doppelfeld nicht, fängt man wieder mit D1 an. Man kann das Spiel auch rückwärts (von D20 bis D1) spielen, wobei das Bullseye immer zum Schluss an die Reihe kommt.

Beispiel: Beginne mit D1: 1. Dart daneben, 2. Dart D1, 3. Dart auf D2 daneben, man hat nun maximal 3 Darts, um D2 zu treffen. 1. Dart D2, 2. Dart auf D3 daneben, 3. Dart auf D3 daneben, 3 weitere Darts für D3, daneben, daneben, daneben, Start wieder mit D1.

8.4 TRAININGSSPIEL

Bobs 27

Es geht nur um die Doppelfelder: D1, D2, D3 bis D20 und Bullseye.
Du bekommst 27 Punkte gutgeschrieben.
Starte mit D1, wirf alle drei Darts auf die D1.
Triffst du die D1 einmal, dann addiere zwei Punkte zu deinem Guthaben von 27 Punkten = 29 Punkte.
Solltest du die D1 nicht nur einmal treffen, sondern zweimal, dann addiere vier Punkte dazu = 31.
Solltest du die D1 nicht treffen, dann subtrahiere zwei Punkte von den 27 Punkten = 25 Punkte.
Danach gehst du auf die D2, wirf alle drei Pfeile auf die D2.
Nehmen wir an, du hattest eine D1 getroffen und hast nun 29 Punkte.
Jetzt triffst du aber keine D2, dann musst du vier Punkte von den 29 abziehen, bleiben 25 übrig.

Jetzt gehst du jedes Doppel der Reihe nach durch, immer alle drei Pfeile auf dieses Doppel. Das Spiel endet, wenn du ins Bullseye geworfen hast oder wenn dein Guthaben einen negativen Wert aufweist, also wenn du beispielsweise von D1 bis D5 gar keins triffst, dann beginnt das Spiel von vorne. Anfänger können auch mit negativen Werten weiterspielen.

Orientierung:

Anfänger: 0 Punkte
Fortgeschrittener: 400 Punkte
Profis: 700 Punkte und mehr

★ 9 ★

DARTS-STATISTIKEN

9.1 PREISGELDENTWICKLUNG

Bei der ersten Weltmeisterschaft der BDO wurden 10.500 Pfund ausgeschüttet. Diese Summe stieg bis zum Jahr 2014 kontinuierlich bis auf 300.000 Pfund. Bis einschließlich 2019 blieben die Preisgelder für die Herren auf diesem Niveau.

2020 entschied sich die BDO, mit der Weltmeisterschaft vom etablierten *Lakeside Country Club* in Frimley Green in die *O2-Arena* nach London umzuziehen. Konsequenz war, dass dies vielen Fans nicht gefiel und deshalb deutlich weniger Eintrittskarten verkauft wurden. Dies hatte wiederum zur Folge, dass die BDO gezwungen war, kurzfristig die Preisgelder massiv zu senken. Im Herren-Wettbewerb wurden nun lediglich insgesamt 127.000 Pfund ausgelobt.

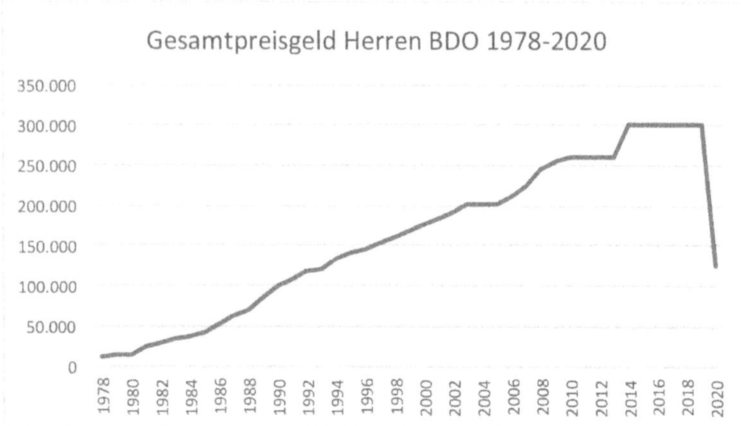

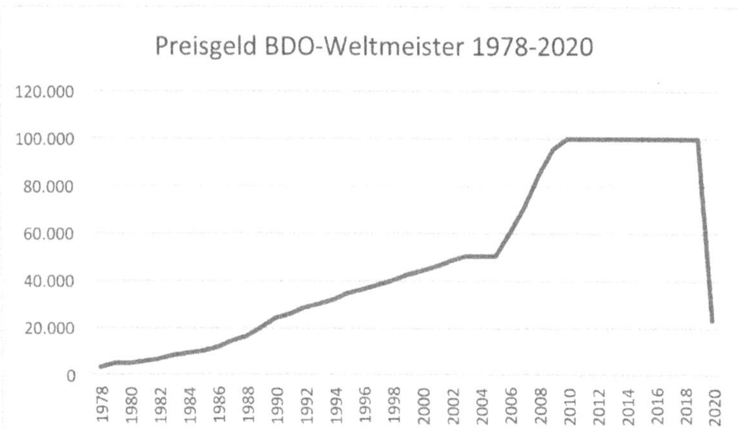

Nachdem Glen Durrant sich 2019 für den Gewinn der BDO-WM noch über 100.000 Pfund freuen durfte, bekam Wayne Warren 2020 lediglich 23.000, ergo 77.000 Pfund weniger. Dies war der niedrigste Siegerscheck seit 1989, als Jocky Wilson 20.000 Pfund für die WM-Krone bekam.

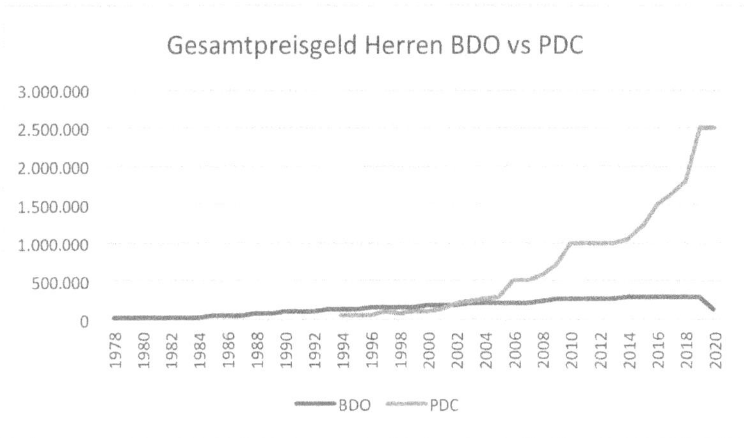

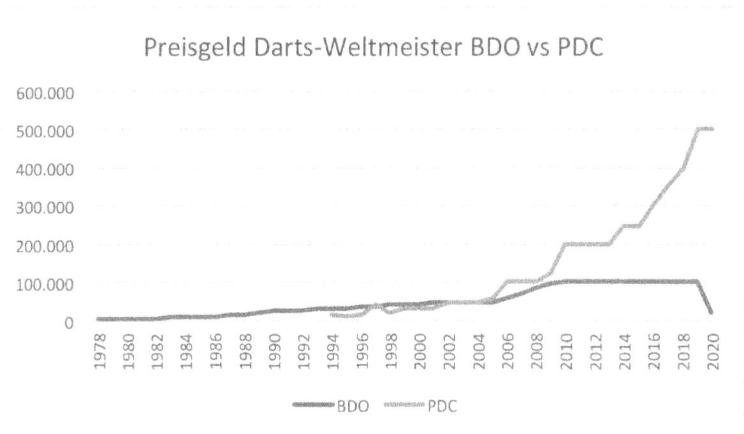

Nach der Embassy-Weltmeisterschaft 1993 entschieden sich 16 Spieler, die BDO zu verlassen und einen eigenen Verband, das World Darts Council (WDC), zu gründen. Das WDC wurde später in Professional Darts Corporation (PDC) umbenannt.

Das WDC organisierte sodann eine eigene Weltmeisterschaft, die bis heute vor der BDO-WM stattfindet. Die erste Auflage begann am Boxing Day, dem zweiten Weihnachtstag, Sonntag, den 26. Dezember 1993, mit dem Finale am Sonntag, den 2. Januar 1994. Sie war mit 64.000 Pfund dotiert, damals rund die Hälfte des BDO-Preisgeldes. So erhielt Dennis Priestley als erster WDC-Weltmeister mit 16.000 Pfund exakt die Hälfte des BDO-Weltmeisters John Part.

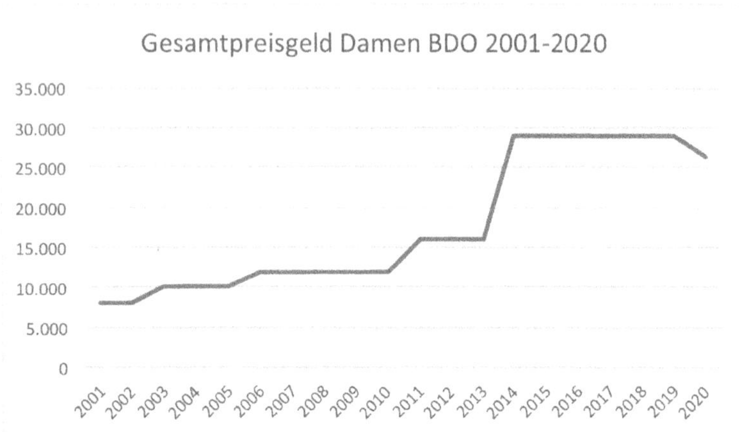

Seit 2001 trägt die BDO eine eigene Damen-Weltmeisterschaft aus. Trina Gulliver gewann die Premiere und wurde mit 8.000 Pfund belohnt. Auch die nächsten sechs Auflagen entschied die Engländerin für sich, die mit insgesamt zehn Siegen die mit Abstand erfolgreichste Dartspielerin überhaupt ist. Die Preisgelder stiegen analog zu den Herren bis auf 29.000 Pfund im Jahr 2014, blieben bis 2019 auf diesem Niveau und wurden 2020 aufgrund der BDO-Krise moderat auf 26.500 Pfund gesenkt.

Auch die PDC versuchte sich 2010 mit einer eigenen Damen-Weltmeisterschaft. Stacy Bromberg besiegte Tricia Wright im Finale und erhielt dafür 10.000 Pfund. Es blieb bis dato die einzige PDC-WM für die Damen.

9.2 AVERAGEENTWICKLUNG

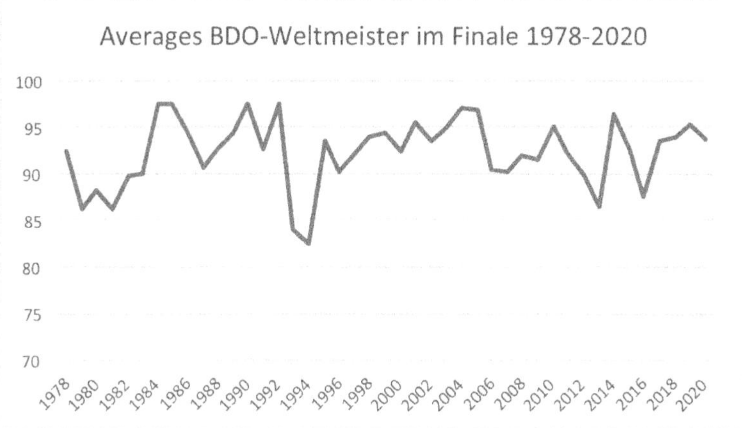

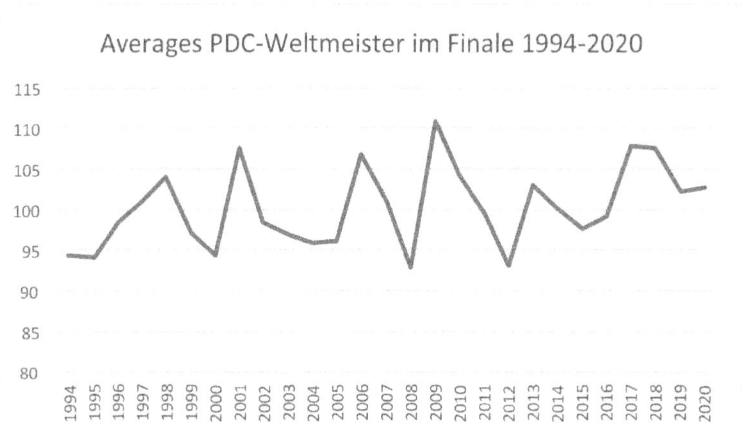

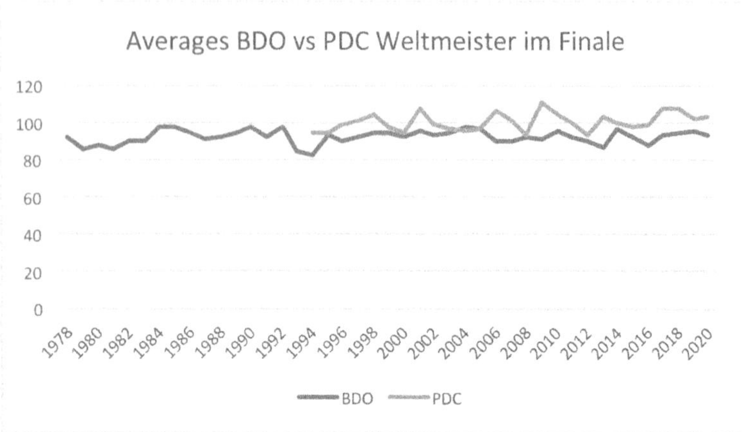

Während in der Anfangszeit der BDO-Weltmeisterschaften noch rund 86 Punkte im Schnitt ausreichten, um das Finale zu gewinnen, stieg dieser Wert ab Mitte der 1980er-Jahre deutlich über 90 Punkte an, erreichte jedoch niemals die magische 100. Phil Taylor gelang im Jahr 1992 mit 97,58 der höchste Average, der jemals im Endspiel dokumentiert wurde.

Das Niveau bei den PDC-Weltmeisterschaften lag deutlich höher. So wurde zwölfmal ein Durchschnitt von über 100 Punkten erzielt. Phil Taylor hält auch hier mit 110,94 den Rekord, den er 2009 aufstellte.

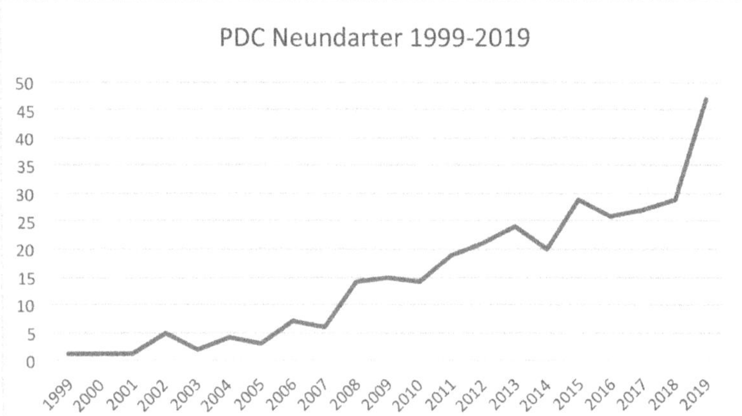

Während der 9-Darter in den Anfangszeiten des professionellen Dartsports noch die absolute Ausnahme war, so unterstreicht der starke Anstieg in der Anzahl der perfekten Spiele die enorme Zunahme des Leistungsniveaus.

9.3 9-DARTER

Der 9-Darter ist das perfekte Spiel im Darts, vergleichbar mit einem 147er-Maximum im Snooker oder einem 300er-Punkte-Spiel im Bowling. Es gibt 71 verschiedene Möglichkeiten, ein Spiel von 501 auf Double Out mit neun Darts zu beenden.

Den ersten 9-Darter vor laufenden Kameras markierte John Lowe im Jahre 1984. Nach zweimal 180 wählte „Old Stoneface" den Weg über die T17, T18 und D18. Er erhielt dafür ein Preisgeld von 175.000 US-Dollar und gewann das Turnier.

71 Möglichkeiten zum 9-Darter

180	180	141		177	170	154		171	170	160		165	180	156
180	177	144		177	168	156		171	160	170		164	180	157
180	174	147		177	167	157		170	180	151		164	177	160
180	171	150		177	164	160		170	177	154		164	170	167
180	170	151		177	160	164		170	174	157		164	167	170
180	168	153		177	157	167		170	171	160		161	180	160
180	167	154		177	154	170		170	170	161		161	170	170
180	165	156		174	180	147		170	167	164		160	180	161
180	164	157		174	177	150		170	164	167		160	177	164
180	161	160		174	174	153		170	161	170		160	174	167
180	160	161		174	171	156		168	180	153		160	171	170
180	157	164		174	170	157		168	177	156		157	180	164
180	154	167		174	167	160		167	180	154		157	177	167
180	151	170		174	160	167		167	177	157		157	174	170
177	180	144		174	157	170		167	174	160		154	180	167
177	177	147		171	180	150		167	170	164		154	177	170
177	174	150		171	177	153		167	167	167		151	180	170
177	171	153		171	174	156		167	164	170				

★ 10 ★

DARTS-BOOM

Der Begriff **Darts-Boom** machte in jüngster Vergangenheit des Öfteren die Runde, insbesondere im medialen Bereich. Was ist ein Boom?

Der *Duden* definiert: „(Plötzlich) wirtschaftlicher Aufschwung, Hochkonjunktur", um dann eine Brücke zu einer Allgemeingültigkeit zu schlagen, die besagt: „Plötzliches gesteigertes Interesse an/für etwas, das dadurch sehr gefragt ist!"

Also exemplarisch das plötzlich zu Beginn der Sars-CoV-2-Pandemie in Deutschland gesteigerte Interesse an Toilettenpapier! Im Sport eher so etwas wie Nordic Walking, also Leute, die gern am Stock laufen.

Wesentlich krasser artete der Fahrradboom im Jahre 1977 aus, nachdem der 22-jährige Jungprofi Didi Thurau 16 Tage lang das „Maillot Jaune" des Gesamtführenden bei der 64. Auflage der Tour de France getragen hatte. Danach rissen sich die Neueinsteiger in den Fahrradhäusern gegenseitig die Rennmaschinen unter dem Hintern weg, samt den Trikots ihrer Idole – mit all den fett abgedruckten Sponsorenlogos. Freie Fahrt für Werbung.

Leistungsmäßig wurde Didi Thurau von Jan Ullrich überboten, dem es als bisher einzigen deutschen Rennradfahrer 1997 gelang, im Gelben Trikot die Ziellinie auf den Champs-Élysées zu überfahren. Was die Popularität angeht, hatte Jan Ullrich seinen Kollegen aus Frankfurt am Main um Längen abgehängt, doch es kam in Bezug auf Boom zu keiner zweiten Welle. Warum nicht? Die Sportfans hatten längst kapiert, dass Fahrradfahren in den Pyrenäen oder Alpen eine einzige Tortur ist. Da hochzusprinten und zu überleben, ist nur radelnden Apotheken vorbehalten.

Das Paradebeispiel einer weiteren sportlichen Hochkonjunktur war der Wimbledon-Sieg am 7. Juli 1985. Damit sorgte Boris Becker für eine prachtvolle Blütezeit im Tennis. Die Leute legten sich teuerstes Outfit an, es gab kaum einen Schläger, der gut genug war, die Tennislehrer waren plötzlich rund um die Uhr ausgebucht und mit ihnen die Plätze. Ein Jahr zuvor zählte der Deutsche Tennis Bund (DTB) 1.648.393 Mitglieder, eine Dekade später erreichte der DTB mit 2.299.553 Mitgliedern den Höchststand. Von da an ging's bergab, Jahr für Jahr. Heute ist die Anzahl auf 1.370.801 geschrumpft.

Im Darts vermelden die Spitzenverbände DDV (Deutscher Dart-Verband) im Steeldarts und der DSAB (Deutscher Sportautomatenbund) im E-Darts aktuelle Spitzenwerte. Die Anstiege sind sehr löblich, sehr anerkennenswert, und zeugen von guter Arbeit in beiden Organisationen. Ein richtiger Boom sieht jedoch anders aus.

Gleiches gilt für die TV-Präsenz. Die Fernsehzeiten haben in Deutschland beträchtlich zulegt. Dank *Sport1* – ohne Frage. Mit durchaus respektablen Zuschauerratings. Aber einmal die Lupe in die Hand genommen, offenbart uns dies nüchterne Zahlen. Bei der PDC-WM 2019 lagen die durchschnittlichen Einschaltquoten mit dem Beginn der letzten 32 Akteure zwischen 0,47 und 0,85 Millionen in der Primetime, nachmittags zwischen 0,23 und 0,36.

Selbst das Finale zwischen Michael van Gerwen und Michael Smith lag zwar im Durchschnitt über einer Million, vermochte sich dennoch nicht in der Top-Ten-Hitliste des 1. Januars zu platzieren. Die Vierschanzentournee im Skispringen am Nachmittag sahen zum Vergleich rund fünfmal so viele Zuschauer (5,32 Millionen).

Falls dich das noch interessiert: Die höchste Einschaltquote in diesem Jahrzehnt wurde im Fußball gemessen! Und zwar beim WM-Finale zwischen Deutschland und Argentinien bei der *ARD* mit 34,65 Millionen Zuschauern, was einem Marktanteil von 86,30 Prozent entsprach. Und dann auch das bitte noch: Die Top-Ten-Plätze in diesem Dekadenranking sind ausnahmslos von Fußballübertragungen okkupiert.

Auch wenn es verwunderlich ist, was TV-Analysen in einem Land von Dichtern und Denkern so offenbaren, bleibt das nüchterne Fazit übrig: Ein Boom sieht anders aus! Nestbeschmutzung? Ganz und gar nicht, will nur damit sagen, Darts ist durchaus auf einem guten Weg nach oben, aber dieser ist noch lang! Und die Frage sei erlaubt, ob die Anzahl von Zuschauern wirklich der absolute Gradmesser eines Booms oder Nichtbooms sei.

Je nachdem: Mehr Zuschauer bedeuten nicht automatisch mehr aktive Spieler! Beispiel Biathlon. Hierbei handelt es sich nebst Skispringen um die beliebteste Wintersportart in Deutschland. Nicht, dass es so viele Freizeitathleten gibt. Denn auf Skiern mit der Büchse donnernd durch den Wald zu laufen, geht nicht so einfach. Logo! Der Boom bezieht sich eindeutig aufs Zuschauen. Auf der Couch, auf dem Sessel, im Bett. Je nachdem. Sport geht allerdings anders. Ergo, der Biathlonboom ist nur TV-Konsum, allerdings mit Millionen von Zuschauern allein in Deutschland.

Die Interessen der bedeutendsten Dartsorganisationen in Deutschland sind überaus unterschiedlich. Die PDC zielt eindeutig auf Vermarktung ab, setzt Spitzenspieler ins Rampenlicht, TV-Übertragungen sind das A und O, ein sportlich-organisatorischer Unterbau spielt überhaupt keine Rolle, die Protagonisten entlehnt man den originären Sportverbänden und speist sie für die eigenen Zwecke ein.

Der DSAB setzt dagegen eindeutig auf Darts als Volkssport, das spielende Mitglied bildet den Mittelpunkt, das alltägliche Ligasystem steht im Zentrum. Der DSAB versteht sich zwar als Sportverband, aber als einer, der sich von den herkömmlichen Bürden eines Verbandswesens weitestgehend entfesselt hat und von einem marketingorientierten Fachpersonal geführt wird. Dennoch bietet der DSAB neben der Liga, mit der VFS/DSAB-Löwen Tour die größte Turnierserie Deutschlands, Deutsche Meisterschaften sowie weitere sportliche Highlights an.

Der DDV übernimmt mit seiner Organisation die übliche Rolle einer deutschlandweiten Dachorganisation, ist von einem angefangen von Landesverbänden bis zu Vereinen vor Ort strukturierten Unterbau geprägt und mit einem entsprechenden Sportprogramm ausgestattet. Der DDV ist außerdem Mitglied im Deutschen Olympischen Sportbund (DOSB).

10.1 DER OLYMPISCHE GEDANKE

So werden auch alle Verantwortlichen mit dem Thema „Olympia" konfrontiert. Also um Olympiade und Olympische Spiele. Wirklich? Zur Aufklärung müssen wir erst einmal erläutern, wofür diese Begriffe stehen.

Die Differenzen zwischen Olympiade und Olympische Spiele sind riesengroß. Zwar definieren beide Ausdrücke zeitliche Kenngrößen, aber total verschiedene, auch wenn sie sich gegenseitig bedingen, jedoch diametral zueinanderstehen, sie ergänzen sich ideal, sind aber unvereinbar. In der Hoffnung, du bist ordentlich verwirrt, kommt nun die Aufklärung.

Die Olympischen Spiele stehen für den effektiven Zeitraum, in denen die Olympischen Sommer- beziehungsweise Winterspiele ausgetragen werden. So fanden die jüngsten Olympischen Sommerspiele vom 5. bis 21. August 2016 in Rio de Janeiro (Brasilien) statt, die Olympischen Winterspiele wurden letztmalig vom 9. bis 25. Februar 2018 in Pyeongchang (Südkorea) ausgetragen.

Mit Olympiade wird indes die Zeit zwischen zwei Olympischen Spielen definiert, und zwar getrennt nach Sommer- beziehungsweise Winterspielen. Dazwischen liegen jeweils immer vier Jahre. Diese werden als Olympiade bezeichnet. Anmerkung am Rande: Die Olympischen Winterspiele werden erst seit 1924 als eigenes Event ausgetragen.

Die Zeitrechnung in Olympiaden ist völlig losgelöst davon, ob die Spiele ausgetragen werden oder nicht. 1936 fanden die XI. Sommerspiele in Berlin statt. Aufgrund des Zweiten Weltkriegs entfielen die Spiele 1940 und 1944 und so fanden die nächsten 1948 in London und zwar als die XIV. Olympischen Spiele statt.

Die Sars-CoV-2-Pandemie machte es notwendig, die XXXII. Sommerspiele in Tokio um ein Jahr auf 2021 zu verschieben, sodass erstmalig ein Zeitraum von fünf Jahren zwischen zwei Olympischen Spielen entsteht. Formal heißen sie deshalb allerdings auch Spiele zur Feier der XXXII. Olympischen Sommerspiele.

Olympia war indes der Austragungsort der Olympischen Spiele der Antike, daran angelehnt, wird olympisch heute adjektivisch verwendet.

Das Sportprogramm bei den aktuellen Sommerspielen in Tokio umfasst 33 Sportarten, untergliedert in 51 Disziplinen, mit insgesamt 339 Wettbewerben. Neu hinzugekommen sind folgende Sportarten: Baseball (Männer)/Softball (Frauen), Karate, Sportklettern, Skateboard und Surfen.

Judo wird durch einen gemischten Teamwettbewerb ergänzt. Judo in Japan, das ergibt Sinn, passt total. Zur Erinnerung: Anlässlich der Spiele 1964 in Tokio wurde auf der offiziellen olympischen Briefmarke der Deutschen Bundespost das Konterfei zweier kämpfender Judokas abgebildet. Zwei Männer, Judo für Frauen war noch out, wurde erst 1992 Teil des olympischen Programms. So viel zum Thema Gleichberechtigung im Sport.

Demonstrationssportarten hatten sich selten durchgesetzt, weil sie oftmals zu exotisch daherkamen, darunter waren in der olympischen Neuzeit unter anderem Ballonfahren, Lebensrettung, Schwedische Heilgymnastik, Gaelic Football, Wasserski 1972 in München etc. zu finden – seit 1992 gibt es diese olympische Vorzeigeaktion auch nicht mehr. Darts ist nie Demonstrationssportart gewesen.

Also lassen wir die „Demo-Sports" einmal beiseite. Die Frage: „Warum ist Darts nicht olympisch?", ist angesichts von Surfen, Sportklettern oder

Skateboard durchaus erlaubt. Darts ist Sport, das haben verschiedene Sporthochschulen aufgrund von entsprechenden Analysen bestätigt. Damit ist die erste Klippe übersprungen.

Die nächste zu nehmende „olympische" Hürde lautet: In mindestens 75 Ländern und auf vier verschiedenen Kontinenten muss diese Sportart ausgeübt werden. Da sieht es für Darts auf den ersten Blick auch nicht schlecht aus. Mit Stand vom 21. März 2020 verfügt die WDF nach eigenen Angaben über 84 Mitglieder. So weit, so schon fast gut, immerhin kommen sie zudem aus den fünf Kontinenten Afrika, Amerika, Asien, Australien sowie Europa. Etwas Kopfzerbrechen macht einem schon der eine oder andere exotische Verband wie Isle of Man, Gibraltar, Jersey, Katalonien, Macau, Turks- und Caicosinseln, die allesamt nicht im IOC repräsentiert sind. Ferner sind England, Nordirland, Schottland und Wales als selbstständige Mitglieder gelistet, die jedoch bei den Olympischen Spielen gemeinsam unter Großbritannien an den Start gehen.

Ein noch größeres Problem ergibt sich allerdings aufgrund der Strategie des IOC, das insbesondere die Olympischen Sommerspiele nicht noch weiter aufbauschen will. Das ist durchaus von der Ratio bestimmt! Auf der anderen Seite sind allein in Tokio 2021 fünf neue Sportarten eingeplant – allerdings mit dem eindeutigen Ziel, das Wesen der Spiele zu verjüngen, das heißt, mehr moderne Sportarten, die sich an ein jüngeres Publikum richten, zu promoten. Da sieht es pro Darts nicht so günstig aus, denn das Werfen von Pfeilen ist alles andere als modern. Und im Zeitalter computertechnischer Messverfahren auf einen menschlichen Caller zu setzen, ist purer Anachronismus und alles andere als zeitgemäß. Das wäre so, als ob man wieder das Maßband ausrollt oder die Stoppuhr aufziehen würde.

Generell tut nicht jede Art von Sportlern den Olympischen Spielen gut. Was haben beispielsweise Tennisprofis dort zu suchen, für die jeder Grand-Slam-Sieg mehr Bedeutung als Olympisches Gold hat? Jeder Etappensieg auf der Tour de France zählt bei den Radprofis weit mehr als Olympisches Edelmetall. Bei den Olympischen Spielen in Barcelona

1992 wurde man vom US-amerikanischen Dream Team rund um Michael Jordan und Magic Johnson mit Körben am laufenden Band verzaubert, aber es war weit mehr Show als purer Sport, mehr Revue als Fight.

Wenn die Olympischen Spiele nicht das Ziel der Ziele im Sport darstellen, der größte Traum eines Sportlers sind, wird der olympische Gedanke schlichtweg schizophren.

Der DSAB als mit Abstand größter deutscher Dartsverband hat sich das Ziel, Darts olympisch zu machen, nie auf seine Fahnen geschrieben. Dazu ist er auch gar nicht befugt, denn er ist zwar der deutsche Spitzenverband für E-Darts, aber nicht im DOSB angesiedelt. Das ist auch gar nicht sein Ziel. Er möchte auch gar nicht der Förderer von einigen, wenigen Spitzensportlern sein, um die sich dann mehr oder weniger alles dreht, sondern er will all denen eine Heimat bieten, die einfach gerne Darts spielen und vorwiegend im Ligaspielbetrieb spaßmäßig auf ihre Kosten kommen wollen. Das ist per se nichts Schlechtes und zudem ein eindeutiges Statement.

Die PDC kann auch nicht die Plattform darstellen, denn hier geht es letztendlich nur um einige Spitzenspieler, die sich bestens dazu eignen, eine Show, durchaus von Sport durchwoben, zu inszenieren. Gerade als Live-Performance.

Wenn man dann die von Wolfgang Pütz auf die Beine gestellte Cologne Darts Gala in der *Lanxess Arena* mit über 14.000 Zuschauern an einem einzigen Abend Revue passieren lässt, dann hat man als beherzter Dartsfan alles, was man sich wünschen kann – und noch ein bisschen mehr, wobei auch Steeldarts und E-Darts zusammengeschmolzen sind. By the way, Wolfgang Pütz sitzt auch im DSAB-Vorstand.

Kommen wir zurück zur PDC. Als die 25-jährige Fallon Sherrock aus England bei der letzten PDC-WM Ted Evetts (England) und Mensur Suljovic (Österreich) besiegt hatte und erst nach der 2:4-Niederlage gegen ihren Landsmann Chris Dobey in der dritten Runde ausschied, hatte sie mehr erreicht als jede andere Frau zuvor.

Nun gut, man darf durchaus anmerken, ohne respektlos zu erscheinen, so viele Frauen haben bisher auch noch nicht bei der PDC-WM mitgespielt: Nebst Fallon Sherrock sind dies nur noch die Japanerin Mikuru Suzuki sowie das Jahr zuvor Lisa Ashton (England) und Anastasia Dobromyslova (Russland) gewesen. Zu frauenunfreundlich!

Barry Hearn versprach Fallon Sherrock, dass sie viel Geld bei der PDC verdienen könne. Das hört sich eindeutig nach Business und nach ganz wenig Sport an. Und darum geht es hier.

„Fuck off", fiel dem englischen Sportpromoter zum Thema Olympische Spiele ein. Damit ist auch alles gesagt, auch wenn er noch ein paar Worte anreihte. Ohne Frage würde sich Darts als olympische Sportart im Wesen völlig ändern und viel von dem verlieren, was den Menschen heute an dem Spiel mit den drei kleinen Pfeilen und der großen Partystimmung gefällt.

Wenn sich vor meinem geistigen Auge ein filmisches Feature über Olympische Spiele abdreht, in dem ein Part aus der Kölner *Lanxess Arena* oder dem *Ally Pally* in London neben dem leichtathletischem Zehnkampf erscheint, dann hätte das etwas (oder auch viel) von einer Monty-Python-Inszenierung.

Also liegt, wenn überhaupt, die Verfolgung der olympischen Idee in Sachen Darts in den zuständigen Sportverbänden, in Deutschland ausgehend vom DDV (Deutscher Dart-Verband), was aber mit einer groß angelegten „Trockenlegung" von Darts einhergehen müsste. Nichtsdestotrotz hatte der kürzlich erst zurückgetretene DDV-Präsident Michael Sandner im Rahmen der Generalversammlung der World Darts Federation (WDF) schon 2018 einen Antrag gestellt, dass sich die WDF um eine IOC-Anerkennung bemühen solle.

„Diesen Wunsch hat die WDF 2019 aufgegriffen und entsprechende Schritte eingeleitet. Dazu gehört die Beauftragung eines externen Beraters, der die WDF in diesem komplizierten sportpolitischen Prozess begleitet. Die AIMS-Anerkennung durch das IOC ist in diesem Zusammenhang positiv zu bewerten", berichtet Sportdirektor Jürgen Rollmann und fährt fort: „Bekanntermaßen streben aber auch andere Sportarten danach, vom IOC anerkannt zu werden."

Ob und wie schnell es hier zu Entscheidungen kommt, kann niemand voraussagen. Fakt ist aber, dass auch durch die Initiative des DDV Bewegung in die Sache gekommen ist."

Auch in der Spielerszene des E-Darts kann man Stimmen vernehmen, die sich mit dem olympischen Gedanken anfreunden können. Stellvertretend dazu Marene Westermann, Deutschlands erfolgreichste Spielerin: „Ich würde es begrüßen. Das wäre wie ein Ritterschlag, wenn Darts im Rahmen der olympischen Ringe ausgetragen werden würde! Mehr sportliche Anerkennung geht nicht!"

Der erfolgreiche deutsche Spieler Christian Soethe befürchtet eher eine Zwei-Klassen-Gesellschaft, die zwangsläufig entstehen würde: „Als Zuschauer finde ich es okay. Als Spieler möchte ich auf der anderen Seite die derzeitige Atmosphäre bei Turnieren und in der Liga nicht missen."

Selbst eine Aufnahme von Darts in den Kreis der olympischen Sportarten ist noch lange keine Garantie, dass diese dann auch ausgetragen wird. Siehe Billard, seit dem 5. Februar 1998 anerkannte olympische Sportart und in den USA mit rund 80 Millionen Aktiven die beliebteste Sportart, wenn es darum geht, diese selbst zu betreiben. Einerseits!

Andererseits: Durfte noch keiner eine ruhige Kugel auf olympischem Terrain schieben. Auch so kann es gehen! Ganz unabhängig davon muss jede Sportart mindestens sieben Jahre die olympische Anerkennung besitzen, um eine Chance zu erhalten, bei den Olympischen Spielen praktisch in Szene gesetzt zu werden. Also ist dieses Thema erst einmal verschoben.

10.2 DIE TELEGENITÄT VON DARTS

Was Darts allerdings mitbringt und so interessant für den Zuschauer macht, ist die Möglichkeit einer ausgeprägt guten medialen Aufarbeitung und Darstellung. Es gibt zwar keine direkte Konfrontation mehrerer Athleten, wie beispielsweise im Radfahren, Mittel- und Langstreckenlauf oder im Biathlon-Massenstart, in denen man sich permanent mit seinen Gegnern auseinandersetzen muss, ganz zu schweigen von Mannschaftsportarten, wie Fuß-, Hand- und Basketball oder Eishockey, und erst recht nicht wie in den Einzelsportarten Boxen, Judo, Ringen oder Taekwondo. Taktische Komponenten und Strategien kommen im Darts nicht zum Tragen. Dennoch ist Darts ein permanenter Zweikampf. Ausgeprägter als in vielen anderen Sportarten, auch wenn sich alles vorm und am Board Step by Step abspielt. Erst wirft der eine, dann der andere. Daran ändert sich rein gar nichts. Auf der anderen Seite ist der Zuschauer so immer up to date informiert. Nicht nur das, sondern er besitzt den totalen Durchblick. Er muss nicht auf Zwischenzeiten warten, um sich einen Überblick zu verschaffen, es gibt keinen Zieleinlauf auf Raten, wenn beim Radfahren oder Skilanglauf mit Zeitabständen gestartet wird, er hat vielmehr das Geschehen immer voll und ganz im Blick. So wird Darts zu einem steten Schlagabtausch, ohne dass sich die Akteure berühren. Genial! Der Zuschauer ist zudem ganz nah dran an den Akteuren und permanent über den Spielstand informiert, der sich sekündlich verändert. Screen-Splits servieren ihm zudem auf der Mattscheibe alles auf einen Blick, stets just in time. Der dafür notwendige technische Aufwand ist im Vergleich zur telegenen Präsentation anderer Sportarten eher minimal. Das spricht für Darts als telegenen Sport.

★★★

ANHANG

1 DARTS-WÖRTERBUCH

180: Höchstmögliche Punktzahl mit drei Darts (dreimal dreifach 20).

301/501/X01: Klassische Darts-Spielvarianten. Es wird bei 301, 501 oder X01 (X steht für eine beliebige Zahl, z. B. 7 oder 10) begonnen.

9-Darter: Die schnellste Möglichkeit, ein Leg mit 501 Punkten zu beenden, wird als 9-Darter bezeichnet.

A

Around the Clock: Trainingsspiel, bei dem die Felder 1 bis 20 sowie das Bull nacheinander geworfen werden.

Associate Member: Mitglieder der PDPA, ohne Tour-Card.

Aufnahme: Drei Darts eines Spielers in Folge. Anschließend ist der Gegner an der Reihe.

Ausbullen: Durch das „Ausbullen“ wird bestimmt, welcher Spieler die Partie beginnt. Die Kontrahenten zielen dafür auf die Mitte der Scheibe, das Bullseye. Der Spieler mit dem nächstgelegenen Treffer beginnt.

Auschecken: Der Versuch, ein Leg zu beenden. Die Restpunktzahl muss genau auf null gebracht werden.

Average: Punktedurchschnitt. Three-Dart-Average = durchschnittliche Punktzahl pro Runde.

B

Barrel: Griffstück des Darts aus Metall. Vorne die Spitze, hinten der Shaft mit Flight, dazwischen das Barrel.

BDO: British Darts Organisation = Britischer Darts-Verband. Die BDO legte die wichtigsten, bis heute verwendeten, Darts-Regeln fest.

Best of X: X bezeichnet die Anzahl an Legs oder Sets, die maximal in einer Partie gespielt werden.

Bestleistungen: High-Scores = 180er, High-Finishes = Auswürfe ab 100 Punkten sowie Short-Games = Legs unter 19 Darts werden als Bestleistungen notiert.

Bogey: Ein Restwert, der nicht mit drei Darts ausgeworfen werden kann (169, 168, 166, 165, 163, 162 und 159).

Bouncer: Ein Dart, der nicht korrekt im Dartboard stecken bleibt oder herunterfällt.

Break: Gewonnenes Leg, das der Gegner begonnen hatte.

Bristle Board: Aus Sisalfasern angefertigtes Dartboard.

Bull: Äußerer Ring um den Mittelpunkt der Dartscheibe, auch Single-Bull genannt. Das Feld ist grün und zählt 25 Punkte im Steeldart, blau im E-Darts und zählt ebenfalls 25 Punkte.

Bullseye: Mittelpunkt der Dartscheibe, auch Doppel-Bull genannt. Das Feld ist rot und zählt 50 Punkte.

Bust: Finish mit zu vielen Punkten überworfen.

C

Caller: Sagt die geworfenen Punkte an und ist zugleich der Schiedsrichter.

Checkout: Der erfolgreiche Treffer, der die Restpunktzahl auf null bringt.

Cricket: Beliebtes Dartspiel, bei dem die Felder 15 bis 20 und das Bull jeweils dreimal getroffen werden müssen.

D

Dart: Der Wurfpfeil, bestehend aus Spitze, Barrel, Shaft und Flight.

Darts: Die Sportart Darts, von der dieses Buch hier handelt.

Double: Der äußere Ring des Dartboards.

Double In: Das Spiel muss mit einem Treffer im Doppelfeld begonnen werden.

Double Out: Das Spiel muss mit einem Treffer im Doppelfeld beendet werden (zugleich der Standard im Darts).

DRA: Darts Regulation Authority, überwacht die Regeln der PDC und verhängt gegebenenfalls Strafen bei Verstößen.

DDV: Deutscher Dart-Verband, ältester und wichtigster Steeldarts-Verband in Deutschland.

DSAB: Deutscher Sportautomatenbund.

E

Exhibition: Show-Veranstaltung mit Dartspielern.

E-Darts: Darts mit elektronischen Dartscheiben sowie Pfeilen mit Kunststoffspitzen.

F

Finish: Restpunktzahl, die mit einer Aufnahme ausgeworfen werden kann.

Flight: Hinterer Teil des Darts, der für einen stabilen Flug sorgt.

G

Game On: Der erste Spieler ist nach diesem Ausruf des Callers an der Reihe.

Game Shot: Ausruf des Callers nach erfolgreichem Treffer zum Leggewinn.

Game Shot & the Match: Ausruf des Callers nach erfolgreichem Treffer zum Gewinn der Partie.

H

High-Finish: Finish ab 100 Punkten aufwärts.

High-Score: Ein Maximum, also 180 Punkte in einem Wurf.

L

Leg: Im Standardspiel ein Durchgang von 501 auf null. Ein Set besteht aus mehreren Legs. Eine Partie kann sowohl in Sets als auch Legs gegliedert sein.

M

Major: Ein wichtiges Dartsturnier, das im Fernsehen übertragen wird.

Master Out: Das Spiel kann mit einem Treffer im Triple- oder Doppelfeld beendet werden.

Match: Eine gesamte Partie, bestehend aus mehreren Legs oder Sets.

N

No Score: Ansage des Callers, wenn keine Punkte erzielt oder zu viele Punkte geworfen wurden.

O

Oche: Die Abwurflinie, der Spieler muss hinter dem Oche stehen.

Outchart: Auswurftabelle mit Finishwegen.

P

PDC: Professional Darts Corporation, 1992 ursprünglich als World Darts Council (WDC) gegründete professionelle Vereinigung von Dartspielern. Heute der größte und wichtigste Veranstalter von Steeldartsturnieren.

PDC Europe: Eine Marke der Langenbahn von Moltke GmbH und Ableger der PDC für Kontinentaleuropa.

PDPA: Professional Darts Players Association, Organisation zur Interessenvertretung der professionellen Spieler.

Q

Q-School: Qualifying School der PDC. Bei der Q-School, die Anfang des Jahres nach der Weltmeisterschaft stattfindet, können Tour-Cards erspielt werden, die zur Teilnahme an der PDC Pro Tour berechtigen.

R

Robin Hood: Ein Dart, der im Shaft eines anderen steckt.

Runner-up: Zweitplatzierter eines Turniers.

S

Schreiber: Ein oder mehrere Schreiber notieren die geworfenen Punkte der Spieler auf einem Score-Board.

Score: Englisch für Punkte. Die Addition der drei geworfenen Darts wird als Score bezeichnet.

Set: Englisch für Satz. Ein Set besteht aus mehreren Legs. Eine Partie kann sowohl in Sets als auch Legs gegliedert sein.

Shaft: Verbindung zwischen Barrel (Dartkörper) und Flight. Gefertigt aus Metall oder Kunststoff.

Short-Game: Leg mit 18 oder weniger Darts beendet.

Single Out: Das Spiel kann auf jedem beliebigen Feld beendet werden.

Softdarts: Amerikanische Bezeichnung für E-Darts.

Spider: Drahtgeflecht zur Unterteilung der Segmente eines Dartboards.

T

Ton: 100 geworfene Punkte werden als Tonne bezeichnet.

Tops: Das Doppel 20-Feld, weil es das höchstgelegene Segment auf dem Dartboard ist.

Triple: Der innere Ring des Dartboards, die geworfenen Punkte zählen dreifach.

Tungsten: Englisch für Wolfram. Darts werden überwiegend aus Tungsten, einer Wolfram-Nickel-Legierung, hergestellt.

U

Überwerfen: Wirft ein Spieler mehr Punkte, als er Rest hat, spricht man von "Überwerfen". Der Wurf zählt nicht, und die vorige Restpunktzahl bleibt erhalten. Im E-Darts ist auch der Ausdruck *busted* gebräuchlich.

V

VFS: Verein zur Förderung des Sportautomatensports, Unterstützer des DSAB.

W

Walk-on: Einlauf der Dartspieler zur Bühne, begleitet durch die Walk-on-Musik.

WDF: World Darts Federation, internationale Vereinigung von Darts-Verbänden. Der DDV ist Mitglied im WDF.

Whitewash: Eine zu-null-Niederlage.

2 OUTCHARTS

In einem Outchart werden diejenigen Finishwege mit den größten Wahrscheinlichkeiten in einer Tabelle zusammengefasst. Da die Streuung im Trefferbild vom Anfänger bis hin zum Profi stark variiert, ist es sinnvoll, je nach Spielstärke und auf Grundlage dessen unterschiedliche Wege zu gehen. Darüber hinaus ist für den besten Weg entscheidend, ob man drei oder lediglich zwei Darts zur Verfügung hat. Selbstverständlich wurden die Nachbarfelder der Ziele sowie die Größen der jeweiligen Zielfelder berücksichtigt.

Für das Erlernen der Auswurfkombinationen mit den größten Wahrscheinlichkeiten kann man mit Karteikarten arbeiten oder die entsprechende Tabelle kopieren und so positionieren, dass man häufig Gelegenheit hat, einen Blick darauf zu werfen und so nach und nach die Wege zu verinnerlichen.

Mit dem Wissen über die richtigen Wege ist man einem Spieler überlegen, der sich nicht damit beschäftigt hat.

Profi-Outchart: 501 bis 170
Finishwege mit 2 Darts
Master Out-Checkliste

2.1 Finishwege mit 3 Darts

Anfänger

170	60	60	50		**129**	60	33	36		**95**	57	38		
167	60	57	50		**128**	60	36	32		**94**	54	40		
164	57	57	50		**127**	57	42	28		**93**	57	36		
161	60	51	50		**126**	57	33	36		**92**	60	32		
160	60	60	40		**125**	60	57	8		**91**	57	34		
158	60	60	38		**124**	60	48	16		**90**	54	36		
157	60	57	40		**123**	60	39	24		**89**	57	32		
156	60	60	36		**122**	57	25	40		**88**	48	40		
155	60	57	38		**121**	57	48	16		**87**	51	36		
154	60	54	40		**120**	60	20	40		**86**	54	32		
153	60	57	36		**119**	60	19	40		**85**	45	40		
152	60	60	32		**118**	60	18	40		**84**	48	36		
151	57	54	40		**117**	60	17	40		**83**	57	26		
150	60	54	36		**116**	60	20	36		**82**	42	40		
149	57	60	32		**115**	57	18	40		**81**	45	36		
148	60	48	40		**114**	60	14	40		**80**	20	20	40	
147	57	54	36		**113**	60	13	40		**79**	19	20	40	
146	60	54	32		**112**	60	12	40		**78**	20	18	40	
145	57	48	40		**111**	57	14	40		**77**	45	32		
144	60	60	24		**110**	60	18	32		**76**	20	16	40	
143	60	51	32		**109**	57	12	40		**75**	19	16	40	
142	57	45	40		**108**	60	8	40		**74**	42	32		
141	57	48	36		**107**	57	10	40		**73**	57	16		
140	60	48	32		**106**	48	18	40		**72**	16	16	40	
139	60	39	40		**105**	48	17	40		**71**	39	32		
138	60	54	24		**104**	54	18	32		**70**	14	16	40	
137	57	48	32		**103**	57	6	40		**69**	33	36		
136	60	60	16		**102**	42	20	40		**68**	36	32		
135	60	45	30		**101**	51	18	32		**67**	51	16		
134	60	42	32		**100**	60	40			**66**	30	36		
133	60	57	16		**99**	57	10	32		**65**	57	8		
132	60	48	24		**98**	60	38			**64**	48	16		
131	60	39	32		**97**	57	40			**63**	51	12		
130	60	54	16		**96**	60	36			**62**	42	20		

2.1 Finishwege mit 3 Darts

Fortgeschrittene Spieler

170	60	60	50		**129**	57	48	24		**95**	57	38	
167	60	57	50		**128**	54	42	32		**94**	54	40	
164	57	57	50		**127**	60	51	16		**93**	57	36	
161	60	51	50		**126**	57	57	12		**92**	60	32	
160	60	60	40		**125**	50	51	24		**91**	51	40	
158	60	60	38		**124**	60	42	22		**90**	54	36	
157	60	57	40		**123**	57	48	18		**89**	57	32	
156	60	60	36		**122**	50	48	24		**88**	60	28	
155	60	57	38		**121**	60	25	36		**87**	51	36	
154	57	57	40		**120**	60	20	40		**86**	54	32	
153	60	57	36		**119**	57	36	26		**85**	45	40	
152	60	60	32		**118**	60	18	40		**84**	50	34	
151	60	51	40		**117**	60	17	40		**83**	51	32	
150	57	57	36		**116**	57	19	40		**82**	50	32	
149	60	57	32		**115**	57	18	40		**81**	57	24	
148	60	48	40		**114**	60	14	40		**80**	60	20	
147	57	54	36		**113**	57	16	40		**79**	57	22	
146	57	57	32		**112**	60	12	40		**78**	54	24	
145	60	45	40		**111**	57	14	40		**77**	57	20	
144	60	60	24		**110**	57	13	40		**76**	48	28	
143	57	54	32		**109**	60	9	40		**75**	51	24	
142	60	42	40		**108**	60	8	40		**74**	42	32	
141	60	57	24		**107**	57	10	40		**73**	57	16	
140	60	60	20		**106**	60	6	40		**72**	48	24	
139	57	42	40		**105**	57	8	40		**71**	39	32	
138	60	54	24		**104**	48	16	40		**70**	42	28	
137	60	57	20		**103**	57	6	40		**69**	45	24	
136	60	60	16		**102**	60	10	32		**68**	36	32	
135	57	54	24		**101**	57	4	40		**67**	27	40	
134	60	42	32		**100**	60	40			**66**	42	24	
133	60	57	16		**99**	57	10	32		**65**	25	40	
132	60	48	24		**98**	60	38			**64**	48	16	
131	57	42	32		**97**	57	40			**63**	39	24	
130	60	60	10		**96**	60	36			**62**	42	20	

2.1 Finishwege mit 3 Darts

Profis

170	60	60	50		**129**	57	48	24		**95**	57	38	
167	60	57	50		**128**	54	42	32		**94**	54	40	
164	57	57	50		**127**	60	51	16		**93**	57	36	
161	60	51	50		**126**	57	57	12		**92**	60	32	
160	60	60	40		**125**	50	51	24		**91**	51	40	
158	60	60	38		**124**	60	42	22		**90**	60	30	
157	60	57	40		**123**	57	48	18		**89**	57	32	
156	60	60	36		**122**	54	54	14		**88**	60	28	
155	60	57	38		**121**	60	33	28		**87**	51	36	
154	57	57	40		**120**	60	20	40		**86**	54	32	
153	60	57	36		**119**	57	36	26		**85**	45	40	
152	60	60	32		**118**	60	18	40		**84**	48	36	
151	60	51	40		**117**	57	20	40		**83**	51	32	
150	60	54	36		**116**	57	19	40		**82**	50	32	
149	60	57	32		**115**	60	15	40		**81**	57	24	
148	60	48	40		**114**	57	17	40		**80**	60	20	
147	60	51	36		**113**	57	16	40		**79**	57	22	
146	57	57	32		**112**	60	20	32		**78**	54	24	
145	60	45	40		**111**	60	19	32		**77**	57	20	
144	57	51	36		**110**	57	13	40		**76**	48	28	
143	54	57	32		**109**	60	17	32		**75**	51	24	
142	60	42	40		**108**	48	20	40		**74**	42	32	
141	57	60	24		**107**	57	18	32		**73**	57	16	
140	60	60	20		**106**	51	15	40		**72**	48	24	
139	57	42	40		**105**	48	17	40		**71**	39	32	
138	60	54	24		**104**	48	16	40		**70**	30	40	
137	57	60	20		**103**	57	14	32		**69**	33	36	
136	60	60	16		**102**	42	20	40		**68**	36	32	
135	50	45	40		**101**	57	12	32		**67**	27	40	
134	60	42	32		**100**	60	40			**66**	42	24	
133	57	60	16		**99**	57	10	32		**65**	25	40	
132	50	42	40		**98**	60	38			**64**	48	16	
131	57	42	32		**97**	57	40			**63**	39	24	
130	60	60	10		**96**	60	36			**62**	30	32	

3 DANKSAGUNG

Viele Menschen haben uns bei diesem Buch geholfen. Das Resultat liegt auf deiner Hand. Dafür gibt es nun ein paar Dankeschöns.

An erster Stelle möchten wir dem Meyer & Meyer Verlag sowie unserem Projektleiter Riccardo Rip danken, die uns freie Hand bei der Auswahl und Gestaltung der Inhalte ließen.

Tobias Gürtler steuerte zu Beginn des Buchprojekts einige Inhalte bei. Merci!

Der Deutsche Dart-Verband, in Person von Sportdirektor Jürgen Rollmann, Bundesspielleiter Adi Seidl, Ex-DDV-Präsident und SADV-Ehrenpräsident Johann Peltzer unterstützten uns mit Informationen rund um den DDV. In diesem Zusammenhang gab uns Bernd Hebecker ausführlich zu den Anfängen von Darts in Deutschland sowie über die Geburtsstunde des DDV Auskunft. Thanks!

Knut Voßberg schuf mit dem *Vossberg Aero Index* (VAX) erstmals eine Kennzahl, mit der die Flugeigenschaften der Flights verglichen werden können. Wir sind dankbar, dass der VAX exklusiv in diesem Buch seine Premiere feiert.

Dr. Patrick Chaplin ist der erste und einzige Mensch, dem die Doktorwürde für seine Verdienste für den Dartsport verliehen wurde. Er beantwortete gerne unsere Fragen zur Geschichte dieses Sports. Ihm gebürt viel Lob und Anerkennung. Wir schulden ihm Dank.

Simon Hall stellte das Foto von Peter Wright zur Verfügung, das für unser Cover verwendet wurde. Des Weiteren haben wir uns sehr über die einleitenden Worte von „Snakebite" gefreut und auch über das Foto von Trina Gulliver.

Unsere dankbare Verbundenheit gilt auch Martin Rönnberg, der uns von Anfang an begleitete und bei der Konzeptfindung sowie der Korrektur

von Fehlern half. Eugen Windholz überarbeitete als Designer unsere Grafik der Wurfbewegung vorbildlich.

Gewertschätzt werden auch die Leser, Partner und Sponsoren von „Darts1.de" und „Dart1.net", ohne die es dieses Buch nicht gäbe.

Und last but not least möchten wir uns bei denen bedanken, die „Darts1.de" auf dem Weg zum führenden deutschsprachigen Dartsportal begleitet haben: Alex, Eddie, Timo, Fabian, Jonathan, Jochen, Thorsten, Andreas, Daniel, Gunnar, Rudi, Carlo, Marc, Armin, Ben, Pieter, Tom, John, Kai, Brigitte, Karlheinz, Karl, Harald, Charis, George, David, Anton, Chris, Carsten, Volker, Michael, Stefan, Richard, Tobi, Bruno, Simon und Solid.

4 LITERATURVERZEICHNIS

Bohne, M. (2008). *Klopfen gegen Lampenfieber.* Rowohlt: Reinbek.

Chaplin, P. (2012). *180 Fascinating Darts Facts.* History Press: Großbritannien.

Chaplin, P. (2012). *Darts in England.* 1900-39 Manchester University Press, Großbritannien.

Csíkszentmihályi, M. (2008). *Flow.* Klett-Cotta: Stuttgart.

Enhager, K. (1991). *Quantum Golf.* Harper Collins: Glasgow.

Gallwey, T. (1974/2003). *The Inner Game of Tennis.* New School Verlag: Königswinter.

Gallwey, T. (2013). *The Inner Game of Golf.* Staufen: Alles-Im-Fluss-Verlag.

Herrigel, E. (2010). *Zen in der Kunst des Bogenschießens.* O.W. Barth Verlag: München.

Kaitanen, K. (1994). *The Dart Book.* Kamika Ltd: Finnland.

Leonhard, G. (1991/2006). *Der längere Atem.* Random House: München.

Orav, M. (1998). *Become Your Darts.* Eigenverlag.

Parkin, J. (2008) *Fuck It!.* Hay House: Großbritannien.

Pratt, F. & Harris, F.M. (1995). *Fun dart men tals.* Eigenverlag: USA.

Silberzahn, G. (2009). *Darts, beginning to end.* Xlibris: USA.

5 BILDNACHWEIS

Cover: © Lawrence Lustig / dpa picture alliance

Grafiken: © Jürgen Schmitz, Knut Voßberg (Flights), Eugen Windholz (Wurfbewegung)

Fotos: S. 57, 62, 65, 86, 101: © Lawrence Lustig;
S. 52, 68, 74, 80, 89, 95, 107, 117: © dpa picture alliance;
S. 112: © Winmau; S. 37, 39: © Bernd Hebecker;
S. 121: © Bernd Molkenthin; S. 180: © Löwen S.P.O.R.T.

Autorenbilder: Jürgen Schmitz: © Jürgen Schmitz;
Bernd Molkenthin: © Bernd Molkenthin

Layout: Katerina Georgieva

Satz: Katerina Georgieva

Lektorat: Dr. Irmgard Jaeger

Projektleitung: Riccardo Rip